Britta Sandberg

Côte d'Azur

DuMont Buchverlag Köln

Umschlagvorderseite: Café in der Altstadt von Nizza
Umschlaginnenklappe: Roquebrune
S. 2f.: An der Strandpromenade in Menton

Über die Autorin: Britta Sandberg lebte mehrere Jahre in Frankreich und arbeitet heute als Journalistin in Hamburg.

Vielen Dank an Karin Sandberg sowie an Richard Auther, Joachim Becker, Jacques Brandelo, Rafik El Chawarby, Michael Dietl, Telse Dührkop, Luca Ferriani, Philippe Gauthier, Constanze Knitter, Christian Krug, Catherine Laroze, Jacques Lemarcier, Ilka Piepgras, Yvonne Le Quilliec, Alain und Denise Sandelion.

2. Auflage 1992

Satz und Druck: Rasch, Bramsche
Buchbinderische Verarbeitung: Bramscher Buchbinder Betriebe

Printed in Germany ISBN 3-7701-2669-6

Inhalt

Allgemeine Landeskunde

Orte und Routen an der Côte d'Azur

Praktische Reiseinformationen

Allgemeine Landeskunde

Blick von Èze auf Cap Ferrat

Mythos Côte d'Azur

»Die französische Riviera, das ist die Legende von Luxus, Glanz, rollender Kugel, Hermelinpelz und Champagnerseligkeit«, schrieben Klaus und Erika Mann in ihren Reiseaufzeichnungen von 1932 – ein Mythos, der sich über die Jahrzehnte hartnäckig gehalten hat. Noch immer gilt die weltberühmte Küste zwischen Menton und Cassis als Inbegriff von Luxus und Reichtum und als exklusives Sommer-Refugium der europäischen Klatschspalten-Gesellschaft. Die ›Blaue Küste‹ ist eines der teuersten Urlaubsgebiete der Welt und eines der wenigen, das sich mit seiner Exklusivität auch noch brüstet.

Im vergangenen Jahrhundert von betuchten Briten zu ihrem bevorzugten Altersheim deklariert, entwickelte sich die Côte in den fünfziger Jahren zur Küste des internationalen Dolce Vita. Curd Jürgens, Gunther Sachs und Françoise Sagan, texanische Öl-Multis und arabische Scheichs kauften sich Zweitresidenzen an der Küste. Dies war der Beginn eines gigantischen internationalen Immobiliengeschäfts – und der Beginn des vielbeschworenen ›Untergangs‹ der Côte d'Azur. Jeder Winkel der Küste wurde in den folgenden Jahrzehnten systematisch für den Massentourismus erschlossen. Die Côte verkam »zum populären, aber teuren Spielplatz der Mittelklasse«, wie der englische Autor Harold Robbins feststellte. Vom ›gemeinen Pöbel‹ in die Flucht geschlagen, zog sich der Geldadel ins Grüne zurück – in Villen auf den sanften Hügeln um Mougins und in Luxusresidenzen am Cap Ferrat, am Cap d'Antibes, im Hinterland von Cannes und auf der Halbinsel von St. Tropez.

Unzählige Male wurde der südfranzösischen Küste der endgültige Untergang prophezeit. Und nie ist er eingetreten. So verdorben, verbaut und überteuert die Côte d'Azur auch sein mag – es ist noch immer großartig, in den Bambushütten an den Plages de Pampelonne bei St. Tropez schon im Mai gegrillte Sardinen zu essen, vom Estérel-Massiv über rote Felsen auf das tiefblaue Meer zu blicken und auf dem Blumenmarkt von Nizza einzukaufen. Die Côte d'Azur hat Altstädte mit ockerfarbenen Fassaden, Milchstraßen von Michelin-Sternen, Lavendelfelder, Olivenhaine, Pinienwälder, Weinberge und im Hinterland verschlafene Dörfer. Künstler wie Picasso, Matisse, Cocteau und Léger verbrachten hier ihren Lebensabend. Ihre Werke sind heute in den zahlreichen Museen zwischen St. Tropez und Menton zu sehen.

Im Juli und August sind die Strände überfüllt, und in den Yachthäfen herrscht Jahrmarktstimmung. Wer hier hingegen in der Vor- und Nachsaison Urlaub macht, wird dem vergangenen Mythos nicht lange nachtrauern müssen.

Die Côte d'Azur im Überblick

Geographie

Die Küste zwischen Menton an der italienischen Grenze und Cassis wenige Kilometer vor Marseille ist ca. 300 km lang. Die Côte d'Azur ist ein schmaler Gebietsstreifen zwischen dem Mittelmeer und den im Hinterland aufragenden Gebirgszügen. Einzelne Küstenabschnitte haben jeweils ihren eigenen unverwechselbaren Charakter.

Die Küste zwischen Cassis und Toulon wird vor allem von hellen Kalksteinfelsen geprägt. In den Calanques von Cassis fallen sie steil ins Meer ab, unterbrochen von tiefen, engen Badebuchten.

Östlich von Toulon erstreckt sich zwischen Hyères und Fréjus das bewaldete Mauren-Massiv, ein sanfter und sehr grüner Gebirgszug, an dessen runde Kuppen sich im Norden weite Weinanbauflächen anschließen.

Im Hinterland von St. Tropez bieten sich im Massif des Maures hervorragende Wandermöglichkeiten. Hier und selbst auf der Halbinsel von St. Tropez ist die Côte d'Azur noch sehr viel ländlicher und grüner als weiter östlich zwischen Cannes und Menton. Leider fielen den Bränden der vergangenen Jahre sowohl im Mauren-Massiv wie im benachbarten Estérel-Gebirge große Waldflächen zum Opfer. Es wird Jahrzehnte dauern, bis sie wiederaufgeforstet sind.

Das Massif de l'Estérel, das weiter östlich hinter St. Raphaël beginnt, ist niedriger und karger als das Mauren-Massiv. Die roten Felsen ragen hier bis ins Meer hinein. Von den höchsten Erhebungen des Estérel-Massivs – Mont Vinaigre, Pic de l'Ours und Pic du Cap Roux – hat man einen herrlichen Ausblick auf die bizarre Felslandschaft und das dahinter liegende, tiefblaue Meer. Das Estérel-Gebirge endet vor Cannes, wo die ›klassische‹ Côte d'Azur beginnt.

Das Hinterland von Cannes und Antibes ist noch sanft und hügelig, während hinter Nizza schon die bis zu 2000 m Höhe erreichenden französischen Voralpen beginnen. Drei phantastisch gelegene, in den Felsen geschlagene Landstraßen, die sogenannten *Corniches,* führen von Nizza nach Menton: Die Corniche Inférieure führt direkt an der Küste entlang, die Moyenne Corniche verläuft oberhalb davon und passiert Orte wie Èze – als *villages perchés* bezeichnete Dörfer, die hoch oben auf dem Felsen kleben.

Steckbrief Côte d'Azur

- Länge der Küste: ca. 300 km, von Menton an der italienischen Grenze im Osten bis Marseille im Westen
- Größe des Fürstentums Monaco: 190 ha
- Bevölkerung: ca. 1,5 Mio.
- Größte Städte: Nizza (400000 Einwohner), Toulon (185000 Einwohner) und Cannes (75000 Einwohner)
- Besucher pro Jahr: 8 Mio.
- Einnahmen aus dem Tourismus: über 25 Mrd. Francs (1991)
- Zweitresidenzen an der Küste: über 300000
- Jahresdurchschnittstemperatur in Menton: 16 °C
- Die wichtigsten Festivals: Filmfestival von Cannes, Jazzfestival von Juan-les-Pins/Antibes
- Die wichtigsten Kunstmuseen: Picasso-Museum (Antibes), Fondation Templon (Fréjus), Cocteau-Museum (Menton), Chagall-Museum (Nizza), Matisse-Museum (Nizza), Museum für Moderne Kunst (Nizza), Fondation Maeght (St. Paul-de-Vence)

Die Moyenne Corniche bietet immer wieder einzigartige Ausblicke auf das Meer. Die Grande Corniche schlängelt sich durch das gebirgige Hinterland von Menton.

Am Küstenabschnitt zwischen Cannes und Menton ragen kleine Halbinseln, wie das Cap Martin, das Cap Ferrat, das Cap d'Ail und das Cap d'Antibes, in das Meer. Zwei Inselgruppen sind der Côte d'Azur vorgelagert: Wenige Kilometer vor Cannes liegen die Iles de Lérins, zu denen die beiden pinienbestandenen Inseln Ste. Marguerite und St. Honorat gehören, und weiter westlich, vor dem Badeort Hyères, befinden sich die Iles d'Hyères, die möglicherweise schönsten Inseln der französischen Küste. Am größten und reizvollsten ist das unter Naturschutz gestellte Porquerolles.

Klima

An der Côte d'Azur herrscht ganzjährig ein ausgesprochen mildes und ausgeglichenes Klima. Die Jahresdurchschnittstemperatur an dem durch die nördlichen Gebirgszüge besonders geschützten Küstenabschnitt zwischen Nizza und Menton beträgt 16 °C. Selbst im Winter wird es an manchen Tagen sommerlich warm. Schnee fällt an der Küste so gut wie nie (Durchschnittstemperatur in den Wintermonaten: 13 °C).

Im Frühling und Herbst kann der Mistral, ein kalter, trockener Fallwind aus dem Norden, die Temperaturen innerhalb kürzester Zeit empfindlich senken. Das betrifft vor allem die westliche Küste zwischen Nizza und Marseille. Der Scirocco bewirkt im Juli und August an der gesamten Küste das genaue Gegenteil: Der aus Nordafrika kommende Südwind heizt die Temperaturen bis ins Unerträgliche auf, hält aber nie lange an.

Juni, Juli und August sind die heißesten Monate an der Côte d'Azur (durchschnittliche Mittagstemperatur: 26–30 °C im Schatten, Meerwassertemperatur zwi-

Grande Corniche oberhalb Monacos

schen 20 und 25 °C). Zu dieser Zeit ist es im Hinterland oft angenehmer, da um einige Grad kühler. Niederschläge fallen vor allem im Frühjahr und Herbst, wobei es sich in den Monaten März und April richtig einregnen kann. Menton und Beaulieu gehören dank ihrer geschützten Lage das ganze Jahr über zu den heißesten Orten der Côte.

Vegetation und Tierwelt

Die Pflanzenwelt der Côte d'Azur ist wegen der günstigen klimatischen Bedingungen sehr artenreich. Zur typisch mediterranen Vegetation zählen Eukalyptusbäume, Zypressen und Zedern, Pinien, Platanen und Palmen, von denen es allein über 60 verschiedene Arten gibt. Auch Orangen-, Zitronen- und Mandelbäume werden hier kultiviert. Nicht alle Gewächse sind ursprünglich an der Côte beheimatet: Palmen, Agaven, Aloen und viele Kakteenarten wurden erst im letzten Jahrhundert importiert.

Im Mauren-Massiv dominieren Korkeichen und Kastanienbäume. Auf den kalkhaltigen Böden des Hinterlandes wachsen Kräuter wie Rosmarin, Thymian und Salbei. Im Tanneron-Massiv nördlich vom Estérel-Gebirge blühen im Februar und März die Mimosenwälder. Unter den Blumenarten sind Bougainvillea, die Häuserwände und Mauern bedecken, und natürlich Rosen, Oleander und Lavendel, die auch für die Herstellung von Parfumessenzen angebaut werden, besonders zu erwähnen.

Der Olivenbaum mit seinen grünsilbrigen Blättern ist der älteste Baum des Mittelmeerraumes. Ihn sieht man überall an der Küste. Früher befand sich in fast jedem Dorf eine Ölmühle. Heute sind nur noch wenige davon übriggeblieben. Eine der bekanntesten steht in La Brague bei Opio.

Der Lebensraum der Tierwelt an der Côte d'Azur wurde mit der zunehmenden Erschließung und Bebauung beschnitten, der Artenreichtum wurde dezimiert. Im einsameren Hinterland trifft man noch auf Hasen, Fasane und Kaninchen, vereinzelt auch auf Eulen und Käuzchen. Die Côte ist Durchzugsgebiet vieler Zugvögel.

Wirtschaft

Tourismus: Über 8 Mio. Besucher kommen jedes Jahr an die Côte d'Azur; zu Beginn dieses Jahrhunderts waren es noch exklusive 20000. 25–30% der Arbeitnehmer an der Küste verdienen ihr Geld im Geschäft mit den Touristen. Orte wie Monte Carlo und St. Tropez leben fast ausschließlich von ihm. Allein Mona-

Die alljährlichen Waldbrände

In jedem Sommer brennen im französischen Mittelmeerraum bis zu 35 000 ha Wald ab. Nichts als trostlose schwarze Baumstümpfe und rußgeschwärzte Erde bleiben zurück. Und nicht immer werden die Ascheflächen wiederaufgeforstet. Oft entstehen dort, wo sich einmal dichter Wald befand, Bungalowsiedlungen und Ferienanlagen.

Die langen Trockenperioden der letzten Jahre und der Mistralwind sind nicht ausschließlich für diese ökologischen Katastrophen verantwortlich. Allzuoft haben Bauspekulanten und deren Hintermänner ihre Finger im Spiel. Daß gerade dort Wälder vernichtet werden, wo Bauvorhaben existieren, muß als eindeutiges Indiz gewertet werden. Die Behörden stehen dieser Art von Baupolitik nahezu machtlos gegenüber, denn in den seltensten Fällen können Brandursache und Brandstifter eindeutig ausgemacht werden.

Die rasche Ausbreitung der Brände wird auch durch mangelhafte Forstwirtschaft begünstigt: Im Département Var gehören z. B. 80% des Waldes Privatbesitzern, die sich vielfach nicht um ihre Parzellen kümmern. Früher wurden diese Wälder bewirtschaftet. Schaf- und Ziegenherden sorgten dafür, daß das leicht brennbare Unterholz nicht zu hoch wuchs. Das gesamte Hinterland war zudem wesentlich dichter besiedelt als heute. Nachdem jedoch immer mehr Bergbauern die isolierten Regionen verließen, hat man den Wald jahrzehntelang vernachlässigt. Erst vor kurzem hat die Regierung die Verantwortung für die Säuberung dieser Wälder im Rahmen von Brandvorbeugungsmaßnahmen übernommen.

Neben den Spekulanten sorgen aber auch Pyromanen und achtlose Touristen für die entscheidenden Funken, die Flächenbrände auslösen. Trotz Millioneninvestitionen in der Brandbekämpfung – die französische Regierung unterhält in Marignane bei Marseille eine kostspielige Truppe von Canadair-Flugzeugen, die beim Überfliegen von Meeresbuchten und Seen Wasser auftanken können und ununterbrochen zum Löschen eingesetzt werden – und trotz Sensibilisierungskampagnen ist die sommerliche Feuersbrunst im Süden nur schwer zu stoppen. Das Nationalgut Wald, überwiegend in napoleonischen Zeiten angelegt, ist im *Midi* ernsthaft bedroht.

Touristen in Cannes

co zählt jeden Sommer über 3 Mio. Gäste. Die Einnahmen des Fürstentums aus dem Fremdenverkehr haben seit langem Steuergelder und Spielbankgewinne von Platz eins verdrängt. Durch den ehemaligen Fischerort St. Tropez, der offiziell nur 6400 Einwohner hat, werden in der Hauptsaison bis zu 100 000 Tagestouristen geschleust. 1988 erzielte das Département Var, zu dem St. Tropez gehört, 5,8 Mrd. Francs Umsatz im Tourismussektor – gegenüber 2,5 Mrd. in der Landwirtschaft. An der gesamten Küste betrugen die Einnahmen aus dem Fremdenverkehr mehr als das Doppelte. Damit ist die Côte d'Azur Frankreichs bedeutendste Fremdenverkehrsregion. Von dieser Tatsache profitieren auch angegliederte Wirtschaftszweige wie z. B. das Baugewerbe.

Die Bauindustrie ist einer der größten Arbeitgeber an der Côte d'Azur. Dabei kann man sich an manchen Orten kaum vorstellen, daß überhaupt noch Platz zum Bauen vorhanden ist. Nach dem relativ dicht besiedelten Küstenabschnitt zwischen Menton und Cannes erschließen Investoren und Immobilienhändler jetzt u. a. das Département Var. So investiert etwa das französische Unternehmen Pierre et Vacances, das sich auf beige-braune Einheits-Ferienwohnungen spezialisiert hat, an der Küste des Estérel-Massivs und in der Nähe von St. Tropez.

Auch krisengeschüttelte Orte wie La Ciotat bei Marseille setzen verstärkt auf den Tourismus, um neue Arbeitsplätze zu schaffen: Nachdem zahlreiche Werften schließen mußten, wurde das Projekt ›La Ciotat-Plage‹ ins Leben gerufen. Es soll die ehemalige Schiffsbauerstadt in einen Ferienort mit 10000 Betten verwandeln. Das bedeutet: Bauaufträge in Millionenhöhe. Selbst kleine, beschauliche Dörfer wie Bormes-les-Mimosas am Rande des Mauren-Massivs errichten künstliche Lagunenstädte mit Yachthafen am Meer. Egal, wie eintönig die neuen Retorten-Orte auch sein mögen, ein Immobilienkauf an der Côte d'Azur ist nach wie vor eine lohnende Investition. Die Preise können im Grunde nur weiter steigen.

Neben Zweit-Residenzlern sorgen auch die Städte in größerem Umfang für die Belebung des Baugeschäftes. In Nizza gab man Mitte der achtziger Jahre das 560-Mio. Francs teure Kongreßzentrum Acropolis in Auftrag. Es ist seit seiner Eröffnung ständig ausgebucht. Acropolis verfügt über hochmoderne Kommunikationstechniken, die sogar Direktübertragungen per Video an andere Konferenzorte möglich machen. Der Kongreßtourismus ist seit Jahren ein wichtiger Wirtschaftsfaktor an der Küste. Die jeweils im September beginnende Saison der Kongresse und Tagungen bringt Hotels und Restaurants viel Geld: Kongreßteilnehmer bleiben zwar nicht so lange wie normale Touristen, geben aber laut Statistik am Tag fünfmal so viel aus. Alle größeren Städte haben sich auf diese Tatsache eingestellt: Außer in Nizza entstanden in Monte Carlo, in Cannes und sogar in Grasse große und moderne Kongreßzentren. Nirgendwo sonst gibt es sie in ähnlich hoher Konzentration wie hier.

Industrie: Lange Zeit galt der Tourismus als einzige lohnende Einnahmequelle der Küste. Inzwischen sieht die Situation anders aus. In den vergangenen 20 Jahren vollzog sich an der Côte d'Azur ein entscheidender Strukturwandel: Industrie- und Forschungsunternehmen siedelten sich rund um Nizza an. Sie beginnen, mit den Einnahmen aus dem Tourismusgeschäft gleichzuziehen. Den entscheidenden Impuls für diese Entwicklung gab die Eröffnung des Technologie- und Forschungsparks Sophia Antipolis im Jahre 1969. Das französische ›Silicon Valley‹, ein rund 4000 ha großes Terrain zwischen Valbonne und Antibes, liegt 20 km westlich von Nizza. Nach kalifornischem Muster sollte es in erster Linie High Tech-Industrien, Wissenschaftler und Forschungszentren anziehen. Heute sind in Sophia Antipolis über 8000 Personen bei mehr als 300 internationalen Unternehmen beschäftigt. Dazu gehören Toyota aus Japan, die

Baupolitik an der ›Blauen Küste‹

Wie die meisten schönen Küsten dieser Welt hat auch die Côte d'Azur seit jeher wie ein Magnet Immobilienhändler und Spekulanten angezogen, die sie an vielen Stellen verschandelt haben. In Monaco mußten Belle Epoque-Villen Apartment-Blöcken und Hochhaustürmen weichen, um den knapp bemessenen Raum des Fürstentums so gewinnträchtig wie möglich zu nutzen. Heute zahlt man in den Luxushochhäusern bis zu 80000 Francs pro Quadratmeter.

Auch an der Croisette von Cannes werden Preise verlangt, die denen der besseren Pariser Stadtviertel entsprechen. Und es wird kräftig weitergebaut. Nicht nur der ›Festivalbunker‹, sondern auch zahlreiche andere Neubauten trüben den Glanz der weltberühmten Palmenpromenade. An der Promenade des Anglais in Nizza sieht es ähnlich aus: 1990 wurde auf einem 14-ha-Grundstück gegenüber dem Flughafen das moderne Büro- und Geschäftszentrum Arénas fertiggestellt. Japaner haben den Bau mitfinanziert – sie gehören zu den wenigen, die sich die schwindelerregenden Grundstückspreise noch leisten können.

An ›magischen‹ Orten wie dem Cap Ferrat oder dem Cap d'Antibes sind den Preisen nach oben keine Grenzen gesetzt. Nur sehr kleine Villen sind hier noch für wenige Millionen zu haben, für die größeren muß man 20–40 Mio. Francs auf den Tisch legen.

Die Aussicht auf den europäischen Binnenmarkt ab 1993 läßt die Preise weiter steigen. Der Bauboom findet kein Ende. Am Golf von St. Tropez errichten kleine Dörfer des Hinterlandes ihre Zweigstellen am Meer. So gehört zum 2000-Einwohner-Ort Gassin das Ferienzentrum Port Gassin mit eigenem Yachthafen und Mini-Apartments. Ganz in der Nähe wurde ein ehemaliges Weinanbaugebiet in einen Golfplatz umgewandelt. Ansonsten hat man sich auf der Halbinsel

Schweizer Firma Nestlé, der amerikanische Computerhersteller Digital Equipment und das Chemieunternehmen Dow Chemical sowie das Institut für Telekommunikation der Europäischen Gemeinschaft und das Software-Entwicklungszentrum europäischer Fluggesellschaften (s. S. 163).

Schon in den frühen sechziger Jahren entdeckten amerikanische Informatik- und Elektronikunter-

von St. Tropez bisher erfolgreich gegen Spekulanten wehren können. Im ländlichen Hinterland sind Orte wie Ramatuelle erstaunlich intakt geblieben.

An anderen Stellen der Küste ermöglicht eine unheilige, aber beständige Allianz zwischen Politik und Finanzwelt immer noch Bauvorhaben, die eigentlich schon auf dem Papier sterben müßten. Bauvorschriften und Denkmalschutzregelungen bestehen nur selten gegen die massive Spekulation und Korruption im Bauwesen.

Dennoch bemühen sich Denkmalschutzkommissionen teils erfolgreich um den Erhalt von Art Déco-Bauten, Prachtvillen und alten Hotels. Im Sommer 1989 hielt der Kampf um das Palais de la Méditerranée ganz Nizza mehrere Monate lang in Atem: Das ehemalige Casino an der Promenade des Anglais sollte nach dem Willen seiner Besitzer, einer arabischen Finanzholding, und mit Einverständnis des damaligen Bürgermeistes Jacques Médicin abgerissen werden. Erst durch die Intervention von Kulturminister Jack Lang wurde die Fassade des Dreißiger-Jahre-Baus unter Denkmalschutz gestellt; eine wunderschöne Freitreppe und den ehemaligen Empfangssaal konnte aber auch Lang nicht retten.

nehmen die Reize der Küste und installierten ihren Firmensitz am Meer: IBM unterhält ein großes Forschungszentrum in La Gaude, Texas Instruments hat seinen Europa-Sitz in Villeneuve-Loubet, und der französische Thomson-Konzern liefert aus Cagnes-sur-Mer Torpedos und elektronische U-Boot-Ausrüstungen an die französische Armee und die NATO. Die Côte d'Azur lebt also nicht allein von Tourismus, Wein und Oliven, sondern ist fester Standort großer Betriebe.

Nizza befindet sich im Zentrum dieser High Tech-Industriezone. Die Stadt hat in den vergangenen Jahren alles getan, um weitere Unternehmen und Forschungszentren in den Süden zu holen. Der Flughafen bekam eine zweite Landebahn, die im Meer aufgeschüttet werden mußte. Jetzt ist er nach dem von Paris der zweitgrößte Frankreichs. Die französische Hauptstadt wird bis zu zwanzigmal täglich angeflogen, und mehrmals wöchentlich gehen Direktflüge nach New York und Miami.

Neben den neuen Industrien sind nach wie vor die alteingesessenen, traditionellen Wirtschaftszweige der Côte d'Azur von Bedeutung, wie die exportkräftige Parfumbranche in Grasse. In Monaco wurden gezielt sogenannte ›saubere‹ Unternehmen, wie die Kosmetikfirmen Lancaster und Biotherm, angesiedelt. Im Hinterland von Nizza gibt es weitere kosmetische und pharmazeutische Betriebe.

Landwirtschaft: Die Landwirtschaft, insbesondere der Weinanbau, spielen vor allem im Westen der Küste eine Rolle, obwohl die Nutzflächen jährlich um mehrere hundert Hektar abnehmen. Dies liegt einerseits daran, daß die Söhne und Töchter der Bauern in vielen Fällen nicht bereit sind, die Höfe ihrer Eltern zu übernehmen. Andererseits gibt es zu viele Interessenten, die aus Agrarland Bauland machen möchten. Seit Jahrzehnten arbeitet nur noch ein geringer Prozentsatz der Bevölkerung in der Landwirtschaft. Angebaut werden neben Wein und Schnittblumen vor allem Getreide und Gemüse. Daneben gibt es Obst-, Oliven- und Mandelbäume. Die aufwendige Terrassen-Landwirtschaft in den Bergregionen wurde schon vor längerer Zeit fast vollkommen eingestellt. Obst- und Gemüsebauern kämpfen seit dem EG-Beitritt von Spanien und Portugal, die ihre Produkte billiger abgeben, immer mehr um ihre Existenz. Die Tierzucht spielt nur eine Nebenrolle.

Einen Aufschwung erlebte noch in jüngerer Zeit der Weinanbau. Das mit 16 520 ha größte Weinanbaugebiet der Côte d'Azur, die Côtes de Provence, reicht von St. Raphaël bis weit über Toulon hinaus. Die gesamte Halbinsel von St. Tropez und ihr Hinterland inklusive des Mauren-Massivs sind Weinland, durch das sogar eine ausgeschilderte *Route des Vins* führt. Die Weine werden hier sowohl von einzelnen Winzern wie in Kooperativen vinifiziert (s. S. 23 ff.).

Fischerei: Was das Meer vor der Côte d'Azur an Fischen hergibt, reicht längst nicht mehr, um den Bedarf vor Ort zu decken. Es muß aus anderen Fanggebieten zuge-

Die Weine des Südens

Der Rosé ist das Markenzeichen der *Vins de Provence;* kein anderer Wein paßt so gut zu Aioli und Bouillabaisse. Obwohl mit Billigimage behaftet, ist der Rosé unter technischen Gesichtspunkten am schwierigsten herzustellen: Er wird aus roten Trauben gewonnen. Je später man den Saft von der Traubenhaut trennt, desto dunkler wird der Rosé. Darin liegt die ganze Kunst. Manche Winzer wachen eine ganze Nacht neben ihrem Wein, um den richtigen Zeitpunkt abzupassen. Saft und Traubenhaut können nach zwei Methoden getrennt werden: Entweder zieht man den Traubensaft ab, um ihn dann in einem separaten Behälter zu fermentieren, oder man preßt den Rosé. In Bandol etwa benutzt man auch das System der *pressée directe:* Die Trauben werden sofort nach der Ernte durch die Presse geschickt, was einen sehr blassen Roséwein ergibt.

Roséweine stellen mit 60% den größten Anteil der Weine des Südens. Daneben bringen die sonnenverwöhnten Hänge zwischen Nizza und Marseille Rotweine (rund 35%) und Weißweine (um die 5%) hervor. Der Großteil des Weinanbaugebiets befindet sich im Département Var, wo die Griechen schon um 600 v. Chr. erste Weinstöcke anpflanzten. Die *Vins de Provence* sind also die ältesten ganz Frankreichs.

Man unterscheidet in Frankreich vier Appellationen oder Qualitätsstufen: die sogenannte *Appellation d'Origine Contrôlée* (A.O.C.) als höchstes Gütezeichen, gefolgt von *Vins délimités de Qualité Supérieure* (= V.D.Q.S.), *Vins de Pays* und *Vins de Table.*

Die Côtes de Provence, erst seit 1977 eine A.O.C., stellen mit 18000 ha das größte Anbaugebiet. Sie liefern 80% der *Vins de Provence.* Über die Hälfte davon wird in Kooperativen vinifiziert, in denen man den Wein sehr günstig literweise abfüllen lassen oder bereits auf Flaschen gezogen kaufen kann. Die Qualität des durch die Kooperativen vertriebenen Weines hat sich in den letzten Jahren deutlich verbessert, nachdem viele Weinbauern ausgetreten und wieder zur Eigenproduktion übergegangen waren.

Zu den Côtes de Provence gehören auch hervorragende Weine einzelner Domänen, darunter ausgezeichnete Rotweine wie die des Château Minuty, des Château Barbeyrolles oder des Château des

Garcinières bei St. Tropez. Das Château Minuty teilte sich einst mit der benachbarten Domaine de Bertaud fast die ganze Halbinsel von St. Tropez. Unter Ludwig XV. gehörten dem Weingut 2000 ha Land, das sich bis zum Meer erstreckte. Im 18. Jh. wurde das Schloß mitten in einen großen Park hineingebaut. Es steht nicht weit entfernt von den Kellereien, die man besichtigen kann. 1955 erhielt das Château Minuty erstmals die Bezeichnung *cru classé,* die bis dahin den großen Bordeaux-Weinen vorbehalten war. Noch immer ist es eines der bekanntesten Weingüter der Region. Nachdem es durch Erbteilung immer kleiner geworden war, gelang es den jetzigen Besitzern, Monsieur und Madame Matton, durch geschickten Zukauf das Anbaugebiet wieder auf 1900 ha zu vergrößern. Mattons Nachbar, die Domaine de Bertaud, gab dagegen im Laufe der Jahre immer mehr Land ab: Über 100 ha des Besitzes wurden verkauft, zuletzt für einen 18-Loch-Golfplatz.

Auch das Château Barbeyrolles befindet sich auf der Halbinsel von St. Tropez. Einst in britischem Besitz, lag dieses Weingut jahrzehntelang brach, bis eine sehr energische junge Frau es 1977 übernahm. Mit viel Energie päppelte die erst 26jährige Régine Sumeire die verfallene Domäne wieder hoch. Heute gehört Régine zu den bekanntesten Winzerinnen Frankreichs, und ihre Weine zählen zu den besten der Côtes de Provence.

Im einige Kilometer entfernten Château des Garcinières sitzen ebenfalls Frauen auf den Weinfässern: die Schwestern Valentin. Sie führen den Besitz, eine der schönsten *Domaines* der Gegend, in der dritten Generation. Die weiße Bastide der Valentins liegt auf einem Hügel; zu ihr führt eine sehr hübsche Platanenallee.

Eines der schönsten Weingüter der Côte d'Azur dürfte La Courtade auf der Insel Porquerolles vor Hyères sein. Nachdem die Insel während des Zweiten Weltkrieges evakuiert worden war, kümmerte sich niemand mehr um die Weinstöcke. 1981 erweckte sie der Pariser Architekt Henri Vidal La Courtade wieder zum Leben und erfüllte sich damit einen persönlichen Traum. Vidal engagierte den jungen Elsässer Winzer Richard Auther und investierte ein kleines Vermögen in neue Weinstöcke und in supermoderne Kellereien und Lagerräume. Er selbst baute sich ein Wohnhaus mit Swimmingpool und Terrasse mitten in den Weinberg.

Nach aufwendigen Laboruntersuchungen fand Richard Auther heraus, welche Rebsorte am besten mit dem Schieferboden des Weingutes harmoniert. Das Resultat der ersten Ernte von 1987 war

Weinfeld bei Ramatuelle

noch besser als erwartet. Schon jetzt gelten die Rot- und Weißweine von La Courtade als Geheimtip. Kenner sind überrascht, einen solchen Wein im Süden zu finden. Auf Porquerolles kämpft man derweil um eine eigene Insel-Appellation, um sich von den übrigen Weinen der Küste abzusetzen. Doch bislang steht noch ›Côtes de Provence‹ auf dem Etikett, wenn auch nur in blassem Gelb.

Weitere Appellationen der *Vins de Provence* sind: Bandol, berühmt für seine Rotweine, die für mindestens 18 Monate in Eichenfässern aufgezogen werden und durchaus mit *cru* aus dem Burgund und dem Bordelais zu vergleichen sind; Cassis, die älteste A.O.C. der Küste (von 1936), die auf sehr kalkhaltigem Boden fast ausschließlich Weißweine produziert, und Bellet, das kleinste Anbaugebiet Frankreichs, das oberhalb von Nizza liegt. Die Weiß- und Rotweine des Bellet sind berühmt. Jährlich ergeben die Weinstöcke aber nur 160000 Flaschen. Die Côteaux d'Aix-en-Provence und die Palette-Appellation gehören zwar noch zu den *Vins de Provence,* aber nicht mehr zum Gebiet der Côte d'Azur.

Exportiert wird nur wenig. Über 60% des Weins bleiben im Süden und werden zwischen Nizza und Marseille getrunken. Am besten kauft man vor Ort bei den Winzern, die oft auch Kellereibesichtigungen und Degustationen organisieren (s. S. 242 f.).

liefert werden. Und so ist oft tiefgefroren, was man hier als besonders frisch wähnt. Der Tourismus hat entscheidend zu dieser Entwicklung beigetragen. Ehemalige Fischerhäfen mußten nicht nur in Menton, Villefranche und Cannes exklusiven Yachthäfen weichen.

Die Zeiten, in denen man aus dem einst fischreichen Golf von St. Tropez Thunfisch und Makrelen holte, um sie einzusalzen und zu exportieren, sind vorbei. Der Fischfang, der früher den Großteil der Bevölkerung an der Küste ernährte, ist heute nur noch von geringer Bedeutung für die lokale Wirtschaft. Inzwischen versucht man allerdings, den Fischbestand wieder aufzustocken und sogenannte Fischfarmen *(fermes aquacoles)* aufzubauen. Auch die Wasserqualität hat sich im Laufe der vergangenen Jahre verbessert.

Trotzdem finden an der Côte d'Azur nach wie vor die schönsten Fischmärkte Frankreichs statt. Wer Fischer sehen möchte, die im Hafen ihre Netze flicken, sollte nach Cassis fahren. Dort gibt es sie noch.

Fischer in Cassis

Staat und Verwaltung

Frankreich hat ein sogenanntes semi-präsidentielles Regierungssystem, in dem die Exekutivmacht zwischen dem Staatspräsidenten einerseits und der Regierung mit dem Premierminister andererseits aufgeteilt ist. Regierungssitz ist Paris. Hier befinden sich auch alle Ministerien und Parteizentralen des zentralistisch regierten Landes. Der französische Staatspräsident – nach Charles de Gaulle, Georges Pompidou und Giscard d'Estaing erstmals ein Sozialist, der langjährige Oppositionsführer François Mitterrand – verfügt über weitgehende Befugnisse: Er ist Oberbefehlshaber der Armee, einschließlich der ›Force de

Frappe‹, der atomaren Streitmacht Frankreichs. Außen- und Verteidigungspolitik gehören zu seiner *domaine reservé*. In Abstimmung mit dem Staatspräsidenten führt der Premierminister die Geschäfte der Regierung. Das französische Parlament besteht aus zwei Kammern, dem Senat und der Nationalversammlung *(Assemblée Nationale)*. Beide haben einen geringeren Einfluß auf die Politik des Landes als z. B. der Bundestag und der Bundesrat in Deutschland. Nach den instabilen politischen Verhältnissen während der IV. Republik, in der ein starkes Parlament immer wieder die Regierung stürzte, wurde die Macht der Abgeordnetenkammer beschnitten. Die Verfassung von 1958, die die V. Republik begründet hat und bis heute gültig ist, gibt den Regierenden Möglichkeiten, die *Assemblée Nationale* zu umgehen.

Die französische Parteienlandschaft ist noch immer durch einen tiefen Links-Rechts-Graben geprägt. Es gibt keine politische Kraft der Mitte, wenn sich auch in der letzten Zeit die Anzeichen für eine Annäherung an *le centre* mehrten. So versuchten die Sozialisten nach ihrem Wahlsieg von 1988, mit der *ouverture* eine Politik der Öffnung einzuleiten. Sie wollten demonstrativ Vertreter anderer Parteien an ihrer Regierung beteiligen und sich über bestehende Parteischranken hinwegsetzen – ein Versuch, der mißlang.

Die Parti Socialiste (PS) vollzog in den vergangenen Jahren von allen Parteien Frankreichs die größte Metamorphose: von kämpferischen Reformern, die 1981 mit einem klar definierten 110-Punkte-Programm ihre erste Amtszeit antraten, wandelten sich die Sozialisten unter Führung von François Mitterrand zu gemäßigten, sozialdemokratisch orientierten Politikern. Nachdem sich die europäischen Nachbarländer und insbesondere die USA nach dem Sieg der PS im Jahre 1981 angesichts vier kommunistischer Minister in der neuen Regierung ernsthaft um die Regierungsfähigkeit der Sozialisten gesorgt hatten, wird sie heute von niemandem mehr in Frage gestellt. François Mitterrand erwies sich als moderater und bündnistreuer als vermutet; viele nannten ihn ›atlantischer‹ als alle seine Vorgänger. (Frankreich verließ 1962 unter de Gaulle das militärische Bündnis der NATO, blieb ihm aber politisch verbunden).

Aus Protest gegen die neue sozialistische Wirtschaftspolitik verließen die Kommunisten nach knapp zwei Jahren die Regierung. Inzwischen ist die einst stärkste Partei Frankreichs, die nach dem Zweiten Weltkrieg nicht zuletzt wegen ihres Ruhms aus der *Résistance* die meisten Wählerstimmen erhalten hatte, zu einer unbedeutenden Randgruppe zusammengeschrumpft. Sie verpaßte es, sich auf die neuen Entwicklungen in der französischen Gesellschaft, insbesondere auf den neuen Mittelstand, einzustellen. Die PCF (Parti Communiste Français) zog bei den letzten Wahlen fast immer stimmengleich mit der rechtsextremen Front National (FN) von Jean-Marie Le Pen, die zu Beginn der achtziger Jahre erschreckende Erfolge erzielte (s. S. 29).

Der PS stehen zwei wichtige Parteien bzw. politische Blöcke gegenüber: Chiracs gaullistische Sammlungsbewegung RPR (Rassemblement pour la République) und die liberal-konservative UDF (Union pour la Démocratie Française), ein Bündnis von drei Parteien, das sich 1978 zur Unterstützung von Valéry Giscard d'Estaing formierte. In der Vergangenheit trafen RPR und UDF immer wieder Wahlabsprachen, um sich gegenüber den Sozialisten zu behaupten. Das gelang ihnen bei den Parlamentswahlen von 1986, so daß Frankreich zwei Jahre lang von einer konservativen Regierung mit Premierminister Jacques Chirac und von einem sozialistischen Staatspräsidenten regiert wurde – ein politisches Novum in der V. Republik. Diese *cohabitation* (= Zusammenleben) fand mit dem Sieg der Sozialisten bei den Präsidentschaftswahlen von 1988 ein Ende.

Fast alle Parteien – mit Ausnahme der Kommunisten – gehen auf Gründungen in den siebziger Jahren zurück (PS 1971, FN 1972, RPR 1976 und UDF 1978). Frankreich hat also kein sehr altes Parteiensystem. Dies ist ein Indiz dafür, daß Parteien längst nicht die Bedeutung haben, die ihnen in anderen Ländern zukommt. Politik wird hauptsächlich von Personen gemacht und auch nach ihnen benannt. So gibt es nicht nur die Gaullisten, sondern auch die Mitterrandisten und die Rocardiens. Im Wahlkampf 1988 erhob die PS ihren Kandidaten sogar zum Programm: Der Slogan der Sozialistischen Partei hieß ›La Génération Mitterrand‹ – nicht mehr und nicht weniger.

Trotz des bipolaren Parteiensystems und klar definierter politischer Feindschaften herrscht in bestimmten Fragen über Parteigrenzen hinweg ein großer nationaler Konsens: Fast alle Parteien sind sich einig, daß die Unabhängigkeit und die nationale Größe Frankreichs erhalten bleiben müssen. Ein Grundstein dieser Unabhängigkeit ist die ›Force de Frappe‹, die Atomstreitmacht, die auch die Sozialisten nicht abschafften – ganz im Gegenteil, sie bauten sie weiter aus. Weitere Symbole, die bei Frankreichs Ringen um seine Unabhängigkeit von den zwei großen Weltmächten eine Rolle spielen, sind der ständige Sitz im Weltsicherheitsrat sowie die Überbleibsel des einstigen Kolonialimperiums, die *Départements* und *Territoires d'Outre-Mer* (DOM-TOM-Staaten).

Die Côte d'Azur gehört seit 1972 zur Region Provence-Alpes-

Die Erfolge der rechtsextremen Front National

Seit die rechtsextreme von Jean-Marie Le Pen geführte Front National (FN) zu Beginn der achtziger Jahre in Frankreich zu einer politischen Kraft wurde, hat sie in den Mittelmeerregionen ihre besten Resultate erzielt. Der nationale Durchbruch der FN, der ›*effet Le Pen*‹, der 1984 bei den Europa- und 1986 bei den Parlamentswahlen die französische Nation erschreckte, machte sich an der Côte d'Azur am deutlichsten bemerkbar. Bei den Parlamentswahlen von 1986, die der Partei den Einzug in die *Assemblée Nationale* ermöglichten, erreichte sie hier über 20% bei einem Landesdurchschnitt von 9,8%. Bei den Präsidentschaftswahlen 1988 gehörten die drei Départements Bouches-du-Rhône, Alpes-Maritimes und Var zu den acht Regionen Frankreichs, in denen die FN die meisten Stimmen erhielt.

Warum aber hat der Bretone Le Pen mit seinen ausländerfeindlichen, populistischen Parolen im Süden so viel mehr Erfolg als in anderen Teilen des Landes? Le Pen hat sein politisches Programm auf wenige Stichworte festgelegt: Es wendet sich gegen Ausländer und Arbeitslosigkeit, gegen Kriminalität und Unsicherheit in Frankreichs Städten – Probleme, die im Süden besonders präsent sind. Über 10% der Bevölkerung an der Côte d'Azur sind Ausländer, die meisten Nordafrikaner. Marokkaner, Algerier und Tunesier bestimmen in vielen *quartiers* der südfranzösischen Städte das Straßenbild. Im Zentrum von Marseille, nur wenige Schritte vom alten Hafen entfernt, gibt es ganze Araberviertel mit Souks, Hammams und Bazarstraßen. Bei den Parlamentswahlen im Juni 1988 erreichte Le Pen hier 33% der abgegebenen Stimmen. Ein Votum, das sich besonders gegen die hier lebenden Ausländer richtet, aber auch gegen wachsende Kriminalitätsraten, die für viele direkt mit dem Ausländerproblem verbunden sind, und gegen die Krise, die zum Beispiel die Schiffswerften in Marseille und La Ciotat erfaßt hat. Le Pen verspricht dagegen Arbeitsplätze, an erster Stelle den Franzosen. »L'emploi pour les Français d'abord«, das ist einer von vielen Wahlkampfslogans der FN, die man im Süden auf Brückenpfeilern und Hauswänden wiederfindet.

Weitere Gründe für die Wahlerfolge der Rechts-Partei an der Côte d'Azur sind eine im Landesvergleich überalterte Bevölkerung, die für Le Pens nationalistische und rassistische Ideen besonders empfänglich ist, sowie der hohe Anteil der sogenannten *pieds noirs,* der französischen Algerienheimkehrer. Sie kamen 1962 nach dem Ende des Algerienkrieges nach Südfrankreich. Die hier lebenden Nordafrikaner rufen die Erinnerung an den verlorenen Krieg wach und sind ihnen ein Dorn im Auge. Le Pen, der laut sagt, was bisher viele nur heimlich dachten, weckt bei den Algerienkämpfern erfolgreich alte Ressentiments.

In der 400000-Einwohner-Stadt Nizza wohnen neben 60000 Nordafrikanern 80000 dieser *pieds noirs.* Im ersten Wahlgang der Präsidentschaftswahlen von 1988 lag Le Pen hier noch vor dem Sozialisten Mitterrand und seinem gaullistischen Herausforderer Chirac an erster Stelle. Und das trotz der Bemühungen des damals amtierenden Bürgermeisters Jacques Médicin, das rechtsextreme Wählerpotential für sich zu mobilisieren. Nizza war seit jeher Zentrum rechtsextremer Aktivitäten. Nach dem Algerienkrieg schlüpften hier auch Mitglieder der Terrororganisation OAS unter, die bis zum Schluß für ein französisches Algerien gekämpft hatten. Als sich Ende der siebziger Jahre in Frankreich die ›neue Rechte‹ um den Club de l'Horloge und Yvan Blot formierte, gehörte Médicin zu den ersten und eifrigsten Sympathisanten der neuen Ideologie. Auch aus seinen Sympathien für die Front National hat der konservative Médicin nie einen Hehl gemacht. Regelmäßig fanden FN-Parteikongresse in Nizza statt, auf denen er herzliche Grußadressen an die Delegierten richtete. Nicht nur Médicin distanzierte sich nicht klar von der rechtsextremen Partei. Immer wieder kommt es zu Koalitionen auf regionaler Ebene: An der Côte d'Azur sitzen FN-Politiker neben Gaullisten in Gemeinderäten und Département-Verwaltungen, und in Grasse zog der erste stellvertretende FN-Bürgermeister ins Rathaus ein.

Côte d'Azur, einer Verwaltungseinheit, zu der im Rahmen der Dezentralisierungsmaßnahmen die Départements Bouches-du-Rhône, Vaucluse, Hautes-Alpes, Var, Alpes-Maritimes und Alpes-de-Provence zusammengeschlossen wurden. Das Gebiet der Côte d'Azur verteilt sich auf die Départements Var (westlich von Cannes bis hinter Toulon, einschließlich des Hinterlandes 700000 Einwohner) und Alpes-Maritimes (östlicher Teil von Cannes bis Menton, einschließlich des Hinterlandes 880000 Einwohner).

Durch die Dezentralisierungspolitik der Sozialisten seit 1982 haben die Départements und ihre Regionalräte, die *Conseils Généraux,* an Einfluß gewonnen. In vielen Städten der Côte d'Azur sitzen Gaullisten (RPR) oder Liberalkonservative (UDF) in den Rathäusern. Die extreme Rechte Frankreichs (FN) erzielt hier unten im Süden traditionell ihre besten Ergebnisse.

Daten zur Geschichte

ca. 1700000–800000 v. Chr. Die Höhle von Terra Amata jenseits des heutigen Hafens von Nizza und die Grotten von Monaco gehören zu den frühesten Zeugnissen menschlicher Behausung in Westeuropa (Villafranchien); diese Prähominiden kannten bereits das Feuer und bearbeiteten Steinwerkzeuge.

ca. 10000–1800 v. Chr. Die Region östlich der Rhone ist auch während des Mesolithikums (ca. 10000–4500 v. Chr.; die sogenannten Montadiens, Jäger, Fischer und Sammler) und während des Neolithikums (bis ca. 1800 v. Chr.; Megalithiker, Ackerbauern und Viehzüchter, die z. B. den Dolmen ›Pierre de la Fée‹ bei Draguignan bauten) besiedelt.

ab ca. 600 v. Chr. Griechen aus Phokäa gründen Massalia (Marseille), Monoicos (Monaco), Nikäa (Nizza) und Antipolis (Antibes); sie treffen auf eine kelto-ligurische Bevölkerung, die aus den früheren Einwanderungen von Ligurern und Kelten entstanden ist.

2. Jh. v. Chr. Die Römer setzen sich, von Massalia gegen die Kelto-Ligurer zu Hilfe gerufen, dauerhaft in Südgallien fest. (Schon während des 2. Punischen Krieges von 218–201 v. Chr., in dem Massalia den Römern ein treuer Bundesgenosse ist, ist die Region als Landverbindung nach Iberien, wo die Römer die Vorherrschaft Karthagos beenden, von Interesse.) Domitius Ahenobarbus begründet 125–122 v. Chr. die römische Herrschaft; spätestens seit 80 v. Chr. ist Gallien eine römische Provinz.

58–51 v. Chr. Julius Caesar erobert Gallien bis zum Rhein.

um 49 v. Chr. Julius Caesar stationiert eine Legion im heutigen Fréjus.

22. v. Chr. Gründung der ›Provincia Gallia Narbonenis‹.

Nach der Zeitenwende

1.–4. Jh. Die stark romanisierte und urbanisierte Provinz, die namengebend für unseren heutigen Begriff ›Provinz‹ wurde, wird von einem Prokonsul verwaltet und erlebt vor allem im 2. und 4. Jh. n. Chr. eine kulturelle und wirtschaftliche Blütezeit. Ihre Hauptverkehrsader ist die von Rom über Genua, Fréjus und Aix bis nach Arles führende Via Aurelia.

410 Honorat, der Sohn eines römischen Verwaltungsbeamten, gründet auf den Iles de Lérins vor Cannes ein Kloster, das zu einem der wichtigsten Ausgangspunkte des Mönchwesens in Europa wird.

5. Jh. Im Verlaufe der sogenannten germanischen Völkerwanderung überrennen West- und Ostgoten, Vandalen, Burgunder und Franken die Provence/Côte d'Azur. Das Weströmische Reich bricht zusammen; die Klöster entwickeln sich in diesen Zeiten der Umwälzung zu kulturellen und wirtschaftlichen Zentren.

537 Der Ostgotenkönig Witichis tritt das Gebiet Provence/Côte d'Azur an das merowingische Frankenreich ab.

773/74 Karl der Große erobert das Langobardenreich; die Grenze zwischen diesem dem fränkischen, später dem Römischen Reich deutscher Nation eingegliederten Gebiet und dem der Provence/Côte d'Azur verläuft östlich von Nizza.

843 Im Vertrag von Verdun wird das Frankenreich unter die Söhne Ludwigs des Frommen aufgeteilt; die Provence/Côte d'Azur wird dem sogenannten Mittelreich Lothars I. zugeschlagen.

879 Das Chaos, das durch den Niedergang des fränkischen Großreichs (Reichsteilungen) entsteht, macht sich Boso von Vienne zunutze, der sich von den Bischöfen in Vienne zum König von Niederburgund (= Provence) wählen läßt.

9. und 10. Jh. Die Araber unternehmen Plünderungs- und Eroberungszüge entlang der Küste und setzen sich im Massif

Ruinen des Aquädukts in Fréjus

des Maures fest; Fraxinet (La Garde-Freinet) ist von 889–975 arabisch.

1033 Niederburgund, das sogenannte Arelat (nach der Hauptstadt Arles), fällt an das deutsche Reich; die Grenzscheide zwischen französischem und deutschem Reich verläuft entlang der Rhône. Die tatsächliche Macht üben jedoch die Feudalherren aus, im Falle der Markgrafschaft Provence seit 1125 die Grafen von Barcelona.

1246 Die Grafschaft Provence fällt an Karl von Anjou, den Bruder des französischen Königs.

um 1300 Die italienische Familie der Grimaldi installiert in Monaco eine unabhängige Herrschaft.

1348 Die großen Pestepidemien fordern hohe Opfer unter der Bevölkerung.

1388 Nizza und die umgebende Region fallen an die Grafen von Savoyen, deutsche Reichsfürsten, bei denen sie bis zur Französischen Revolution bleiben. In der Folgezeit wird Nizza wiederholt von Frankreich angegriffen; die westliche Provence bleibt beim Haus Anjou, das zeitweise auch über das Königreich Neapel herrscht.

1434–1480	Herrschaft des ›guten Königs René‹, unter dem die Region eine erneute Blütezeit erlebt.
1454	Monaco wird ein Fürstentum.
1481	Nach dem Aussterben des Hauses Anjou fällt die Provence an Frankreich.
1489	Der König von Frankreich und der Herzog von Savoyen erkennen die Unabhängigkeit Monacos an.
1562–1598	Während der Hugenottenkriege gehört die Provence der katholischen Partei der Guise an.
1576	Das Edikt von Beaulieu (an der Südostküste Frankreichs) spricht den verfolgten Hugenotten acht ›Sicherheitsorte‹ zu, doch werden schon bald alle Zugeständnisse wieder aufgehoben.
17. Jh.	Konsolidierung des Absolutismus unter König Ludwig XIII. Ludwig XIV. strebt die französische Hegemonialmacht über ganz Europa an und führt als ›Sonnenkönig‹ den Absolutismus zu seinem Höhepunkt.
1715–1774	Während der Herrschaft Ludwigs XV., am Vorabend der Französischen Revolution, gerät das Land in eine tiefe wirtschaftliche und politische Krise.
1720	Eine Pestepidemie fordert 100000 Opfer in der Provence, davon allein 50000 in Marseille.
1756–1763	Siebenjähriger Krieg Frankreich–Preußen.
1763	Der britische Schriftsteller Tobias Smollet verbringt ein Jahr in Nizza und lobt in seinen Reiseberichten das milde Klima der Riviera. In England kommt das Überwintern an der Küste Frankreichs in Mode.
1789	Die Einberufung der Generalstände und die Konstituierung des dritten Standes zur Nationalversammlung bilden den Auftakt der Französischen Revolution. In Paris stürmen die Bürger die verhaßte Bastille, im Mauren-Massiv rennen die Revolutionäre gegen das Karthäuserkloster Chartreuse de la Verne an und plündern es. Am 16. August wird die Erklärung der Menschenrechte verlesen.
1790	Während der Revolution wird das Land laut Dekret der Verfassungsgebenden Versammlung (Assemblée Constituante) in Départements untergliedert. Die Verwaltungseinheit Provence wird in die Départements Bouches-du-Rhône, Var und Basses-Alpes aufgeteilt.
1792	Ausrufung der Republik, im August wird die königliche Familie festgesetzt.

1793	Ludwig XVI. und Gemahlin Marie-Antoinette werden hingerichtet. Revolutionäre Truppen erobern die savoyardische Grafschaft Nizza (vom italienischen Comte de Savoie regiert), in die viele Adlige geflüchtet sind. Sie fällt an Frankreich zurück.
1794	Ende der ›Schreckensherrschaft‹ von Robespierre. Ein Direktorium übernimmt die Regierung.
1799	Der Staatsstreich vom 18. Brumaire (9. 11.) bringt die Auflösung des Direktoriums durch Napoleon, der auf der Grundlage der Konsulatsverfassung zum Alleinherrscher wird.
1804	Napoleon läßt sich zum Kaiser der Franzosen krönen.
1814	Die triumphalen Schlachtenerfolge Napoleons enden mit dem Rußlandfeldzug und der Völkerschlacht von Leipzig. Napoleon muß am 6. April abdanken; am 28. April wird er von St. Raphaël aus nach Elba in die Verbannung gebracht.
1815	Napoleon landet am 1. März in Golfe-Juan, um für die ›Herrschaft der 100 Tage‹ nach Paris zurückzukehren. Er zieht über Grasse, Castellane, Digne, Sisteron und Gap, die heutige *Route Napoléon* (s. S. 233 f.), und über Grenoble in die Hauptstadt. In der Schlacht bei Waterloo erlebt er seine endgültige Niederlage. Mit dem Zweiten Pariser Frieden enden im November die Napoleonischen Kriege. Der Bourbone Ludwig XVIII. wird als König eingesetzt.
1822	Englische Wintergäste finanzieren den Bau der Uferpromenade in Nizza, der künftigen ›Promenade des Anglais‹.
1830–1848	Die Herrschaft König Karls X. führt zur Juli-Revolution und zur Einsetzung des Bürgerkönigs Louis Philippe von Orléans.
1834	Der englische Lord Brougham läßt sich in Cannes nieder; die Riviera entwickelt sich zur Winterresidenz des englischen Adels.
1848	Nach Barrikadenkämpfen in Paris wird die Zweite Republik ausgerufen. Das Präsidentenamt übernimmt Prinz Napoleon Bonaparte.
1851–52	Nach dem Staatsstreich vom Dezember 1851 wird Napoleon III. 1852 französischer Kaiser.
1854	Frédéric Mistral und seine Freunde gründen den Félibrige-Bund, eine Vereinigung von Schriftstellern, die

Nizza: Promenade des Anglais um 1880

die provenzalische Sprache und Kultur stärken wollen.

1860 Eine Volksabstimmung bindet Nizza nach jahrhundertelanger Zugehörigkeit zum italienischen Herrscherhaus Savoyen endgültig an Frankreich.

1861 Die Städte Menton und Roquebrune lösen sich vom Zwergstaat Monaco ab und werden selbständig.

1865 In Monaco eröffnet das Casino, dessen Einnahmen das Fürstentum binnen kürzester Zeit zu neuem Reichtum führen. Eine verheerende Reblausplage ruiniert weite Anbauflächen der Côtes de Provence und führt zu einer Krise der Weinwirtschaft.

1868 Der Pinienzapfenzug *(train des pignes)* fährt erstmals von Nizza nach Digne in den Voralpen (s. S. 200).

1869 Der Wahlsieg der Opposition und die Bildung des Kabinetts Ollivier führen zum *Empire libérale*.
Das bislang isoliert gelegene Monte Carlo wird an die Eisenbahnlinie Nizza-Menton angeschlossen.

1870/71 Deutsch-französischer Krieg, Napoleon III. muß abdanken. Die Dritte Republik wird ausgerufen. Die

Pariser Kommune, die für eine föderative Republik eintritt, wird während der ›Blutigen Woche‹ im Mai niedergeschlagen.

1888 ›Côte d'Azur‹, der Titel eines Buches von Stephen Liégeard, setzt sich als Name für die französische Riviera durch.

Das 20. Jahrhundert

1913/14 Der ehemalige Kellner Henry Negresco, ein Rumäne, eröffnet an der Promenade des Anglais in Nizza eines der luxuriösesten Hotels der Küste. Der Ausbruch des Ersten Weltkrieges unterbricht den einsetzenden Tourismusboom. Im Hotel Negresco wird der Spiegelsaal

Monte Carlo: Spielsaal des Casinos um 1890

zum Lazarett umfunktioniert. Südfrankreich bleibt jedoch weitgehend vom Krieg verschont.

1919 Am 28.6. 1919 unterzeichnen die Vertreter des besiegten Deutschland im Spiegelsaal von Versailles den Versailler Friedensvertrag.

Picasso kommt zum ersten Mal mit seiner Frau Olga an die Côte d'Azur. Der Maler Auguste Renoir stirbt in seiner Villa Les Collettes in Cagnes-sur-Mer.

1928 Mit der Wahl von Jean Médicin zum Bürgermeister beginnt in Nizza die 62 Jahre dauernde Ära der ›Médicin-Dynastie‹, die erst mit dem Rücktritt seines Sohnes Jacques endet.

1929 Zum ersten Mal findet in Monaco das Rennen um den Grand Prix statt.

1933 In dem kleinen Fischerort Sanary-sur-Mer westlich von Toulon finden nach den Bücherverbrennungen von Berlin deutsche und österreichische Intellektuelle und Literaten ein Exil, darunter Thomas Mann, Lion Feuchtwanger, Franz Werfel und Joseph Roth.

1939 Nachdem Hitler Polen überfallen hat, werden die französischen Truppen mobilgemacht. Wegen des Ausbruchs des Zweiten Weltkrieges kann das geplante erste Filmfestival in Cannes nicht stattfinden. Für Frankreich beginnt *›La drôle de guerre‹*, der seltsame Krieg, in dem zunächst nichts passiert.

1940 Nach der erfolgreichen deutschen Blitzoffensive in Frankreich kommt es im Juni zum Waffenstillstand von Compiègne. Frankreich wird in zwei Zonen aufgeteilt: in den besetzten Norden, der den deutschen Militärbehörden untersteht, und in die *zone libre* im Süden, die von der scheinbar unabhängigen Vichy-Regierung unter Marschall Pétain kontrolliert wird. Laut § 19 des Abkommens von Compiègne verpflichtet sich Frankreich, Regimegegner und Juden an die Deutschen auszuliefern. Viele geraten in die Internierungslager des Vichy-Regimes. In der sogenannten ›freien Zone‹ organisiert sich der französische Widerstand. In den Wäldern und Bergen des Hinterlands der Côte d'Azur halten sich die *macquisards*, kleine Partisanengruppen, versteckt. Marseille wird zum Fluchtpunkt zahlreicher von Hitler Verfolgter. Hilfskomitees wie das amerikanische ›Emergency Rescue

Committee‹ verhelfen Tausenden zur Flucht. Menton wird von den Italienern besetzt.

1942 Die Deutschen besetzen die *zone libre* und erlangen die Kontrolle über strategisch wichtige Punkte an der Côte d'Azur. Die Alliierten sind in Nordafrika gelandet. Am 27. November versenkt die französische Marine die eigene Flotte bei Toulon, damit sie nicht der deutschen Wehrmacht in die Hände fällt.

1944 Am 15. August erobern alliierte Truppen die Küste. Die Amerikaner landen vor dem Mauren- und Estérel-Massiv, und die Franzosen erobern unter General Lattre de Tassigny die Halbinsel von St. Tropez. Am 26. August wird Toulon befreit, am 28. August Marseille und am 30. August Nizza. Nur in den Seealpen können sich Teile der deutschen Wehrmacht noch bis April 1945 halten.

1945 Nach der Befreiung Frankreichs vom Nazi-Joch wird die IV. Republik ausgerufen. Am 27. Oktober tritt die neue französische Verfassung in Kraft.

1946 Nachdem es 1939 wegen des Zweiten Weltkrieges abgesagt wurde, findet das erste Filmfestival von Cannes statt.

1947 Italien muß das Gebiet am Col de Tende im Hinterland von Nizza an Frankreich abtreten.

1949 Fürst Rainier III. besteigt den Thron von Monaco und baut das Fürstentum in den folgenden Jahrzehnten zu einem modernen Stadtstaat aus.

1951 Nach vierjähriger Arbeit wird in Vence die von Matisse gestaltete Chapelle du Rosaire eingeweiht.

1954 Matisse stirbt in Nizza.

1956 Im Beisein von 400 Journalisten heiratet Fürst Rainier III. in Monaco die amerikanische Filmschauspielerin Grace Kelly.

1958 Die Auseinandersetzungen um Algerien stürzen Frankreich in eine tiefe Krise. Auf der Grundlage einer neuen Verfassung, die maßgeblich von de Gaulle beeinflußt wird, beginnt die V. Republik. Ziel de Gaulles ist die Stabilisierung der politischen Verhältnisse.

1959 Bei Fréjus bricht der Staudamm von Malpasset. Über 400 Menschen kommen ums Leben.

1960 In Juan-les-Pins (Cap d'Antibes) findet das erste Jazzfestival in Europa statt.

1961 Yves Klein, Arman, Happening-Künstler Ben und andere junge, südfranzösische Künstler gründen in Nizza offiziell die avantgardistische Bewegung der *Nouveaux Réalistes,* die sie in Anlehnung an die ›Schule von Nizza‹ des 15. Jhs. ›Ecole de Nice‹ nennen.

1962 Das Abkommen von Evian beendet den Algerienkrieg. Viele der Algerienfranzosen, die nun nach Frankreich zurückkehren müssen, lassen sich in Südfrankreich, also auch an der Côte d'Azur, nieder.

1964 Der Schriftsteller und französische Kulturminister André Malraux eröffnet in St. Paul-de-Vence die Fondation Maeght, eine der wichtigsten Sammlungen moderner Kunst in der Welt.

1965 Frankreich tritt aus dem NATO-Militärbündnis aus, bleibt ihm aber politisch verbunden. Der Aufbau einer eigenen Atomstreitmacht (›Force de Frappe‹) wird vorangetrieben. Daraufhin ziehen die USA die Mittelmeereinheiten der 6. US-Flotte ab. Viele Bordelle an der Côte d'Azur müssen in der Folgezeit schließen.

Am äußersten Ende der Bucht von St. Tropez entsteht mit der künstlichen Lagunenstadt Port Grimaud ein Mini-Venedig aus der Retorte.

1967 Vier Jahre nach dem Tod des Künstlers wird in einer alten Bastion in Menton das Jean Cocteau-Museum eingeweiht.

1968 Im Mai kommt es infolge der Pariser Studentenunruhen und des Generalstreiks zur Auflösung der Nationalversammlung. Die Pariser Studentenunruhen machen sich auch an der Côte d'Azur bemerkbar: Godard, Chabrol und andere Jungfilmer besetzen in Cannes das Festivalauditorium. Das Filmfestival wird nach neuntägigen Protesten frühzeitig beendet.

1969 Staatspräsident de Gaulle scheitert an einem Referendum über die Regionalisierung und eine Senatsreform. Er tritt zurück. Georges Pompidou wird sein Nachfolger.

1971 Staatspräsident Georges Pompidou erwirbt mit Staatsgeldern die Insel Porquerolles vor Hyères und stellt sie unter Naturschutz.

1972 Im Rahmen der Regionalisierungspolitik werden die Départements Bouches-du-Rhône, Vaucluse, Hautes-

Alpes, Var, Alpes-Maritimes und Alpes-de-Haute-Provence in der Region ›Provence–Côte d'Azur–Alpes du Sud‹ zusammengefaßt.

1973 Pablo Picasso stirbt am 8. April in seiner Villa Notre-Dame-de-Vie bei Mougins.

1974 Staatspräsident Pompidou stirbt. Valéry Giscard d'Estaing vom liberal-konservativen Parteienbündnis UDF wird sein Nachfolger.

1980 Der Nizzaer Casino-König Jean-Dominique Fratoni flüchtet in die Schweiz. Die Autobahn im Hinterland der Côte d'Azur wird fertiggestellt.

1981 Zum ersten Mal in der Geschichte der V. Republik kommen in Frankreich die Sozialisten an die Macht. François Mitterrand übernimmt das Amt des Staatspräsidenten. Im Zuge seiner Dezentralisierungspolitik erhalten die Départements und die Regionen größere Eigenständigkeit.

1986 Nach den Parlamentswahlen erhält Frankreich eine liberal-konservative Regierung mit dem neo-gaullistischen Premierminister Jacques Chirac an der Spitze. Staatspräsident Mitterrand bleibt jedoch im Amt, was zum ersten Mal in Frankreich zur *cohabitation* führt, dem politischen Zusammenleben eines sozialistischen Präsidenten und eines konservativen Premierministers. Jean-Marie Le Pen zieht nach den Parlamentswahlen mit seiner Rechts-Außen-Partei Front National erstmals in die Nationalversammlung ein. An der Côte d'Azur erreicht er in einzelnen Städten Rekordergebnisse von über 20% (Hochburg Marseille).

1988 Die Côte d'Azur feiert das 100jährige Jubiläum der Namensgebung durch das Buch ›Côte d'Azur‹ von Stephen Liégeard.

1989 Jack Lang stellt die Fassade des ehemaligen Casinos Palais de la Méditerranée in Nizza unter Denkmalschutz und verhindert damit deren Abriß.

1990 Im Juni wird in Nizza das neue Museum für moderne Kunst eingeweiht. Mehrere Künstler bleiben dem Ereignis aus Protest gegen den umstrittenen Bürgermeister Jacques Médicin fern. Im September setzt sich Médicin nach Südamerika ab (s. S. 178f.).

Gesellschaft, Alltagskultur und Kunst

Bevölkerung

An der Côte d'Azur leben ungefähr 1,5 Mio. Menschen, davon rund 400 000 in Nizza, der größten Stadt der ›Blauen Küste‹. Allein 38% der Bewohner des Départements Alpes-Maritimes wohnen hier. Die nächstgrößeren Städte sind Toulon (185 000 Einwohner) und Cannes (75 000 Einwohner). In Monaco leben 30 000

Wahlmonegassen – zwei Drittel davon sind Ausländer. Das Hinterland ist im Vergleich zur Küste nur spärlich besiedelt; hier melden fast alle Städte und Dörfer rückgängige Einwohnerzahlen. So war etwa das Mauren-Massiv im Hinterland von St. Tropez einmal sehr viel dichter bewohnt als heute. Schlechtere Verdienstmöglichkeiten in der Landwirtschaft und die Aussicht auf leicht zu verdienendes Geld im Geschäft mit den Touristen veranlaßten Schäfer, Bauern und andere alteingesessene Familien schon vor Jahrzehnten, an die Küste zu ziehen.

In den sechziger Jahren kam mit dem Abkommen von Evian (1962), das den Algerienkrieg endgültig beendete, die große Welle der sogenannten ›Schwarzfüße‹ nach Südfrankreich. Das sind die als *pieds noirs* bezeichneten Algerienfranzosen, die nach dem Ende der französischen Kolonialherrschaft das Land verlassen mußten. Insgesamt waren es über 1,5 Mio. Die meisten von ihnen waren nie zuvor in Frankreich gewesen. Sie setzten mit dem Schiff nach Marseille über und ließen sich aufgrund der klimatischen Bedingungen überwiegend an der Côte d'Azur nieder. Der Empfang, den man ihnen bereitete, war alles andere als herzlich. Von den Bewohnern der Küste wurden sie als Franzosen zweiter Klasse verachtet. Viele der *pieds noirs* leben heute in Nizza und haben als kleine Kaufleute und Händler ihren festen Platz in der Gesellschaft gefunden.

Eine andere wichtige Bevölkerungsgruppe sind die arabischen Einwanderer aus den nordafrikanischen Maghreb-Staaten. In manchen Städten stellen sie einen überraschend hohen Bevölkerungsanteil. Dazu gehören neben Marseille und Nizza Toulon und die Kleinstadt Grasse, in der Araber 15% der Einwohner ausmachen. Das Zusammenleben von Franzosen und Arabern schafft vor allem in diesen ›Ballungszentren‹ Probleme (s. S. 46f.).

Auffallend ist auch die Überalterung der Bevölkerung an der Côte d'Azur durch den unverhältnismäßig hohen Anteil an Rentnern, die ihren Lebensabend am Mittelmeer verbringen. Ihre Zahl liegt mit rund 25% weit über dem französischen Landesdurchschnitt. Menton hält an der Küste den Rekord als Rentnerrefugium: Fast alle der großen Belle Epoque-Hotels wurden hier zu Alterswohnsitzen umgebaut.

An der gesamten Küste gibt es über 300000 Zweitresidenzen. Das heißt, auf fünf Einwohner kommt jeweils ein ständiger Feriengast, der kaum Steuern und Abgaben an die jeweilige Gemeinde zahlt, umgekehrt aber eine gute Infrastruktur erwartet – eine Tatsache, die vielen Bürgermeistern Kopfzerbrechen bereitet. Für das Zahlenverhältnis von ständigen und zeitweiligen Einwohnern dürfte St. Tropez ein besonders extremes Beispiel sein: In dem 6400-Einwohner-Ort gibt es rund 25000 Zweitresidenzen. Die Beziehungen zwischen Einheimischen und Ferienvillenbesitzern beschränken sich in St. Tropez meist auf intensive Kontakte mit dem Wirt des ›Sénéquier‹ und den Besitzern der Mode-Diskotheken. Die Reichen führen in ihren Villen am Meer ein sehr zurückgezogenes Leben im exklusiven Freundeskreis, von dem nur sehr wenig nach außen dringt. Auch für die Tropezianer gilt es daher noch immer als eine Attraktion, wenn sie Brigitte Bardot auf dem Markt der Place des Lices ihr Gemüse selbst einkaufen sehen.

Savoir-vivre – Die Kunst zu leben

Im Süden hat man Zeit, die Uhr spielt hier kaum eine Rolle. Und das ist wahrscheinlich eine der entscheidenden Grundlagen für das *savoir-vivre* im *Midi*. Die Kunst zu leben – das bedeutet hier vor allem, sich den Tag nicht von einem standardisierten Zeitplan verderben zu lassen. Im Vergleich zum hektischen Paris – Bruchstelle zwischen dem disziplinierten Norden und dem geruhsameren Süden – geht hier alles einen Schritt langsamer zu. Dazu gehören die Mittagessen, die sich bis in den späten Nachmittag hineinzie-

Die Araber in Frankreichs Süden

In Frankreich leben über 3 Mio. Araber, weit mehr als in jedem anderen westeuropäischen Land. Die meisten kommen aus den nordafrikanischen Maghreb-Staaten, sie sind Algerier, Marokkaner oder Tunesier. Nach den Katholiken stellen die Moslems die zweitgrößte Religionsgemeinschaft Frankreichs. Im ganzen Land gibt es über 1000 Moscheen, in Paris ruft ein Muezzin die Gläubigen nicht vom Minarett, sondern über Radio fünfmal täglich zum Gebet auf.

Für viele Bewohner der Städte mit hohem arabischen Bevölkerungsanteil und für den Demagogen Le Pen kommt die Situation einer ›islamischen Besatzung‹ gleich. Man fühlt sich im eigenen Land nicht mehr sicher und bangt um die französische Identität. In Toulon kontrollieren Privatpatrouillen mit deutschen Schäferhunden regelmäßig die Araber-*quartiers,* in Marseille gründete die Polizei eine Spezialbrigade mit Beamten in Jeans, Blousonjacken und Zivilfahrzeugen, die für die Sicherheit in den Straßen des *›petite Alger‹,* des Araberviertels nahe dem alten Hafen, zuständig ist.

In Marseille leben über 120000 Moslems. Die meisten von ihnen sind Algerier. Damit ist die Hafenstadt ›Hauptstadt des Islam‹ in Frankreich. In der Rue du Bon-Pasteur nahe der Porte d'Aix steht die größte Moschee der Stadt – allerdings ohne Minarett. Man wollte bei ihrem Bau 1976 alle unnötigen Provokationen gegenüber der französischen Bevölkerung vermeiden. Außer 14 weiteren Moscheen gibt es Koranschulen und ein arabisches Viertel rund um die Cours Belsunce zwischen altem Hafen, La Canebière und dem Gare St. Charles. Nach der großen Einwanderungswelle in den sechziger und siebziger Jahren verkauften die hier ansässigen französischen Geschäftsleute nach und nach ihre Läden. Heute gleicht das Viertel an vielen Stellen einem arabischen Souk. An jeder Ecke kann man die ›El Moudjahid‹ kaufen, die große algerische Tageszeitung, und in der Rue du Tapis-Vert befindet sich sogar eine von jungen Arabern betriebene Radiostation. Viele seiner Mitarbeiter gehören zu den *beurs,* den in Frankreich geborenen und hier aufgewachsenen Kindern arabischer Einwanderer.

Diese zweite und dritte Generation der Einwanderer gründete während der achtziger Jahre mit Unterstützung der sozialistischen Regierung sowie Persönlichkeiten des öffentlichen Lebens die großen Anti-Rassismus-Bewegungen SOS-Racisme und France-Plus. Vor allem SOS-Racisme und ihr populärer Vorsitzender Harlem Désir konnten für sich eine bisher ungekannte, landesweite Solidaritätswelle verbuchen. Der Slogan »Ne touche pas à mon pote« (Rühr meinen Kumpel nicht an) wurde zum Inbegriff der neuen Solidarität zwischen Franzosen und in Frankreich lebenden Arabern oder deren Kindern – zumindest im linksliberalen intellektuellen Milieu von Paris.

›*La France profonde*‹, das ›tiefe, wahre‹ Frankreich, hat jedoch nach wie vor Angst vor den Ausländern, vor Kriminalität, Drogen und Unruhe in den Städten. Der Golfkrieg vertiefte zu Beginn des Jahres 1991 die bestehenden Gräben: Die in Frankreich lebenden Araber wurden als ›Fünfte Kolonne‹ Saddam Husseins verdächtigt. Allein während der ersten Kriegstage verfünffachte sich der Verkauf von Handfeuerwaffen in Marseille und Nizza. Frankreich hatte seine Heimatfront: Die Franzosen bewaffneten sich aus Angst vor den Arabern, die Araber aus Angst vor den Franzosen und die Franzosen arabischer Herkunft aus Angst vor Franzosen und Arabern. Vor allem sehr junge Araber bzw. junge Franzosen arabischer Herkunft, die bisher ihre Wurzeln vollkommen ignoriert hatten, entdeckten plötzlich diffuse Sympathien für Saddam Hussein und taten dieses mit »Vive Saddam«-Parolen kund. Die bisher erzielten Erfolge der Politik der Integration arabischer Einwanderer wurden um Jahre zurückgeworfen.

Unabhängig davon gärt es seit langem in den Außenbezirken der Städte: In Vorstadtghettos wie La Cayolle im Süden von Marseille leben arabische Einwanderer mit ihren Kindern vollkommen isoliert in sogenannten *cités*. Bis zu 80% der Jugendlichen sind hier arbeitslos. Aber auch in Toulon etwa, wo die meisten Araber Arbeit im örtlichen Baugewerbe gefunden haben, funktioniert das Zusammenleben nicht ohne Reibung. Über 30% der Franzosen stimmen in Toulon für Le Pen und damit gegen die Ausländer in ihrer Stadt. Dabei ist es gar nicht so viel, was die zweite und dritte Generation der Einwanderer verlangt, wie Abdel Haïssou, Chefredakteur von ›Radio Beur‹, einmal erklärt hat: »Unsere Eltern sagten, wir wollen hier nur arbeiten, mehr nicht. Wir sagen: wir wollen nur ganz normale Bürger sein, mehr nicht.«

hen, die Boulepartien, die Stunden dauern, und natürlich die Siesta – die Mittagsruhe, während der Geschäfte und Rolläden geschlossen bleiben.

Wer im *Midi* zum Bäcker oder zum Metzger geht, will dort nicht nur einkaufen: Zwischen Baguettes und Croissants, Schweinebäuchen und Schinken werden die letzten Neuigkeiten des Ortes ausgetauscht. Im Süden hat man es nicht eilig. Selbst der Briefträger läßt sich auf ein Glas Rotwein überreden, wenn es sein muß. Auf der Place des Lices in St. Tropez spielen trotz des Touristenrummels jeden Tag dieselben alten Herren eine Partie Boule – immer am Nachmittag, frühestens ab 15 Uhr. Die Partie kann drei, vier oder fünf Stunden dauern, niemals wird sich jemand vorzeitig verabschieden, weil er noch etwas Besseres vorhat.

Das *savoir-vivre* im Süden, ein vielzitiertes Klischee, ist so einfach wie effizient: Was zählt, sind die wichtigen Dinge des Lebens: der Pastis, die Bouelpartie unter schattigen Platanen, das Bad im Meer während der Mittagspause und natürlich das Essen. Sinnesfreuden, die mit so einfachen Dingen wie Olivenöl und Knoblauch zubereitet werden.

Gemüsemarkt in Cannes

Die Feste der Côte

Für manche ist die ganze Côte ein einziges Fest. Immerhin gibt es Leute, die im Sommer jede Nacht aufs neue in den Diskotheken der Küste feiern: Boris Becker und Alain Delon im Jimmy'z in Monaco, die Grimaldi-Kinder Albert und Stéphanie in den Caves du Roy und die internationale *jeunesse dorée* im Papagayo, beides Diskotheken in St. Tropez. Auch die Reichen feiern – meistens unter Ausschluß der Öffentlichkeit – in Villen, auf Privatyachten und am Strand. In solchen Fällen läßt Gunther Sachs schon mal 6000 qm Rasen auf dem Plage de Tahiti für seine Gäste ausrollen. Und Prinz Léon de Lignac gibt für 9 Mio. Francs auf dem Coco-Beach bei St. Tropez ein Louis-quatorze-Kostümfest.

Aber auch das Volk feiert an der Côte d'Azur, z. B. Blumenfeste: im Februar das Mimosenfest in Mandelieu bei Cannes, am ersten Augustwochenende das Jasminfest in Grasse und an den ersten Märzsonntagen das Veilchenfest in Tourrette-sur-Loup.

Der Karneval wird vor allem in Nizza mit Karnevalswagen wie im Rheinland, Blumenkorso mit leicht bekleideten Mädchen, Maskenbällen, Blumen- und Konfettischlachten sowie einem Riesenfeuerwerk am *mardi gras* (Dienstag nach Rosenmontag) närrisch begangen. In Menton ersetzte man den Karneval 1934 durch das Zitronenfest, ursprünglich eine Werbeaktion für die landwirtschaftlichen Erzeugnisse der Region. Festwagen mit Zitronen- und Orangenskulpturen ziehen durch die Stadt, und die Parkanlagen Jardins Biovès werden zehn Tage lang mit Zitronenmosaiken geschmückt.

Nach wie vor feiert man an der Côte auch religiöse Feste: Jedes Jahr am 5. August findet in Roquebrune ein Passionsumzug statt – aus Dank für die Rettung vor der Pest des Jahres 1467. In den engen Straßen des Dorfes stellen die Bewohner Szenen aus der Leidensgeschichte Christi nach. Die Hauptdarsteller stammen seit Jahrhunderten aus denselben Familien. Die Bürger von St. Tropez begehen seit 400 Jahren zu Ehren des heiligen Torpes mit sehr viel Ernst vom 16. bis 18. Mai die *Bravade,* einen Umzug in napoleonischen Uniformen. Drei Tage lang liegt St. Tropez unter dem Rauch der abgeschossenen Musketensalven (s. S. 104 f.).

Nationalsport Boule

›Jules le Noir‹ hatte Rheuma. Das hätte für den passionierten Spieler des *jeu provençal* normalerweise das Ende seiner Leidenschaft bedeutet. Doch sein Freund Ernest kam auf die Idee, daß man Boule auch im Stehen spielen könne: *les pieds tanqués*, mit angebundenen Füßen sozusagen. So wurde der Legende nach im Juni 1910 – irgendwo in der Nähe von Marseille – das *pétanque* geboren. Inzwischen ist es sehr viel verbreiteter als das ursprüngliche *jeu provençal,* das man auch *à la longue* nennt und das im Süden nach wie vor mit besonderem Ehrgeiz gespielt wird. Für manche heißen alle Varianten einfach Boule. Obwohl bei beiden Spielarten die gleichen Eisenkugeln benutzt werden, gibt es doch erhebliche Unterschiede. Sie sind in den Statuten der Fédération Française de Pétanque et de Jeu Provençal (12, Cours Joseph-Thierry, 13001 Marseille) genauestens festgelegt.

Beim *jeu provençal* wird die kleine weiße Kugel, die man *bouchon* oder auch *cochonnet* nennt, mindestens 15 und höchsten 21 m vom Standort der Spieler entfernt geworfen. Beim *pétanque* liegt sie näher an der in den Sand gezogenen Linie, an der die Spieler stehen, nämlich in 6 bis 10 m Entfernung. In beiden Fällen müssen dann alle weiteren Kugeln in der vorgegebenen Marge bleiben. Während die *pétanque*-Spieler mit geschlossenen Füßen im Sand stehenbleiben, bis die Eisenkugel den Boden berührt hat, lancieren die Spieler *à la longue* die Kugel mit Anlauf. Dabei darf sich der *pointeur* (der Spieler, der die Kugeln plaziert) einen Schritt und der *tireur* (der die Kugeln der gegnerischen Mannschaft mit seiner eigenen zu treffen versucht, um sie auf diese Weise weiter vom *bouchon* abzubringen) drei Schritte aus dem Halbkreis im Sand heraus bewegen. Im Nor-

Künstlerparadies Côte d'Azur

Schon immer hat die Côte d'Azur Künstler angezogen: Im vergangenen Jahrhundert, als die Küste noch ›Riviera‹ hieß, kamen nicht nur reiche Engländer und der europäische Hochadel nach Nizza, Cannes und Menton, sondern auch Schriftsteller, Maler und Mu-

malfall besteht eine Boulemannschaft aus drei Personen, der sogenannten *triplette*. Es können aber auch jeweils zwei gegen zwei Spieler antreten *(doublette)*.

In jedem Dorf und jeder Stadt an der Côte d'Azur gibt es Bouleplätze und Bouleclubs. Überall organisieren Bistros am Wochenende Wettbewerbe, bei denen es oft nicht nur um die Ehre, sondern

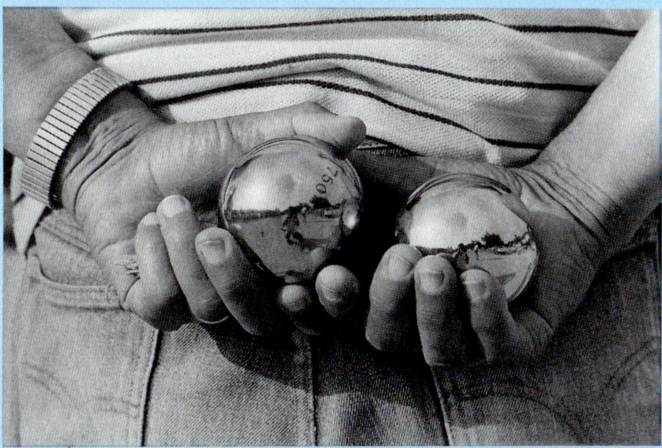

auch um viel Geld geht. Bei mancher Partie stehen mehrere tausend Francs auf dem Spiel – was allerdings niemand gern zugibt. Obwohl man inzwischen auch Frauen auf den Sandbahnen sieht, ist das Boulespiel eine Männerdomäne geblieben – einschließlich des anschließend getrunkenen Pastis. Es gehört zum *Midi* wie der Roséwein und die Sonne, denn Boulespielen heißt auch: Zeit haben; eine Partie *à la longue* kann zwei, aber auch vier, fünf Stunden dauern.

siker. Nietzsche wohnte ebenso in Nizza wie Tolstoi und Tschechow. Am Cap d'Antibes saßen Scott Fitzgerald und seine Frau Zelda nächtelang in der Hotelbar des Eden Roc.

Später kamen Renoir und Bonnard an die Côte. Angezogen vom Licht und den Farben des Südens, ließen sich Picasso, Chagall, Léger und Matisse an der ›Blauen Küste‹ nieder. Picasso entdeckte

Picasso und die Côte d'Azur

»Ich begriff, daß dies meine Landschaft war«

(Picasso in Juan-les-Pins, 1920)

Picasso kam zum ersten Mal im Sommer 1919 mit seiner Frau Olga an die Côte d'Azur. Er war fasziniert vom Licht des Südens, das ihn an seine spanische Heimat erinnerte, er genoß es, wieder zu Stierkämpfen zu gehen, und entdeckte hier ›seine Landschaft‹. Regelmäßig verbrachte er von nun an die Ferien in Antibes, Juan-les-Pins, Mougins und Cannes. Nach der Trennung von Olga zog es ihn immer stärker in den Süden, aber erst nach Kriegsende siedelte er endgültig von Paris an die Côte d'Azur um.

Da Picasso zunächst sehr beengt im Haus seines Freundes Louis Fort am Golfe-Juan wohnte, nahm er dankbar das Angebot des Museumsleiters von Antibes an, in eine leerstehende Etage des ehemaligen Schlosses von Antibes zu ziehen, in dem ein kleines Museum untergebracht war. Picasso arbeitete mehrere Monate in den riesigen Räumen – direkt am Meer. Lebensfrohe, farbige Bilder entstanden. Später sagte er, hier habe er einen der glücklichsten Abschnitte seines Lebens verbracht. Sein ehemaliges Atelier ist heute ein Picasso-Museum.

Im selben Jahr hatte das Ehepaar Ramié aus Vallauris Picasso zum Besuch ihrer Töpferwerkstatt eingeladen. Er entdeckte hier für sich eine neue Kunstform, die Arbeit an der Töpferscheibe. Picasso töpferte und bemalte Teller, Vasen, Schalen und Krüge, aber auch kleine Figuren. In einer leerstehenden Parfumfabrik des Ortes mietete er ein Atelier. 1948 zog er mit Françoise in die Villa La Galloise oberhalb von Vallauris. Als die Stadt ihn 1950 zum Ehrenbürger ernannte, schenkte Picasso Vallauris seinen ›Mann mit Ziege‹, der heute auf dem Platz vor der Kirche steht. Von August bis Oktober 1952 schloß er sich ein – nur sein Sohn Paolo durfte in dieser Zeit zu ihm – und malte das monumentale Wandbild ›La Guerre et la Paix‹ für eine leerstehende romanische Kirche des Ortes (s. S. 165).

1955 zog Picasso mit seiner letzten Lebensgefährtin, Jacqueline Roque, nach Cannes in die Villa La Californie. Viele Freunde hatten ihm prophezeit, dies sei sein letzter Umzug. In La Californie entstan-

Picasso mit Modell in Mougins (1954)

den eine Reihe von Atelierbildern und zahlreiche Porträts von Jacqueline, seiner letzten großen Liebe, die er 1961 – fast 80jährig – heimlich heiratete. La Californie war ein großzügiges, luxuriöses Haus. Dennoch lebten Picasso und Jacqueline denkbar einfach: Die wenigen Möbelstücke der Villa waren bunt zusammengewürfelt, und es gab weder Vorhänge noch ein vollständiges Geschirr. »Picassos Villa ist genauso banal und protzig wie alle diese Villen aus der Zeit der Großherzöge, der glorreichen Epoche der Côte d'Azur«, schrieb Brassaï über La Californie. »Nur Picassos Abscheu für den sogenannten guten Geschmack, seine Lust am Verschrobenen, Bizarren, Barocken, seine Gleichgültigkeit gegen seine Behausung, seine Tendenz, sich dabei dem Zufall zu überlassen, können diese Wahl erklären.«

Im Sommer kamen Picassos Kinder Paloma und Claude regelmäßig zu Besuch. Im April 1959 verließ Picasso überraschend La Californie und zog in das 14 km nordöstlich von Aix-en-Provence gelegene Schloß Vauvenargues aus dem 15. Jh., das er ein Jahr zuvor gekauft hatte. Vom Atelier in der zweiten Etage blickte er auf den Berg Sainte-Victoire, den Cézanne so oft gemalt hatte. Von nun an lebte und arbeitete Picasso abwechselnd in Vauvenargues und La Californie, in Vauvenargues zurückgezogen und abgeschieden, in La Californie oft im Kreis von Familie und Freunden. Das Haus war ständig voller Gäste – Picasso nannte das auch die ›Corrida von Cannes‹.

Sein letztes Refugium fand er in der Villa Notre-Dame-de-Vie bei Mougins, die noch heute im Besitz der Familie ist. Am Mittag des 8. April 1973 starb Picasso. Zwei Tage später wurde er im Garten von Schloß Vauvenargues beerdigt.

hier für sich ein neues Material, er fing in Vallauris mit dem Töpfern an. Matisse stellte sich hier als 80jähriger noch neuen Aufgaben: Er gestaltete die Chapelle du Rosaire in Vence aus. Im Matisse-Museum in Nizza befindet sich heute die bedeutendste Sammlung des 1954 verstorbenen Künstlers. Sie ist in einer wunderschönen Villa auf dem Cimiez-Hügel untergebracht. Nur wenige Straßen entfernt hat Matisse bis zu seinem Tode gewohnt.

Die Museen der Côte d'Azur haben nichts Museales: Teilweise in Villen, Schlössern, Kapellen und Festungen untergebracht, beherbergen sie Bilder von Künstlern, die hier gelebt haben. Große Sammlungen moderner Kunst werden heute dort gezeigt, wo sie entstanden – das ist sonst in Frankreich nur noch in Paris der Fall. So ist im Grimaldi-Schloß von Antibes, in dem Picasso während des Winters 1946/47 gelebt und gearbeitet hat, ein Museum untergebracht: Picasso schenkte der Stadt alle Werke, die er während der langen Wintermonate im Schloß malte.

An keinem anderen Ort der Welt gibt es so viele bedeutende Sammlungen moderner Kunst auf so engem Raum. Und nirgendwo sind sie so gut untergebracht wie hier: Die Fondation Maeght in St. Paul-de-Vence steht beispielsweise unter Pinien auf einem grünen Hügel. Viele Künstler, darunter Braque, Giacometti, Calder, Chagall, Tal Coat und Miró, beteiligten sich am Bau der Fondation

Biot: Skulptur im Park des Léger-Museums

und entwarfen Glasfenster, Mosaiken und Atriumhöfe mit Skulpturen. Der Kunsthändler Aimé Maeght hatte viele von ihnen während des Zweiten Weltkriegs, als sie vom Pariser Kulturbetrieb und von ihren Galeristen abgeschnitten im Süden lebten, kennengelernt. Sie wurden später zu Freunden. Mit ihrer Hilfe konnte die 1964 eröffnete Fondation Maeght ständig erweitert werden.

Die Ecole de Nice

»Ich glaube, daß die Ecole de Nice am Anfang von allem steht, was sich seit zehn Jahren in Europa abspielt. (. . .) Wir haben genug davon, wir, die Ecole de Nice, seit nun zehn Jahren Paris und sogar New York zu ernähren«, formulierte Yves Klein 1961 in einem Gespräch über die *Nouveaux Réalistes*.

In den fünfziger Jahren tauchte in Nizza eine neue Gruppe junger Künstler auf, zu denen der Bildhauer Arman, der Happening-Künstler Ben und der Maler Yves Klein gehörten. 1955 malte Yves Klein an der Promenade des Anglais sein erstes ›Monochrom‹-Bild und machte damit Kunstgeschichte. »Er hat sich einfach mit seiner Staffelei gegenüber dem Meer aufgestellt, den Himmel angeschaut und dabei ein blaues Monochrom gemalt«, erklärte damals Arman, ein enger Freund von Klein.

Die Gruppe um Arman, Ben und Klein, die Ausgangsbasis der

späteren *Ecole de Nice,* stellte sich gegen den alles beherrschenden Pariser Kulturbetrieb und verweigerte den bis zu diesem Zeitpunkt obligatorischen Gang in die französische Hauptstadt, um als Künstler anerkannt zu werden. Trotzdem schafften sie es, ihre Bilder in Mailand, Düsseldorf und Amsterdam auszustellen. Arman ging nach New York und knüpfte dort Kontakte zu den späteren amerikanischen Pop Art-Künstlern. In den New Yorker Galerien hingen seine Werke neben denen von Jasper Johns und Rauschenberg. Im April 1960 verlasen die Nizzaer Künstler in der Mailänder Galerie Apollinaire, in der Arman und Klein regelmäßig ausstellten, das Manifest der *Nouveaux Réalistes.* Der Schweizer Tinguely schloß sich den ›neuen Realisten‹ aus Nizza an, die Zahnpastatuben, Autochassis, Plakatfetzen und Konservenbüchsen in ihre Arbeiten einbezogen.

Nizza: ›Arc 115° 5‹ von Bernard Venet

Ein Jahr später tauchte der Name *Ecole de Nice* zum ersten Mal offiziell auf – in Anspielung auf die *Ecole de Nice* des 15. Jhs., die Nizzaer Schule der Primitiven, deren Hauptvertreter Louis Bréa war. Zu den Mitgliedern der neuen Künstlergruppe zählten neben Yves Klein und Arman (beide in Nizza geboren) Martial Raysse, Ben, Bernard Venet, Bernard Pagès und Claude Viallat, der junge Professor der Hochschule für Angewandte Kunst in Nizza.

Die avantgardistische Bewegung lenkte die Aufmerksamkeit der internationalen Kunstwelt an die Côte d'Azur. Nur in Nizza selbst ignorierte man die Künstler. Zu lokalen Museen fanden sie keinen Zugang – und sie suchten ihn zunächst auch nicht. Erst 1967 organisierte die Stadt in den Galeries des Ponchettes eine Ausstellung unter dem Titel ›Ecole de Nice‹. Aber noch immer stellten sich die Nizzaer, ihre Stadtverwaltung und die Lokalpresse gegen die Künstler: Während große Zeitungen wie ›Le Figaro‹ und ›Le Monde‹ das Ereignis würdigten, widmete der ›Nice Matin‹ der Ausstellung ganze 20 Zeilen – eine Namensliste der bei der Eröffnung anwesenden Persönlichkeiten der Stadt. Das Museumspersonal legte den wenigen Besuchern sogar eine Unterschriftenliste gegen die Ausstellung vor. Das 1977 eröffnete Pariser Kulturzentrum Centre Pompidou dagegen sicherte den aufmüpfigen Künstlern der Côte noch im selben Jahr mit der großen Ausstellung ›Apropos de Nice‹ einen festen Platz in der Kunstgeschichte. In Nizza besaß noch im Jahre 1980 keines der Museen ein Werk der zweiten *Ecole de Nice*.

Die Zeit der Mißachtung wurde in der zweiten Hälfte der achtziger Jahre um so gründlicher wiedergutgemacht: Im 1990 eröffneten Musée d'Art Moderne et d'Art Contemporain (MOMAC) in Nizza gibt es einen eigenen Yves Klein-Saal und eine Abteilung, in der weitere Werke der *Nouveaux Réalistes* um Arman, Yves Klein und Martial Raysse ausgestellt sind. Die sogenannte ›Yves Klein-Rolltreppe‹, ganz in blau, ist eine Hommage an den 1973 verstorbenen Künstler. Viele der Nizzaer Künstler, allen voran der Bildhauer Arman, blieben der feierlichen Eröffnung des Museums aus Protest gegen die antisemitischen Äußerungen von Bürgermeister Jaques Médicin fern. Der Bürgermeister mußte ohne sie auf die Nizzaer Schule anstoßen.

Kunst in Museen und Galerien der Côte

Seit Beginn der achtziger Jahre setzt man in den Rathäusern der Côte d'Azur auf die Kultur. Allein im Jahre 1990 wurden in Nizza drei neue Museen eröffnet, darun-

Auf den Spuren von Jean Cocteau

»Gefällst Du dem Midi, dann schenkt er Dir all seinen Besitz. Hier schimmert alles blond, wie Licht und Honig. Die Côte ist ein Hafen für mich, je öfter ich dort anlege, desto fester bin ich mit ihr verankert.«
(Jean Cocteau)

Jean Cocteau – der Maler, Dichter, Romanschriftsteller, Theaterautor und Filmregisseur – liebte die ›Blaue Küste‹, an die er immer wieder zurückkehrte. Seine Freunde nannten den Künstler einen »Adoptivsohn des Südens« *(un vrai méditerranéen)*. In den zwanzi-

Jean Cocteau, um 1955

ger Jahren verbrachte Cocteau mehrere Sommer im Hôtel Welcome in Villefranche. In diesem kleinen Fischerort östlich von Nizza machte er eine Entziehungskur, die ihn von seiner Opiumsucht befreien sollte. Er schrieb hier etliche Gedichte und drehte in der Rue Obscure eine Szene seines Films ›Das Testament des Orpheus‹. Von seinem Zimmer im Welcome schaute er auf die Chapelle St. Pierre, eine Fischerkapelle, die er sehr viel später einmal ausmalen würde.

Heute zieren Cocteau-Zeichnungen die Aschenbecher und Teller des Hotelrestaurants, an der Rezeption hängt ein Bild von ihm. Die Zimmer sind inzwischen luxuriöser geworden, der Blick aus den Fenstern auf den Hafen und das gegenüber liegende Cap Ferrat – an dem Jean Cocteau lange Zeit in der Villa Santo Sospir wohnte – ist unverändert. Nur die kleine Kapelle hat nun einen bunten, italienischen Fassadenanstrich. Als Cocteau 1957 begann, sie auszumalen, nutzten die Fischer den schlichten romanischen Bau nur noch als Lagerraum für ihre Netze. Nun findet hier wieder alljährlich zum Feste des Schutzheiligen der Fischer eine Messe statt. Die Kapelle mit Wandfresken von Cocteau kann gegen Eintritt besichtigt werden (s. S. 202).

Wenige Kilometer östlich von hier, am Cap d'Ail, steht inmitten von Zypressen, Palmen und Pinien direkt am Meer ein Freilufttheater, das Théâtre Jean Cocteau, für das der Künstler Bodenmosaike, Treppengeländer und Fresken entwarf. Es befindet sich heute in Privatbesitz, doch finden hier im Sommer Konzerte, Opern- und Theateraufführungen statt.

1957 bat der Bürgermeister von Menton den vielseitigen Künstler, den Trausaal des Rathauses auszugestalten. Mit rotgepolsterten Samtstühlen, einem Pantherfellteppich, Spiegeln, Blattgold und blütenförmigen Leuchten sowie Wandfresken schuf Cocteau einen ungewöhnlichen Rahmen für Trauzeremonien (s. S. 223).

Menton besitzt auch das einzige Cocteau-Museum der Küste. Es wurde in einer alten Bastion von 1636 untergebracht, die direkt am Meer liegt. Cocteau selbst übernahm die Ausgestaltung des Museums, er entwarf das Salamandermosaik im Erdgeschoß, die Fensterumrahmungen im ersten Stock und die schmiedeeisernen Vitrinen, in denen seine Keramikarbeiten ausgestellt sind. Daneben zeigt das Museum Bilder, Briefe, Fotos sowie Werke von Freunden Cocteaus. Die Eröffnung im Jahre 1967 hat Cocteau nicht mehr erleben können. Er starb 1963 mit 74 Jahren in seinem Haus in Milly bei Fontainebleau/Paris.

ter das Millionenprojekt des Musée d'Art Moderne (s. S. 190). Andere Museen ließ man mit sehr viel Aufwand renovieren und umbauen. Im selben Jahr kaufte die Stadt Nizza für 7 Mio. Francs neue Bilder, um ihre Sammlung moderner Kunst aufzustocken.

Der Bau des Musée d'Art Moderne et d'Art Contemporain wurde von dem Architekten Yves Bayard ausgeführt. In Auftrag gab ihn ausgerechnet der erzkonservative Jacques Médicin, ehemaliger Bürgermeister von Nizza und RPR-Mitglied mit Sympathien für die extreme Rechte (der sich im September 1990 nach Südamerika abgesetzt hat). Kultur ist in Frankreich inzwischen keine Sache der Sozialisten mehr.

Auch in St. Tropez sind neue Museen geplant. Und selbst im eher unattraktiven Toulon gibt es im Musée de Toulon zeitgenössische Kunst aus den sechziger, siebziger und achtziger Jahren zu sehen sowie eine Fotoabteilung mit Aufnahmen von Jean-Loup Sieff und Henri Cartier-Bresson.

Neben den zahlreichen Museen haben einige wichtige Galerien ihren Sitz an der Côte. Der Berliner Joachim Becker vertritt in seiner kleinen Galerie hinter der Croisette in Cannes vor allem amerikanische und deutsche, aber auch französische Künstler, darunter Baselitz, Middendorf, Jacqueline Gainon, Rainer Fetting und Tom Wesselmann. Die Galerie ist jedes Jahr auf dem großen Pariser Kunstmarkt, der FIAC, sowie auf den Kunstmessen in Basel und Köln vertreten. Seit 1991 hat Becker auch eine Dependance in Paris, Hauptsitz bleibt jedoch Cannes. In St. Paul-de-Vence gibt es eine Galerie von Catherine Issert, die seit 1975 u. a. Werke von Ben, Blais, Christo, Le Gac und Pagès ausstellt. In Monaco organisiert die New Yorker Galeristin Marisa del Ré seit 1987 alle zwei Jahre (jeweils von März bis September) die *Biennale des Sculptures* mit modernen Skulpturen auf den Terrassen und Grünanlagen rund um das Casino.

In Nizza wurde mit der *Art Jonction Internationale* der Versuch unternommen, eine internationale Kunstmesse zu organisieren, die seit 1986 jeweils während der Vernissagen-Saison an der Côte stattfindet, also gegen Ende Juni/Anfang Juli. Zu dieser Zeit werden auch die großen Sommerausstellungen eröffnet, etwa in der Fondation Maeght, im Picasso-Museum oder in der Villa Arson in Nizza. In dieser erdfarbenen Villa hoch über der Stadt hat das französische Kulturministerium das ›Nationale Zentrum für zeitgenössische Kunst‹ (Centre National d'Art Contemporain) untergebracht. Im Haus wohnen, ähnlich wie in der Villa Massimo in Rom, junge Künstler mit Jahresstipendien.

Cagnes-sur-Mer: Renoir-Museum

Blick auf die Küste zwischen Le Lavandou und Cavalière

Orte und Routen an der Côte d'Azur

Sehenswürdigkeiten der Côte d'Azur im Überblick

- **Marseille**
  Vieille Charité
  Cité Radieuse
  Palais Longchamp
  Château Borély

- **Hyères**
  Tour St. Blaise, Parc St. Bernard
  Jardin Olbius-Riquier
  Porquerolles-Insel (Iles d'Hyères)

- **Cassis**
  Calanques

- **St. Tropez**
  Zitadelle und Place des Lices
  Musée de l'Annonciade

- **In der Umgebung von St. Tropez**
  Ramatuelle und Gassin
  Port Grimaud
  Chartreuse de la Verne

- **Fréjus**
  Kathedralbezirk
  Ausgrabungsbezirk

- **Cannes**
  Croisette, Altstadt
  Insel St. Honorat

- **Im Hinterland von Cannes**
  Parfumstadt Grasse
  Vence
  St. Paul-de-Vence
  (Fondation Maeght)

- **Vallauris**
  Château-Musée, Picasso-Kapelle

- **Antibes**
  Picasso-Museum

- **Biot**
  Musée Léger
  Glasbläserei

● **Cagnes-sur-Mer**
Musée Renoir
Château

● **Nizza**
Promenade des Anglais
Cours Saleya (Markt)
Kunstmuseen
Cimiez: römische Ruinen, Régina-Winterpalais

● **Villefranche**
Alter Hafen
Chapelle St. Pierre

● **Cap Ferrat**
Fondation Ephrussi de Rothschild

● **Monaco**
Fürstenpalast
Kathedrale
Musée Océanique
Jardin Exotique

● **Menton**
Musée Cocteau
Salle des Mariages im Rathaus
Palais Carnolès

Marseille

Marseille, größte Hafenstadt und mit 875 000 Einwohnern nach Paris zweitgrößte Stadt Frankreichs, gehört nicht zur Côte d'Azur. Für diejenigen, die über die *Autoroute de Soleil* in den Süden fahren und in Marseille haltmachen möchten, wird es hier in seinen Grundzügen beschrieben.

Marseille ist der älteste Ort des Landes: Um 600 v. Chr. wurde er von griechischen Seeleuten als ›Massalia‹ gegründet. Seit jeher ist das Hafengebiet das Herz der Stadt. Jahrzehntelang war Marseille ein bedeutender Brückenkopf zu den französischen Kolonien in Nordafrika. Mit dem Bau des Suez-Kanals im Jahre 1869 erlebten der Hafen und damit verbunden die wirtschaftliche Entwicklung der Stadt einen erneuten Aufschwung. Unter der deutschen Besatzung im Zweiten Weltkrieg wurde das Hafenviertel – bis dahin ein weitläufiges Labyrinth mit verwinkelten Durchgängen, engen Treppen und Gassen, in dem sich nur Einheimische zurechtfanden – geräumt und in die Luft gesprengt. Lediglich der Stadtteil Le Panier auf einem Hügel oberhalb des Hafens blieb verschont.

Wie viele Hafenstädte ist auch Marseille Schmelztiegel verschiedener Nationalitäten – darunter Araber, Armenier und Italiener. Das Quartier Belsunce zwischen

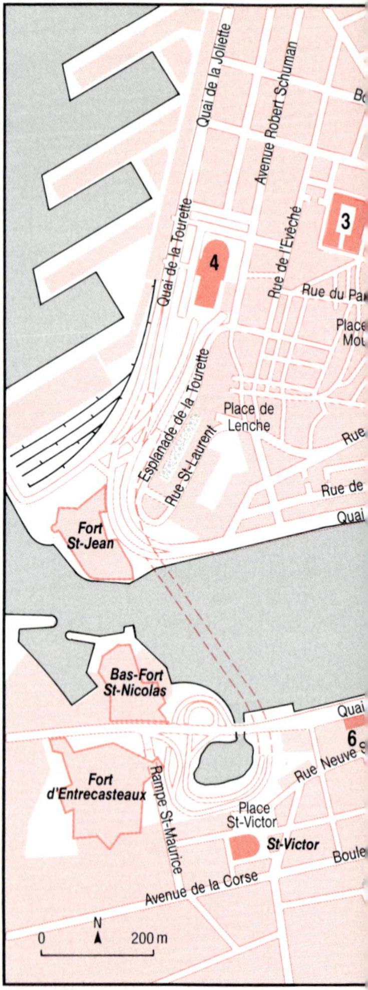

Marseille

1 Alter Hafen
2 Kirche Notre-Dame-de-la-Garde
3 Vieille Charité
4 Kathedrale Sainte-Marie-Majeure
5 Rathaus

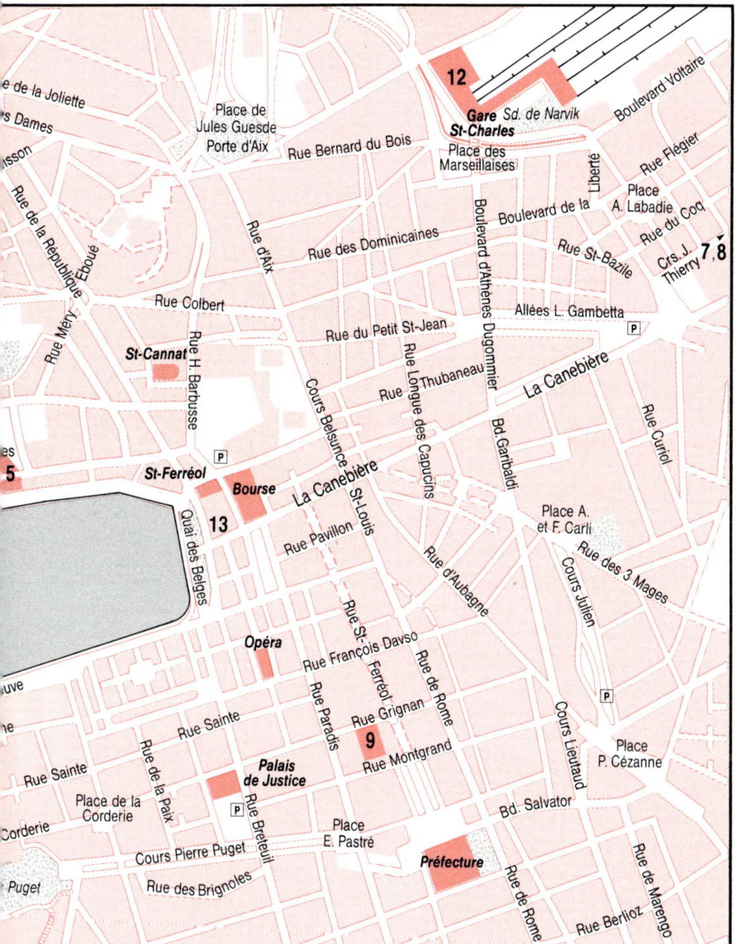

6 Théâtre de la Criée
7 Palais Longchamp mit Musée des Beaux Arts und Musée d'Histoire Naturelle
8 Musée Grobet-Labadié
9 Musée Cantini
10 Château und Park Borély
11 Cité Radieuse
12 Hauptbahnhof
13 Office de Tourisme

Bahnhof und Hafen entwickelte sich zu einem Araberviertel mit Cous-Cous-Kneipen, Hammams und einem arabischen Markt auf der Cours Belsunce. Die Marseiller haben dieses Viertel ›La Cashbah‹ getauft.

Marseille ist eine Stadt der Kontraste, eine Großstadt mit allen dazugehörenden Problemen. Viele Viertel sind wenig sehenswert, und auch die einstige Prachtstraße La Canebière ist mehr oder weniger heruntergekommen. Immer wieder macht Marseille Schlagzeilen als Drogenumschlagplatz und als südfranzösische Mafia-Zentrale. In den vergangenen Jahren hat man kräftig im Kultursektor investiert: In eine alte Fischauktionshalle zog ein neues Theater ein (Théâtre National de la Criée), öffentliche Gebäude wurden von französischen Stararchitekten aufgemöbelt, und den Etat für den Ankauf von Kunstwerken hat man deutlich angehoben. Die Stadtväter möchten mit diesem regen kulturellen Engagement nicht zuletzt von den wirtschaftlichen Problemen ablenken: Im alten Hafen liegen fast nur noch Privatyachten, und viele Werften haben in den vergangenen Jahren schließen müssen.

Marseille: Alter Hafen, im Hintergrund Notre-Dame-de-la-Garde

Sehenswürdigkeiten

Wahrzeichen der Stadt ist die auf einem Hügel hoch über dem Hafen gelegene Kitschkirche **Notre-Dame-de-la-Garde** mit ihrer allabendlich angestrahlten Marienfigur. Vom Platz vor dieser Wallfahrtskirche aus dem 19. Jh. hat man einen sehr schönen Ausblick über Stadt und Hafen.

Im ältesten Teil von Marseille steht die berühmte **Vieille Charité.** Das ehemalige Armenhaus aus dem 17. Jh. wurde renoviert und zum Kulturzentrum umfunktioniert, in dem – ähnlich wie im Pariser Centre Pompidou – große Wechselausstellungen stattfinden (2, Rue de la Charité, 12–19 Uhr, Sa und So 10–19 Uhr).

Nicht weit von hier Richtung Hafen befindet sich die Kathedra-

le **Sainte-Marie-Majeure** von Mitte des 19. Jhs. An der Nordseite des alten Hafens liegen das Rathaus und ein weiteres bedeutendes Bauwerk der Stadt, die **Maison Diamantée** aus dem 16. Jh., und an der Südseite das Théâtre de la Criée.

Das **Palais Longchamp** am gleichnamigen Boulevard ist ein um 1860 erbauter, pompöser Palast mit zwei Seitenflügeln, die jeweils ein Museum beherbergen. Das Musée des Beaux Arts besitzt Bilder von Malern und Bildhauern aus Marseille sowie Werke von Rubens und Brueghel (Bd. Longchamp, 10–12 und 14–18.30 Uhr; Di sowie Mi vormittags geschlossen). Im zweiten Flügel des Palais ist das Musée d'Histoire Naturelle untergebracht, ein naturgeschichtliches Museum mit einem Aquarium sowie Skeletten von Walen, Elefanten und Rhinozerossen (Öffnungszeiten wie Musée des Beaux Arts).

Im nahen **Musée Grobet-Labadié** sind französische Tapisserien, Porzellan, alte Musikinstrumente und eine Gemäldesammlung zu sehen – das alles in einem wunderschönen Stadtpalais (140, Bd. Longchamp, 10–12 und 14–18.30 Uhr; Di sowie Mi vormittags geschlossen).

Das **Musée Cantini** zeigt in einem alten Stadtpalast Kunstgewerbliches und moderne Malerei (19, Rue Grignan, 12–19 Uhr).

Außerhalb des Zentrums lohnen **Château und Parc Borély** einen Besuch. Schloß und Parkanlagen stammen aus dem 18. Jh. und gehörten früher dem reichen Kaufmann Louis Borély. Ein Teil der einstigen Wohnräume kann besichtigt werden. Die Eröffnung eines Museums für angewandte Kunst (Musée des Arts Décoratifs) mit einer bedeutenden Fayence-Sammlung ist vorgesehen (Promenade de la Plage; 9.30–12.15 und 13–17 Uhr, Di und Mi vormittags geschlossen).

Die **Cité Radieuse** (280, Bd. Michelet) ist eine der ›Wohnmaschinen‹, mit denen der Architekt Le Corbusier seine Vision modernen Wohnens verwirklichte. Das Haus steht auf Säulen, im Innern gibt es außer den Wohnungen Geschäfte, einen Kindergarten, ein Schwimmbad und eine riesige Sonnenterrasse auf dem Dach, zu der auch Besucher Zugang haben. Das Gebäude entstand zwischen 1946 und 1953 und liegt etwas außerhalb des Zentrums.

Sehenswert ist auch die FRAC, die **Fondation Régional d'Art Contemporain,** eine regionale Stiftung für zeitgenössische Kunst (1, Place Francis Chirat). Die einzelnen Regionen Frankreichs erhalten im Rahmen dieser Einrichtung Gelder für den Ankauf von Kunstwerken. In Marseille ist die FRAC im Erdgeschoß eines ehemaligen Klosters untergebracht und zeigt in Wechselausstellungen moderne Kunst.

Information: Office de Tourisme, 4, La Canebière, 13001 Marseille, ✆ 91 54 91 11; Comité Départemental du Tourisme, 6, Rue du Jeune-Anarcharsis, ✆ 91 54 92 66 (Tourismusbüro für die Region).

Anreise mit dem Auto: von Paris aus über die Autoroute de Soleil A 7, aus Nizza kommend, über die A 8 und A 50, Ausfahrt Marseille, oder über die Küstenstraße.

Busse: Busverbindungen über bzw. von Toulon und von Cassis bis Gare Routière, Place Victor-Hugo (✆ 91 08 16 40).

Züge: mehrmals täglich Direktzüge zwischen Marseille und Paris bis Gare St. Charles (Auskunft: ✆ 91 08 50 50; für Reservierungen: ✆ 91 08 84 12).

Flugzeug: Flüge innerhalb des Landes und Verbindungen von mehreren deutschen Großstädten, u. a. Berlin, Hamburg, Köln-Bonn, München, bis Flughafen Marseille-Provence, (✆ 42 78 21 00), 25 km außerhalb; von dort regelmäßige Busverbindungen in die Stadt sowie alle 15 Min. vom Hauptbahnhof Gare St. Charles zum Flughafen.

Ausflugsschiffe: ab dem alten Hafen (Quai des Belges) zum Château d'If sowie zu den Calanques (s. S. 73 f.).

Luxushotels: Sofitel Vieux Port (L), 36, Bd. Ch. Livon, ✆ 91 52 90 19: modernes Luxushotel am alten Hafen. Pullman Beauveau (L), 4, Rue Beauveau, ✆ 91 54 91 00: renovierter, alter Hotelpalast mit Blick auf den Hafen. Petit Nice (L), Corniche Kennedy, Anse de Maldormé, ✆ 91 59 25 92: sehr schönes Haus der Relais et Châteaux-Kette; luxuriöse Zimmer und kleine Apartments mit Blick auf Meer und Garten; Restaurant. Concorde-Prado (III–L), 11, Av. Mazargues, ✆ 91 76 51 11: modernes Haus in der Nähe des Kongreßpalasts, Privatstrand.

Mittelklassehotels: Grand Hôtel de Noailles (II), 68, La Canebière, ✆ 91 54 91 48: geräumige, schallisolierte Zimmer; mitten im Zentrum. Grand Hôtel de Génève (I–II), 3bis, Rue Reine Elisabeth, ✆ 91 90 51 42: renoviertes, altes Haus in der Fußgängerzone. Bompard (I–II), 2, Rue Flots Bleus, ✆ 91 52 10 93: ruhiges, kleineres Hotel, 500 m vom Meer entfernt. Ibis (I–II), 6, Rue de Cassis, ✆ 91 25 73 73: gesichtsloses, aber günstiges Haus der Ibis-Kette. Relais Bleus (I–II), 13, Rue Lafon, ✆ 91 33 34 34, und 5, Bd. G.

Desplaces, ✆ 91 64 11 17: funktionelle, verhältnismäßig günstige Zimmer.

Einfache Hotels: Lutétia (I), 38, Allée L. Gambetta, ✆ 91 50 81 78: renovierte Zimmer, in einer ruhigen kleinen Straße.

Camping: Bonneveine Municipal, 187, Clot-Bey 8e. Les Vagues Municipal, 52, Av. de Bonneveine, 8e.

Restaurants der Kategorie III: Jambon de Parme (III), 67, Rue La Palud, ✆ 91 54 37 98: elegantes Lokal mit italienisch angehauchter Küche. Brasserie New York Vieux Port (III), 7, Quai des Belges, ✆ 91 33 60 98: die bekannteste Brasserie von Marseille, direkt am alten Hafen; Fischrestaurant mit Tradition. Chez Caruso (II–III), 158, Quai du Port, ✆ 91 90 94 04: italienische Spezialitäten auf einer Terrasse am alten Hafen, günstiges Menü. L'Oursinade (II–III), Centre Bourse, Rue Neuve-St. Martin, ✆ 91 91 91 29: vielgelobtes Hotelrestaurant des modernen Altea.

... Kategorie II und I: Bagatelle (II), 1, Av. St. Jean, ✆ 91 91 52 00: mit Veranda, innovative Küche. Chez Madie (I–II), 138, Quai du Port, ✆ 91 90 40 87: Bistro am alten Hafen, mit Spezialitäten der Region und natürlich Bouillabaisse. Le Charolais (I–II), 56, Av. de Toulon, ✆ 91 25 94 51: Fleisch in allen Variationen. Chez Angèle (I), 50, Rue Caisserie, ✆ 91 90 63 35: kleines Bistro mit provenzalischer Küche im alten Stadtteil Le Panier.

Märkte: Jeden Morgen findet zwischen der Rue d'Aubagne und dem Boulevard Garibaldi der Marché des Capucins (Lebensmittel) statt und am Quai des Belges der Fischmarkt. Di und Sa Blumenmarkt an der Canebière, jeden So morgen Flohmarkt in Canet, Bd. Capitaine Gèze.

Die Côte d'Azur zwischen Cassis und Toulon

Cassis und die Calanques

Cassis ist ein hübscher, kleiner Hafenort, 22 km östlich von Marseille. Im ehemaligen Fischerhafen, den Restaurants und Cafés säumen, reihen sich heute Ausflugsboote aneinander, aber noch immer sieht man hier Fischer, die ihre Netze flicken. Lange Zeit lebte Cassis von der Fischerei. Eine weitere Einkommensquelle waren die Steinbrüche entlang der Küste, deren weißer Kalkstein im Sockel der Freiheitsstatue von New York steckt, aber auch beim Bau des Suez-Kanals und des Hafens von Algier verwendet wurde. 1982 hat man die Steinbrüche geschlossen und unter Denkmalschutz gestellt. Die flachen Steinterrassen am Meer dienen seitdem v. a. zum Sonnen. Berühmt ist Cassis' Weißwein, der hervorragend zu Bouillabaisse und Fleischgerichten paßt und auf den terrassenförmig angelegten Weinbergen im Hinterland wächst.

Der Ort hat seinen ursprünglichen Charme, der schon die Schriftsteller Virginia Woolf, Fré-

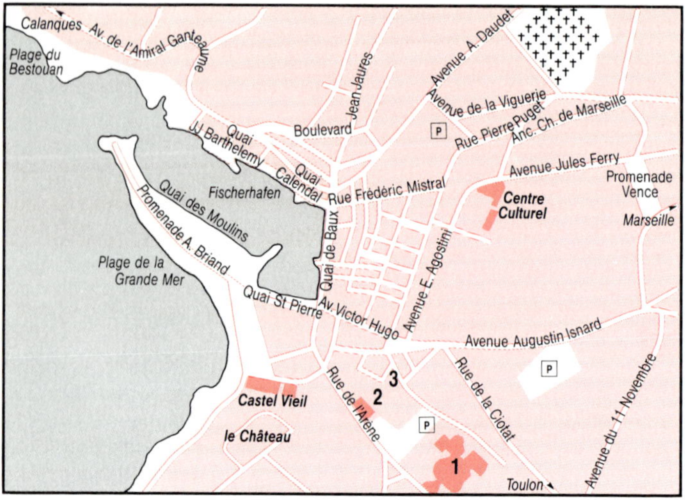

Cassis 1 Casino 2 Post 3 Office de Tourisme

déric Mistral und die Fauvisten-Vertreter Manguin und Derain anzog, erhalten können. Die Altstadt hinter dem Hafen blieb ebenso wie die Fassaden der alten Fischerhäuser am Quai von Modernisierungen verschont. Cassis ist dank des glasklaren Wassers vor seiner Küste und dank einer sehr interessanten Unterwasserwelt ein ideales Gebiet für Tiefseetaucher.

Südöstlich des Ortes liegt das Cap Canaille, Europas höchste Steilküste, und westlich befinden sich die Calanques, enge Felsbuchten mit glasklarem, türkisblauem Wasser, an deren Steilwänden sich sogar Schweizer Alpinisten versuchen. Bisher haben sich die Einwohner von Cassis erfolgreich gegen Hotel- und Campingplatzprojekte in diesen paradiesischen Buchten gewehrt.

Information: Office de Tourisme, Place Baragnon, 13260 Cassis, ✆ 42 01 71 17.

Anreise: Mit dem Auto 23 km von Marseille über die D 559, 16 km von La Ciotat über die D 41 A oder Autobahnausfahrt Cassis von der B 52. Mit dem Bus mehrmals täglich Verbindungen ab Marseille und Toulon. Mit dem Zug tägliche Verbindungen von Marseille und von Toulon nach Cassis.

Unterkunft: Roches Blanches (II–III), Route Port-Miou über die Av. Dardanelles, ✆ 42 01 09 30:

außerhalb des Ortes auf einem Felsen direkt am Meer gelegen; Privatstrand. Les Jardins du Campanile (II–III), Rue A. Favier, ✆ 42 01 84 85: Haus im provenzalischen Stil, umgeben von Zitronenbäumen; Pool. Grand Jardin (I), 2, Rue Eydin, ✆ 42 01 70 10: gepflegtes Haus mit Frühstücksterrasse in Hafennähe; günstig. Golfe (I), Quai Barthélémy, ✆ 42 01 00 21: direkt am Hafen.

Camping: Les Cigales, Route de Marseille.

Restaurants: La Presqu'île (III), Quartier de Port-Miou, ✆ 42 01 03 77: wunderschön auf der Halbinsel vor Cassis über dem Meer gelegen; Terrasse. Gilberto (II–III), Quai Baux, ✆ 42 01 71 36: direkt am Hafen, überteuert. Nino (II), Quai Barthélémy, ✆ 42 01 74 32: ebenfalls am Hafen, sehr zu empfehlen; Schalentiere, Muscheln und Fisch. Le Bonaparte (I), 14, Rue Bonaparte, ✆ 42 01 80 84: provenzalische Küche. L'Oustalet (I), 4, Rue F.-Mistral, ✆ 42 01 72 82: rustikale Pizzeria in Hafennähe.

Strände: In einer Bucht westlich des Ortes liegt der kleine Strand Plage du Bestouan, an den sich die ›Roches Plates‹ anschließen, Felsterrassen zum Sonnen und Baden. Die Plage de la Grande Mer befindet sich im Ort östlich des Hafens.

Ausflug zu den Calanques

Port Miou heißt die dem Ort am nächsten gelegene Felsenbucht, die ganzjährig als Hafen für rund

Am Hafen von Cassis

500 Boote dient. Port Pin ist in den Sommermonaten ein Naturisten-Treffpunkt, doch wird man hier auch in Bikini oder Badehose toleriert. En-Vau ist die schönste und wildeste der drei Calanques, mit sehr kleinem Strand. Alle drei Calanques werden von Booten ab dem Hafen von Cassis angefahren (keine festen Abfahrtszeiten). Eine Rundfahrt dauert ungefähr 45 Min. Man kann sich auch in Port Pin oder En-Vau auf einem Felsen zum Baden absetzen und wieder abholen lassen. Nehmen Sie kleine Boote, denn nur diese können tief in die Felsbuchten hineinfahren.

Wanderwege: Oberhalb der Steilwände der Calanques verläuft die ›Route des Crêtes‹ (Straße der Bergkämme) Richtung La Ciotat. Die ›Promenade des Lombards‹ führt zum alten Schloß hinauf, (der Bau von 1225 ist heute Privatbesitz). Auch der ›Paradis de l'Arène‹ ist ein empfehlenswerter Wanderweg (Auskünfte und Karten im Office de Tourisme von Cassis).

Bucht in den Calanques

La Ciotat

La Ciotat ist kein Urlaubsort im üblichen Sinn. Die krisengeschüttelten Schiffswerften prägen das Bild der Hafenstadt, zu der auch der neue Badeort **La Ciotat-Plage** mit Strand und Palmen gehört. Seit die großen Werftanlagen geschlossen wurden, versucht man durch den Ausbau eines Freizeithafens die Einkünfte aus dem Tourismus zu steigern.

Information: Office de Tourisme: Bd. Anatole-France, 13600 La Ciotat, ✆ 42 08 61 32.

Anreise: mit dem Auto 32 km von Marseille und 37 km von Toulon, jeweils über die D 559. Busverbindungen von Toulon und Marseille. Mit dem Zug regelmäßige Verbindungen von Marseille und Toulon.

Hotels: La Rotonde (I), 44, Bd. République, ✆ 42 08 67 50: im Zentrum. Ciotel (II–III), 6 km außerhalb auf der Corniche du Liouquet, ✆ 42 83 90 30: im Grünen gelegen; Pool, Tennisplatz und Windsurfmöglichkeit. Hotel-Restaurant Le Séreno (II).

Camping: Belle Plage, 14, Av. de Fontsainte. Saint Jean, 30, Av. de St. Jean. Castel Joll, Route de Marseille, Camp de Mélon. Le Grillon, Av. Guillaume-Dulac. Les Oliviers, Chemin des Plaines Baronnes.

Restaurants: Golfe (I), 14, Bd. A. France, ✆ 42 08 42 59: Restaurant in Hafennähe.

Bandol

Zu Beginn des 20. Jhs. ein exklusives Seebad, ist Bandol heute ein populärer Familienbadeort mit palmengesäumter Strandpromenade. Die Rotweine von Bandol gehören zu den besten der gesamten Küste, die Anbaugebiete erstrecken sich im Hinterland bis nach Le Castellet und Evenos. Direkt vor Bandol liegt die 7 ha große Insel **Ile de Bendor** mit mehreren Hotels, einem Weinmuseum und einem Tauch- und Surfzentrum. Sie gehört dem Pastis-Hersteller Paul Ricard.

Information: Office de Tourisme, Allées Vivien, 83150 Bandol, ✆ 94 29 41 35.

Anreise: mit dem Auto 51 km von Marseille und 17 km von Toulon, jeweils über die D 559; Autobahnausfahrt Bandol-Sanary auf der A 50. Mit dem Bus regelmäßige Verbindungen mit Toulon und Sanary. Mit dem Zug regelmäßige Verbindungen mit Marseille und Toulon. Schiffe zur Ile de Bendor verkehren im Sieben-Minuten-Takt vom Hafen.

Hotels: Pullmann Ile Rousse (III–L), Bd. L. Lumière, ✆ 94 29 46 86: modernes Hotel mit Panorama-Restaurant-Terrasse und Pool. Delos (II–III), Ile de Bendor, ✆ 94 32 22 23: Hotel auf der gleichnamigen Insel, mit Blick auf das Meer; Pool und Tennis. Ker Mocotte (I–II), Rue Raimu, ✆ 94 29 46 53: angestaubtes Hotel in der ehemaligen Villa des Schauspielers Raimu; Privatstrand. Les

Roses Mousses (I), 22, Rue des Ecoles, ✆ 94 29 45 14: einfaches Familienhotel mit kleinem Vorgarten.

Camping: Happy Holiday, Rue Marivaux. Vailonge, Route de Marseille.

Restaurants: Auberge du Port (II–II), 9, Allée Jean-Moulin, ✆ 94 29 42 63: hervorragende Fischgerichte; Terrasse. La Réserve (II–II), Route de Sanary, ✆ 94 29 42 71: außerhalb des Ortes direkt am Meer gelegen; auch Zimmervermietung. Restaurant des Fleurs (I–II), Av. du 11 Novembre, ✆ 94 29 78 88: kleines Restaurant an der D 559.

An der Küste zwischen Sanary und Toulon

Sanary-sur-Mer

Sanary-sur-Mer ist ein ehemaliger Fischerort mit zahlreichen Villen, die versteckt im Grünen liegen. Ähnlich wie das benachbarte Bandol – die beiden Orte gehen fast ineinander über – entwickelte sich Sanary schon um die Jahrhundertwende zu einem bekannten Urlaubsort. Während des Zweiten Weltkrieges wurde es zum Zufluchtsort für deutsche Exilliteraten. Feuchtwanger, Thomas Mann, Franz Werfel und René Schickele lebten hier in dieser Zeit. Heute hat der Ort eine eher familiäre Atmosphäre. Vom hübschen kleinen Hafen verkehren im Sommer regelmäßig Boote zur vorgelagerten Ile des Embiez,

Sanary-sur-Mer
Exil deutscher Schriftsteller

Bis heute weiß niemand genau, warum ausgerechnet das kleine Sanary in den dreißiger Jahren ein Flucht- und Sammelpunkt für deutsche Schriftsteller wurde. Als erste Literatin ließ sich Katherine Mansfield im Ort nieder. Sie zog wegen ihrer Herzkrankheit in den Süden und wohnte bis 1917 in der Villa Pauline am Bd. Clémenceau. 1932 kam dann der Elsässer René Schickele, der während des Ersten Weltkriegs in der Schweiz seine pazifistischen ›Weißen Blätter‹ veröffentlicht hatte, in den kleinen Fischerort westlich von Toulon. Schickele hatte gerade seinen Roman ›Die Witwe Bosca‹ geschrieben, der im benachbarten Bandol spielt. Zum Freundeskreis des Elsässers gehörten Lion Feuchtwanger sowie Thomas Mann und dessen Familie. Vielleicht war also Schickele der Auslöser dafür, daß Sanary in den nächsten Jahren zur heimlichen Hauptstadt deutscher Literatur wurde.

Thomas Mann kam als einer der ersten in den kleinen Ort. Am 10. Mai 1933 traf er mit seiner Frau Katja in Bandol ein. Seine Kinder Erika und Klaus Mann wohnten schon seit längerer Zeit im Hôtel de la Tour am Hafen von Sanary. Der viereckige Hotelturm war für viele Emigranten die erste Anlaufstation in Sanary; Heinrich Mann arbeitete hier eine Zeitlang an seinem ›Henri IV.‹.

Die Manns fanden relativ schnell die Villa La Tranquille und richteten sich in ihr ein. Am 12. Juni 1933 schrieb Thomas Mann in sein Tagebuch: »Ich glaube, daß wir in diesem Haus glücklich sein werden. Zunächst tut mir nur die private Existenzform unendlich wohl, nach dem Hoteldasein von vier Monaten.« Später würde Thomas Mann sagen, Sanary sei die glücklichste Etappe seines Exils gewesen. Vom Boule-Platz am Rand des Hafens führt ein steil ansteigender Weg zu seiner Villa. 1944 wurde sie wie die umliegenden Villen von deutschen Pionieren gesprengt, weil die Deutschen mit der Landung der Alliierten am Cap Nègre rechneten und sich ein freies Schußfeld verschaffen wollten. Inzwischen ist das Haus originalgetreu wiederaufgebaut worden.

Sanary entwickelte sich immer mehr zu einer Exklave deutschen Geisteslebens. Hier saßen die Vertreter des ›anderen‹ Deutschland – vom Kurfürstendamm in einen kleinen südfranzösischen Hafenort vertrieben. Einige Monate nach Thomas Mann kamen Lion Feuchtwanger und seine Frau Marta. Auch Ernst Bloch, Arthur Koestler, Franz Werfel, Joseph Roth, Alfred Kantorowicz, der Theaterkritiker Alfred Kerr und der Kunsthistoriker Julius Meier-Graefe ließen sich in Sanary nieder. Annette Kolb, Ernst Toller und Arnold Zweig wohnten vorübergehend in der Villa Valmer der Feuchtwangers. Treffpunkt der Exilliteraten waren die Bar Nautique und das Café de la Marine am Hafen, einfache Cafés mit kleinen Bistro-Tischen und Regalen voller Flaschen vor der Spiegelwand hinter dem Tresen. Hier trug Bertolt Brecht, der seinen Freund Feuchtwanger in Sanary besuchte, Gedichte gegen Goebbels und Hitler vor. Und hier, nicht etwa in Paris oder London, suchte Fritz Landshoff, der bis 1933 Direktor des Kiepenheuer-Verlages in Berlin war, nach Autoren für seinen neuen Exilverlag ›Querido‹. Feuchtwanger und Toller, Arnold Zweig und Heinrich Mann sagten ihm in Sanary ihre Mitarbeit zu.

Für viele Exilanten bedeutete die Zeit in Sanary ein Leben zwischen zwei Welten. Den Bücherverbrennungen und anderen Greueln Nazi-Deutschlands waren sie vorerst entkommen; alles weitere galt es abzuwarten. Noch dachte man nicht an ein Exil in den Vereinigten Staaten und an die Grausamkeiten eines neuen Krieges. Sanary war eine zufällig gewählte Zwischenstation, aber auch eine bewußt genossene Gnadenpause zwischen Vertreibung und erneuter Flucht. »Ich habe während der sieben Jahre meines Aufenthalts an der französischen Küste des Mittelmeers die Schönheit der Landschaft und die Heiterkeit des Lebens dort mit allen Sinnen genossen«, schreibt Lion Feuchtwanger in seinem Buch ›Der Teufel in Frankreich‹. »Wenn ich etwa, von Paris mit dem Nachtzug zurückkommend, des Morgens das blaue Ufer wiedersah, die Berge, das Meer, die Pinien und Ölbäume, wie sie die Hänge hinaufkletterten, wenn ich die aufgeschlossene Behaglichkeit der Mittelmeermenschen wieder um mich fühlte, dann atmete ich tief auf und freute mich, daß ich mir diesen Himmel gewählt hatte, unter ihm zu leben.«

Feuchtwanger blieb von allen Emigranten am längsten in Sanary. Seine Villa steht unverändert am Boulevard Beausoleil. Hier, im großen Garten des mediterranen Hauses posierte er im Schatten der Olivenbäume für ein Foto mit Heinrich Mann, und hier schrieb er 1933 seinen Roman ›Die Geschwister Oppermann‹. In der Villa Valmer hörte der von Goebbels als »ärgster Feind des deutschen Volkes« beschimpfte Schriftsteller im Mai 1940 über das Radio die

Nachricht, daß sich auf Anordnung von Marschall Pétain nun alle in Frankreich lebenden Deutschen oder in Deutschland geborenen Staatenlosen im Alter von 17–75 Jahren bei den französischen Behörden zu melden hätten. Was dann kommen würde, lag auf der Hand: die Internierung in einem der berüchtigten Lager, die die Vichy-Regierung im Süden eingerichtet hatte. Die Franzosen hatten sich verpflichtet, deutschen Kommissionen Zutritt zu den Lagern zu gewähren und Gegner des Dritten Reiches, nach denen gefahndet wurde, auszuliefern. Eines der gefürchtetsten Lager war die umfunktionierte Ziegelei Les Milles bei Aix-en-Provence, in dem Lion Feuchtwanger am 21. Mai 1940 unter der Häftlingsnummer 187 eingetragen wurde. Mit drei Leidensgenossen fuhr er im Taxi von Sanary nach Les Milles: mit Alfred Kantorowicz, dem Maler Anton Räderscheidt und dessen 17jährigen Sohn Franz.

Lion Feuchtwanger war nicht wie andere nach Amerika gegangen, als sich mit Beginn des Krieges ein Ende der Idylle in Sanary ankündigte. Er wollte die Arbeit an seinem Roman ›Exil‹ nicht unterbrechen und hatte das Gefühl, als überzeugter Antifaschist in Europa gebraucht zu werden. Er vertraute seinem Gastland Frankreich, das ihn einst in Ehren aufgenommen hatte. Der Präsident der Republik hatte ihn bei seiner Ankunft sogar persönlich empfangen. Doch Feuchtwanger täuschte sich. Über dem Portal des Bürgermeisteramtes von Sanary stand zwar immer noch ›Liberté, Egalité, Fraternité‹, aber die Zeiten hatten sich geändert. Die einst von den französischen Behörden argwöhnisch beobachteten und sogar als deutsche Spione verdächtigten Exilliteraten wurden nun in deutsch-französischer Zusammenarbeit als feindliche Regimegegner interniert.

Hinter den Stacheldrahtzäunen von Les Milles wurden auch der Maler Max Ernst sowie Walter Hasenclever, Mitbegründer der expressionistischen Literatur, gefangengehalten. Hasenclever machte seinem Leben in einem der dunklen Holzverschläge in den Schlafräumen mit einer Überdosis Veronal ein Ende. Für Feuchtwanger war ohne sein Wissen in Amerika eine Rettungsaktion angelaufen: Mit amerikanischer Hilfe konnte seine Ehefrau die Flucht aus dem Lager organisieren. Als Frau verkleidet, wurde der Schriftsteller in einer amerikanischen Limousine nach Marseille gebracht. Dort schlüpften die Feuchtwangers im Haus des amerikanischen Konsuls Bingham unter. Varian Frey, ein amerikanischer Journalist und Abgesandter eines Hilfskomitees, das unter Vorsitz von Thomas Mann in New York gebildet worden war, sollte die Flucht in die

Staaten organisieren. Der Weg führte über die Pyrenäen nach Spanien, von dort über Madrid zum Hafen von Lissabon. Feuchtwanger hatte darauf bestanden, auch Heinrich Mann und Golo Mann, einen Sohn Thomas Manns, zu retten. Hinzu kamen Franz Werfel und dessen Frau Alma Mahler-Werfel. Sie alle sollten auf Schleichwegen zu Fuß die Pyrenäen überqueren, denn ohne Ausreiseerlaubnis ließen die Spanier niemand die Grenze passieren.

Am 13. September 1940 traten zunächst Heinrich und Golo Mann sowie Franz Werfel und seine Frau den Fluchtweg an. Man traf sich am Friedhof des grenznahen Seebades Cerbère. »Gleich nach dem Ortsende bog der junge Amerikaner von der Straße ab und ging auf steinigem Weg steil aufwärts«, erinnerte sich Alma Werfel später. »Die Ziegen vor uns stolperten, die Schiefersteine flimmerten, sie waren spiegelglatt, und wir mußten hart an Abgründen vorbei. Zum Festhalten, wenn man ausglitt, gab es nur Disteln.« Einen Tag später machten sich die Feuchtwangers auf den Weg über die Pyrenäen. Lion Feuchtwanger konnte sich mit einem amerikanischen Einreisevisum, das auf das Pseudonym Wetcheek (die angedeutete englische Übersetzung von Feuchtwanger) ausgestellt war, ausweisen. Marta Feuchtwanger mußte ohne Papiere fliehen. Sie hatte Taschen und Rucksäcke mit Camel-Zigaretten zur Bestechung der Zollbeamten vollgepackt. Die Zigaretten bewährten sich, und kurze Zeit später trafen beide in Lissabon ein, der letzten europäischen Fluchtstation der vertriebenen Literaten. In den Hafencafés der portugiesischen Hauptstadt warteten unzählige Flüchtlinge auf ein Amerika-Visum und ihre Einschiffung, während sie sich schon für eine Vorstellung von Chaplins Film ›The Great Dictator‹, der in Amerika soeben angelaufen war, verabredeten. Eine letzte Gefahr ging von den Nazi-Spionen der sogenannten ›Fünften Kolonne‹ aus. Immer wieder wurden Menschen entführt. Trotzdem: Lissabon war für die Verfolgten die erlösende Endstation in Europa, auch für Lion Feuchtwanger.

nach Toulon und zu den Calanques von Cassis.

Information: Office de Tourisme: Jardins de la Ville, 83110 Sanary, ✆ 94 74 01 04.

Anreise: mit dem Auto 12 km von Toulon und 54 km von Marseille, jeweils über die D 559, Autobahnausfahrt Bandol-Sanary auf der A 50. Mit dem Zug: regelmäßige Verbindungen bestehen mit Marseille und Toulon.

Hotels: Grand Hôtel des Bains (II–III), Bd. E. d'Orves, ✆ 94741347: ein älteres Hotel hinter dem Hafen. La Tour (I–II), Quai Général de Gaulle, ✆ 94741010: in einem mittelalterlichen Turm am Hafen, in den dreißiger Jahren Anlaufstation von Exilliteraten.

Camping: Les Girelles, Chemin de Beaucours. Domaine Val d'Aran, Quartier du Pont d'Aran, Route de Beausset.

Restaurants: Le Castel (II), an der Route de Bandol, ✆ 94298298: außerhalb des Ortes an der Straße nach Bandol gelegen; auch Zimmervermietung. L'Aricot (II), Baie de Bandol, ✆ 94741033: Terrasse direkt am Meer, mit Blick auf Bandol.

Toulon: Fort am Yachthafen

Toulon

Toulon ist weder Urlaubsort noch Seebad, sondern eine Großstadt mit rund 180000 Einwohnern (davon über 20000 arabischen Einwanderern), Verwaltungssitz des Département Var und Frankreichs wichtigster Marinestützpunkt am Mittelmeer. Die Stadt lebt von der Schnittblumenzucht, der Schiffs- und Waffenindustrie und nur zu einem geringen Teil vom Tourismus. Die Marine ist der größte Arbeitgeber der Region, sie beschäftigt 25000 Marinesoldaten und 12000 zivile Angestellte.

Ludwig der XIV. ließ Toulon im 17. Jh. von Vauban zum Kriegshafen ausbauen. Im November 1942 versenkten sich vor der Küste 60

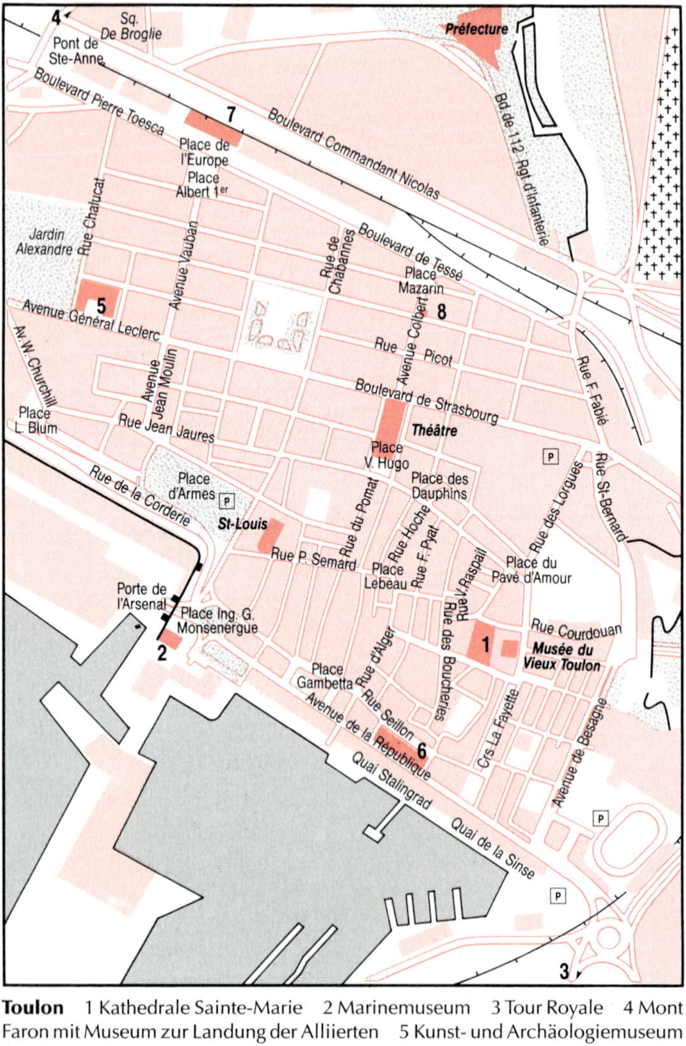

Toulon 1 Kathedrale Sainte-Marie 2 Marinemuseum 3 Tour Royale 4 Mont Faron mit Museum zur Landung der Alliierten 5 Kunst- und Archäologiemuseum 6 Rathaus 7 Hauptbahnhof 8 Office de Tourisme

Schiffe der französischen Kriegsflotte, um nicht der deutschen Wehrmacht in die Hände zu fallen, die nun auch den Süden Frankreichs besetzte. Im Winter 1943/44 wurde die Stadt durch mehrere Luftangriffe zerstört: Das Hafenviertel war Hauptziel der Bombardierungen. Im August 1944 befreiten die aus dem Hinterland vorrückenden Alliierten Toulon. Zuvor sprengten die deutschen Besatzer einen Großteil des Hafens und die Zitadelle in die Luft.

Die Altstadt wurde nach dem Krieg teilweise wiederaufgebaut. Ansonsten ist das Stadtbild von wenig attraktiven Wohnvierteln mit einfachen Betonbauten und von Industrieansiedlungen geprägt. Der Verkehr in Toulon ist chaotisch, ein unterirdischer Tunnel soll Abhilfe schaffen.

Sehenswürdigkeiten:

Die nach dem Krieg wiederaufgebaute **Altstadt** ist ein sehr lebhaftes Viertel mit Einkaufsstraßen, einer Fußgängerzone und Märkten. Nördlich vom Quai Stalingrad am Hafen wurden einige Straßen von den Bomben verschont. Zentrale Plätze sind die Place Puget und die Place de la Cathédrale, mit der **Kathedrale Sainte-Marie**. Sie stammt aus dem 11. Jh., wurde im 17. Jh. umgebaut und diente im deutsch-französischen Krieg 1870/71 der Banque de France als Versteck für ihre Goldbarren.

Vom Quai Stalingrad legen mehrmals täglich Boote zu Hafenrundfahrten ab. Hier liegt auch das **Musée Naval** (Marinemuseum), das Schiffsmodelle, Galionsfiguren, Waffen, Fotos aus dem Zweiten Weltkrieg und viele andere Exponate zur Geschichte der Stadt zeigt (10–12 und 13.30–18 Uhr, Di geschlossen; ✆ 94020201).

Einen schönen Blick auf das Hafenbecken hat man von der **Tour Royale,** 3 km weiter südlich. In dem ehemaligen Gefängnis ist ein Ableger des Marinemuseums untergebracht (Pointe de la Mitre, März–Mai 15–18 Uhr, Juni–Sept. 14–19 Uhr, Sept./Okt. 14–18 Uhr; Mo und im Nov. geschlossen).

Vom Bd. Amiral de Vence fährt man mit einer Drahtseilbahn (9–11.45 und 14.15–18.15 Uhr) auf den nördlich außerhalb des Ortes gelegenen **Mont Faron** (ca. 550 m), von wo man bei gutem Wetter bis zu den Iles d'Hyères sehen kann. In einem alten Fort ist ein Museum zur Landung der Alliierten untergebracht (9–11.30 und 14–17.15 Uhr).

Lohnend ist auch ein Besuch des **Musée d'Art et d'Archéologie** (Kunst- und Archäologiemuseum) mit Bildern von van Loo und Fragonard, aber auch zeitgenössischer französischer Kunst sowie einer Fotographieabteilung mit Aufnahmen von Cartier-Bresson und Kertész; daneben griechische Amphoren und gallo-romanische Funde (Bd. Général Léclerc, ✆ 94 93 15 54, 10–12 und 15–18 Uhr, Mo und Do geschlossen).

Information: Office de Tourisme: 8, Av. Colbert, 83000 Toulon, ✆ 94 22 08 22; Zweigstelle im Bahnhof, ✆ 94 62 73 87.

Anreise: mit dem Auto aus Marseille kommend, über die Autobahn A 50, Abfahrt Toulon; aus Nizza über die A 8, Ausfahrt Le Luc, dann weiter über die D 97 oder über die Küstenstraße. Täglich Busse von und nach Marseille, St. Raphaël und Bandol; Abfahrt in der Nähe des Bahnhofs, ✆ 94 62 73 87.

Züge: Der Hochgeschwindigkeitszug T.G.V. fährt täglich von Paris nach Toulon; regelmäßige Verbindungen nach beiden Seiten der Küste (Auskünfte: ✆ 94 22 90 00, Reservierungen: ✆ 94 91 50 50).

Flüge: tägliche Verbindungen zwischen Paris und dem Flughafen Toulon-Hyères, 21 km östlich der Stadt (✆ 94 57 41 41), von dort Bustransfer nach Toulon.

Bootsverkehr: Täglich fahren Boote zu den Iles d'Hyères, im Sommer zweimal wöchentlich auch nach St. Tropez (✆ 94 41 65 87).

Hotels: Frantel (II–III), 29, Rue A. Daumas, ✆ 94 92 81 46: unterhalb des Mont Faron mit sehr schönem Blick auf Toulon; Zimmer mit Loggia; Restaurant. La Corniche (I–II), 1, Littoral F. Mistral, ✆ 94 41 35 12: 3 km außerhalb des Ortes an einem kleinen Hafen; Hotel mit Patio und sehr gutem Restaurant. Amirauté (I), 4, Rue A. Guiol, ✆ 94 22 19 67: einfaches Haus im Zentrum.

Restaurants: Le Lutrin (II–III), 8, Littoral Frédéric Mistral, ✆ 94 42 43 43: eines der elegantesten Restaurants von Toulon mit Empire-Speisesaal und einem Garten mit Terrasse; Blick auf das Meer. Madeleine (I–II), 7, Rue Tombades, ✆ 94 92 67 85: rustikales Ambiente und hervorragende Küche; in der Altstadt. La Ferme (I–II), 6, Place Louis Blanc, ✆ 94 41 43 74: plüschig; günstige Menüs. Le Dauphin (I–II), 21bis, Rue J. Jaurès, ✆ 94 93 12 07: Fischgerichte und gute Weine.

Markt: jeden Morgen, außer Mo, auf dem Cours Lafayette.

Polizei: Rue Xavier Savell, ✆ 94 22 90 30.

Von Hyères nach St. Tropez

Hyères

Hyères ist das älteste Seebad der Küste. Hier begann die Geschichte des Tourismus an der Côte d'Azur. Die kleine Stadt östlich von Toulon wurde schon im 18. Jh. – noch vor Cannes und Nizza – von reichen Engländern als Winter-Urlaubsort entdeckt. Und der Schriftsteller Stephen Liégeard soll hier 1887 beim Anblick des tiefblauen Meeres zum ersten Mal »Ah, la Côte d'Azur ...«

(»ah, die azurblaue Küste...«) ausgerufen haben.

Vom Ruhm dieser Tage ist heute nur noch wenig zu spüren. Die 45 000-Einwohner-Stadt ist kein mondäner Urlaubsort mehr, sondern ein Familienbadeort, den manche gar nicht mehr zur Côte d'Azur zählen. Im Gegenzug ist die Stadt Hyères angenehm ›normal‹ geblieben. Der Ferienbetrieb mit Stränden, Surfmöglichkeiten, Campingplätzen, modernen Ferienwohnungen, sowie Riesen-Supermärkten und einem neu angelegten Yachthafen konzentriert sich auf die vorgelagerte Halbinsel Presqu'île de Giens. Hier, bei der **Tour-Fondue** an der Spitze der Halbinsel, legen auch die Boote zu den Inseln von Hyères ab (s. S. 88 ff.).

Die Stadt selbst lebt nicht ausschließlich vom Geschäft mit den Fremden, sondern auch von der örtlichen Palmenzucht, von Obst-

Hyères 1 Kirche St. Louis 2 Tour Saint-Blaise 3 Place St. Paul 4 Château des Aires 5 Parc St. Bernard 6 Villa des Noailles 7 Musée Municipal (Rathaus) 8 Jardin Olbius-Riquier 9 Kapelle Notre-Dame-de-la-Consolation 10 La Tour-Fondue 11 Casino 12 Place Massillon/Markt 13 Bahnhof 14 Busbahnhof 15 Post 16 Office de Tourisme

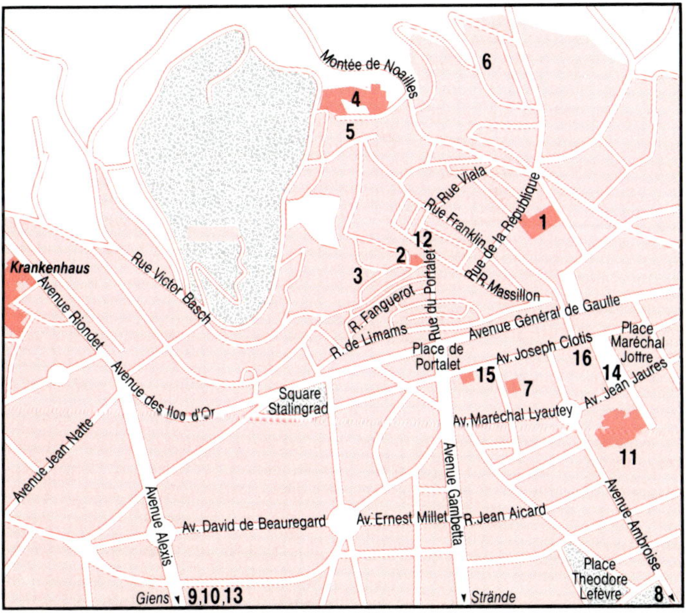

und Gemüseanbau, kleineren Industrien sowie der Salzgewinnung in den Salinen von Hyères.

Sehenswert ist die **Altstadt** von Hyères (Place Clémenceau, Place de la République, Porte de la Rade, Rue Massillon, Place St. Paul), in der sehr viele Araber wohnen. Hier stehen die **Kirche St. Louis** (Place de la République), die ursprünglich aus dem 18. Jh. stammt und im 19. Jh. nach Zerstörungen während der Französischen Revolution vollständig restauriert wurde, sowie die **Tour Saint-Blaise** (Place Massillon), eine Commanderie des Templerordens aus dem 12. Jh. Der Turm diente bis 1913 als Rathaus und beherbergt heute ein provenzalisches Museum, für das die originale Eingangstür wieder freigelegt wurde.

Auf der **Place St. Paul** gibt es einen schönen Aussichtspunkt. Bei der Orientierung hilft die Tafel vor der Kirche St. Paul (12. Jh., im 16. Jh. verändert). Neben der Kirche steht ein hübsches Renaissance-Haus an der Stelle eines Eingangstores der mittelalterlichen Stadtmauer, der Porte St. Paul. Oberhalb der Altstadt, unterhalb des mittelalterlichen Château des Aires, von dem nur Ruinen übriggeblieben sind, liegt der **Parc St. Bernard,** ein botanischer Garten, von dem man auf die Bucht von Hyères und auf die gegenüber liegenden Inseln blickt. Zum alten Schloß führt ein ausgeschilderter Fußweg. Auch von dort hat man eine schöne Aussicht.

Landschaft bei Hyères

Eine weitere Sehenswürdigkeit ist die **Villa des Noailles** im oberen Teil des Parc St. Bernard. Die kubistische Villa mit Schwimmbad, einem Gymnastikraum und zahlreichen Gästezimmern wurde 1924 von dem damals noch unbekannten Architekten Mallet-Stevens für das kunstliebende Ehepaar Charles und Marie-Laure de Noailles gebaut. Man Ray drehte hier einen Film, Louis Buñuel schrieb hier ein Drehbuch, und auch Jean Cocteau sowie Alberto Giacometti waren Gäste des Kunstmäzens Noailles.

Seit 1973 gehört die Villa der Stadt, die hier ein Architektur- und Designzentrum eröffnen möchte.

Das **städtische Museum** (Musée Municipal) befindet sich am Place Théodore-Lefèvre (Bâtiment de la Cité Administrative, ✆ 94651207; 10–12 und 15–18 Uhr, Sa/So nur nachmittags, Di und feiertags geschlossen). Im dritten Stock des Neubaus sind prähistorische sowie griechische und römische Funde, Fossilien und Gemälde von Künstlern der Region zu sehen. Die Freske von Ernest Pignon-Ernest an der Fassade ist eine Hommage an Jean-Luc Godards Film ›Pierrot le Fou‹, der in der Umgebung von Hyères gedreht wurde.

Sehenswert in Ortsnähe sind der **Jardin Olbius-Riquier,** ein großer exotischer Park mit tropischen Pflanzen (südlich der Cité Administrative, Anfahrt über die Av. Gambetta; im Winter von 8–17.30, im Sommer bis 20 Uhr geöffnet), und die **Kapelle Notre-Dame-de-Consolation.** Sie liegt auf der Anhöhe Costebelle, 3 km südlich der Stadt (Anfahrt über Av. Victoria und Av. Paul Bourget, dann ausgeschildert; täglich von 8.30–12 und 13.45–18 Uhr).

Information: Office de Tourisme, Rotonde Jean-Salusse/Av. de Belgique, 83.400 Hyères, ✆ 94651855.

Anreise mit PKW/Bussen: über die Autobahn A7, dann A8 Richtung Toulon/Bandol. Tägliche Busverbindungen zwischen Hyères und St. Raphaël sowie Toulon; Busbahnhof: Place Maréchal Joffre/Av. de Belgique, ✆ 94652100.

Züge: Hyères hat einen eigenen Bahnhof (✆ 94577960, Stadtbüro ✆ 94650288); regelmäßige Verbindungen mit Toulon.

Flugzeug: Der Flughafen Toulon-Hyères wird nur für innerfranzösische Flüge genutzt. Tägliche Verbindung von und nach Paris-Orly (✆ 94386060).

Bootsverkehr: Im Sommer fahren täglich Schiffe nach St. Tropez und zurück (Auskunft: ✆ 94305494); das ganze Jahr über Fähren zu den Inseln Porquerolles, Port Cros und Levant (✆ 94582181).

Hotels: Les Pins d'Argent (II), Hyères-Plage, 5 km südöstlich von Hyères, ✆ 94 57 63 30: Drei-Sterne-Hotel in einem Pinienwald zwischen Hafen und Flughafen. La Méditerranée (II), Hyères-Plage Hippodrome, ✆ 94 58 03 89: ruhiges, kleines Hotel mit Garten der Logis de France-Kette. Hostellerie Provençale, La Québécoise (I), Costebelle, 3 km südlich der Stadt, Av. de l'Amiral Costebelle, ✆ 94 57 69 24: kleines Haus auf dem Hügel von Costebelle; Gartenrestaurant. Vieille Auberge St.-Nicolas (I), 6 km westlich der Stadt, auf der N 98 Richtung Toulon, ✆ 94 66 40 01: Pension mit Restaurantbetrieb; provenzalische Küche. Hôtel Portalet (I), 4, Rue de Limans, ✆ 94 65 39 40: preiswertes Hotel am Rande der Altstadt.

... auf der Presqu' île de Giens: Le Provençal (III), Place de l'Eglise, ✆ 94 58 20 09 (15. Okt. – 31. März geschlossen): an der Spitze der Halbinsel; wunderschöner Meeresblick; etwas altmodische Zimmer. Relais du Bon Acceuil (II), ✆ 94 58 20 48 (15. Nov. – 15. Dez. geschlossen): schöner Blick auf das Meer; Restaurant Di/Mi abends geschlossen.

Camping: Camping Rebout Clos Rose-Marie, Les Salins d'Hyères. Iles d'Or, Le Pousset. Camping Municipal de La Capte, La Capte. Les Pins Maritimes, Domaine de Ceinturon. Saint Pierre des Horts, Chemin Font des Horts. Camping Club Méditerranée, Les Cigales. Camping International La Réserve, Giens. Le Clair de Lune, Giens. Olbia, La Madrague de Giens.

Restaurants: Auberge du Vieux Puits (II), La Bayorre, ✆ 94 65 01 05: nordafrikanische Küche; Terrasse. Phil's Grill (I), 46, Av. Gambetta, ✆ 94 65 47 92: leichte, von der kalifornischen Küche inspirierte Gerichte zu Niedrigpreisen.

... auf der Presqu' île de Giens: Le Tire Bouchon (I), ✆ 94 58 24 61: einfach, gut und günstig (Di/Mi abends geschlossen).

Markt: täglich auf der Place Massillon.

Iles d'Hyères

Die Iles d'Hyères – Porquerolles, Port Cros, Le Levant und die unzugängliche kleine Ile de Bagaud – liegen vor der Küste zwischen Hyères und Pramousquier. Sie lohnen einen Besuch. Porquerolles ist mit 1248 ha und 300 Einwohnern die größte der drei ›goldenen Inseln‹, der ›Iles d'Or‹, wie man die landschaftlich schönen und unzerstörten Inseln auch nennt. Port Cros ist ein geschützter Nationalpark, und der nicht dem Militär unterstellte Teil von Le Levant ist ein FKK-Gebiet. Autofahren ist auf allen drei Inseln nur den wenigen Inselbewohnern erlaubt.

Porquerolles

Porquerolles liegt von den drei Inseln der Küste am nächsten und wird daher im Sommer auch am häufigsten von Tagestouristen besucht. Porquerolles bietet keine nennenswerten Sehenswürdigkeiten, aber wunderschöne **Strände**

Staatlich geschütztes Paradies

Für Kriminalautor Georges Simenon war Porquerolles »die irdische Abteilung des Paradieses«. Er kam oft auf diese Insel, die wie durch ein Wunder von Immobilienspekulationen und Massentourismus verschont blieb und auf der man zu ahnen beginnt, wie die Côte d'Azur zu Beginn des Jahrhunderts ausgesehen haben muß. Sandwege führen durch Pinien- und Kiefernwälder zu Buchten mit glasklarem, türkisblauem Wasser, in denen man außerhalb der Saison kaum Menschen trifft. Auf der Insel wachsen Wacholder, Rosmarin und Myrthe. Viele Wandervögel haben hier ein Refugium gefunden.

Daß Porquerolles bis heute paradiesisch blieb, ist vor allem Claude Pompidou, der Gattin des französischen Staatspräsidenten Georges Pompidou (1969–74), zu verdanken. Sie liebte die gegenüber dem Feriendomizil der Pompidous am Fort Bregançon gelegene Insel und überzeugte ihren Mann davon, sie zu kaufen, um die unberührte Natur zu schützen. Kurz zuvor hatte auch der Club Méditerranée ein Kaufangebot unterbreitet. 1971 ließ Pompidou die 1248 ha große Insel vom französischen Staat aufkaufen und unter Naturschutz stellen.

Sie gehörte der Erbengemeinschaft von Jean-François Fournier, einem Ingenieur, der beim Bau des Panama-Kanals reich geworden war und die Insel 1912 für 1 Mio. Francs erwarb. Fournier machte sie zu einem großen Privatgarten; er ließ über 170 ha mit Wein, Eukalyptus- und Feigenbäumen bepflanzen und aus Mexiko einen Bellombra-Baum importieren, der auf der Insel noch heute steht.

Die Idylle wird trotz bis zu 4000 Tagestouristen im Sommer nur wenig durch Lärm oder Abgase gestört: Auf Porquerolles sind nur die Autos der Inselbewohner zugelassen, der Fahrradverleih gehört daher zu den florierendsten Wirtschaftszweigen der Insel. Die Wälder von Porquerolles unterstehen der Verwaltung der Nachbarinsel Port Cros, die 1963 zum Nationalpark erklärt wurde. Port Cros ist der einzige Insel-Nationalpark Europas. Nicht nur 690 ha Land samt ihrer Pflanzen- und Tierwelt sind geschützt, sondern auch 1800 ha Meeresfläche rund um die Insel. Auf Port Cros darf nicht geraucht und kein Feuer gemacht werden. Das Mitbringen von Hunden ist nicht erlaubt, und die Unterwasserjagd auf die reiche Fischwelt und das Pflücken von Pflanzen sind verboten.

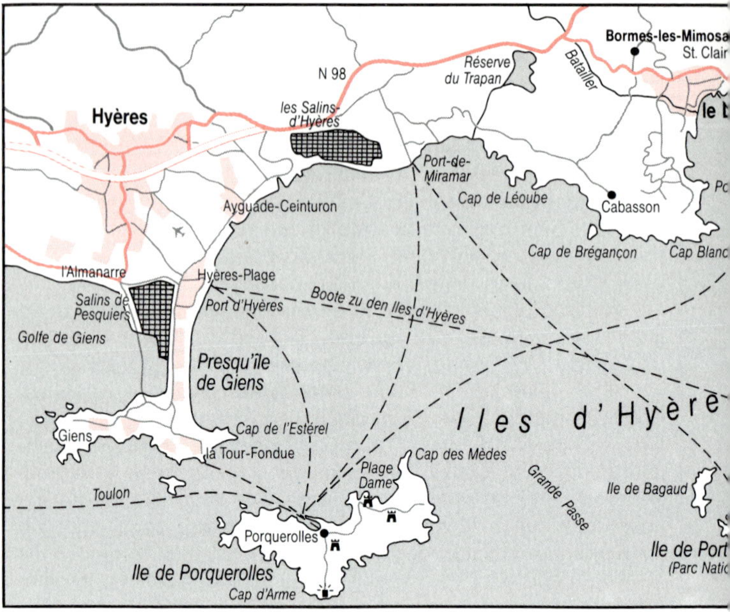

Iles d'Hyères

(Grande Plage, Plage Notre-Dame, Plage de la Courtade und Plage d'Argent), glasklares Wasser und eine weitgehend unberührte Landschaft. Seit dem 16. Jh. ließ François I., später auch Richelieu, auf Porquerolles wie auf der Nachbarinsel Port Cros Forts zur Verteidigung gegen Piraten und gegen die Spanier errichten. Im **Fort St. Agathe** ist heute eine Ausstellung zur Geschichte der Insel untergebracht (gratis; Juni–Sept. 9.30–12 und 15–18 Uhr).

Es empfiehlt sich, ein Fahrrad zu leihen, um die Insel zu erschließen. Ein schöner Weg führt vom Hafen an die Südspitze von Porquerolles zum Leuchtturm, den man besteigen kann (10–12 und 14–18 Uhr). Von hier aus hat man einen grandiosen Ausblick. Das **Dorf Porquerolles** mit seinen vielen Eukalyptusbäumen und der kleinen Kirche Sainte-Anne (1851) liegt rund um den Place d'Armes in Hafennähe. Hier befinden sich auch die meisten Restaurants der Insel.

Information: Office de Tourisme: am Hafen, ✆ 94 58 33.

Anreise: Im Sommer regelmäßige Fährverbindungen (15

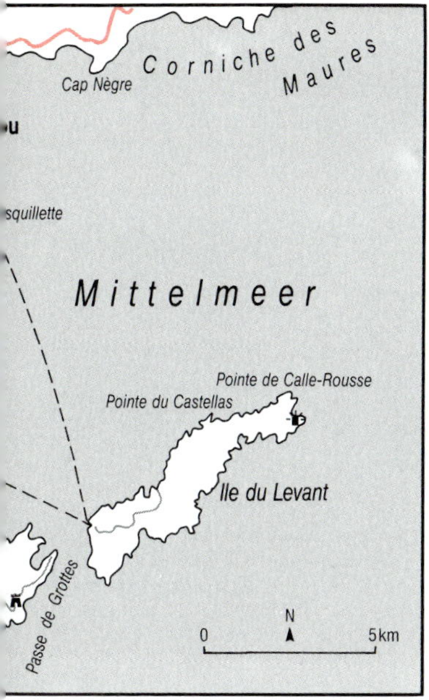

Min.) von der Presqu' île de Giens/La Tour-Fondue (✆ 94 58 21 81). Fährverbindungen auch von Le Lavandou (50 Min.; ✆ 94 71 01 02). Sehr viel teurer sind die Motorboot-Taxen zwischen Hyères und Porquerolles, die auch noch abends verkehren, wenn die letzten Fähren ihren Betrieb eingestellt haben (✆ 94 58 31 19).

Hotels: Mas du Langoustier (L), ✆ 94 58 30 09: das beste Hotel der Insel, einmalige Lage an der Westspitze. Sainte-Anne (I), ✆ 94 58 30 04; kleines, einfaches Hotel. Siehe auch Restaurants.

Restaurants: Mas du Langoustier (III), ✆ 94 58 30 09: im gleichnamigen Hotel; ausgezeichneter Fisch und Meeresfrüchte. Oustau de la Mar (III), ✆ 94 75 84 18: hübsches und gutes Restaurant am Dorfplatz. L'Orée du Bois (II), ✆ 94 58 30 57: eines der besten Restaurants der Insel, günstige Menüs; Garten. Les Glycines (I), ✆ 94 58 30 36: einfach und gut; Zimmervermietung mit Vollpension. Arche de Noé (I), ✆ 94 58 30 74: Spezialität des Hauses ist Bouillabaisse; schöne Terrasse; auch Zimmervermietung.

Wassersport: Segelbootverleih am Hafen, ✆ 94 58 34 55; Motorbootverleih am Hafen, ✆ 94 58 31 19; Windsurfen (Verleih von Brettern und Kursangebote): Le Pré des Palmiers, ✆ 94 58 32 09; Tiefseefischen: Thunfischschiff ›Le Sicilien‹, Galeries portuaires, ✆ 94 58 30 61; Tauchclub: Club de Plongée du Langoustier, Galerie portuaire, Local N° 7, ✆ 94 58 34 18.

Fahrradverleih: mehrere Verleihstationen, direkt am Hafen und im Ort.

Port Cros

Port Cros – 4,5 mal 2 km groß – ist die hügeligste der ›Iles d'Or‹. Die höchste Erhebung ist der Mont Vinaigre (197 m). Die Insel ist zerklüfteter, aber auch grüner und noch dichter bewachsen als Porquerolles.

Für Besucher, die den Nationalpark von Port Cros kennenlernen möchten, wurden *Parcours* eingerichtet: ein historischer Parcours, der an den Forts entlangführt (gelb ausgeschildert, über 4 Std.), ein botanischer Lehrweg zwischen dem Dorf und der Plage de la Pa-

Insel Port Cros

lud (grün ausgeschildert, von Juni bis September Gratisführungen) und ein 300 m langer Unterwasser-Parcours an der Plage de la Palud. Wer Flossen und Schnorchel mitgebracht hat, kann an insgesamt zehn Beobachtungsstationen unter Wasser Seesterne und Algenarten, aber auch ein Bombenloch erkunden, das an die Landung der Alliierten im August 1944 erinnert.

Im Hafen von Port Cros werden Fahrten mit dem gläsernen Aquascope (✆ 94 05 92 22) angeboten, von dem man die geschützte Unterwasserwelt sehen kann, ohne naß zu werden. Das Fort de l'Estissac kann als einziges der Insel besichtigt werden (Panorama-Terrasse und Meeresausstellung mit Aquarium, gratis von Juni–Sept., 10–18 Uhr).

Information: Centre d'Information du Parc National, am Hafen, ✆ 94 05 90 17.

Anreise: Boote vom Hafen von Hyères (Port d'Hyères; ca. 1 Std.), Auskunft ✆ 94 58 21 81, und ab Le Lavandou (30 Min.), Auskunft ✆ 94 71 01 02.

Hotels/Restaurants: Manoir, ✆ 94 05 90 52, ist das einzige Hotel (L) und Restaurant (II) der Insel, ein hübsches weißes Haus zwischen

Eukalyptusbäumen; gute, provenzalisch angehauchte Küche.

Le Levant

90% der 8 km langen und 1 km breiten Insel gehören der Marine. Die restlichen 10% sind den Anhängern der FKK-Kultur vorbehalten: Auf Levant gibt es das größte Nudistenzentrum der Côte. Es wurde 1931 von Docteur Gaston Durville gegründet. Die Hotels der Insel verstehen sich als FKK-Hotels, alle Strände sind FKK-Gebiet.

Information: Naturistenzentrum Syndicat d'Administration Héliopolis, ✆ 94 05 92 05.

Anreise: Abfahrt ab Port d'Hyères (ca. 1 Std.), Auskunft ✆ 94 58 21 81, und ab Le Lavandou (30 Min.), Auskunft ✆ 94 71 01 02.

Hotels/Restaurants: Héliotel (III), ✆ 94 05 90 63: mit FKK-Schwimmbad und Piano-Bar, mitten im Grünen. La Brise Marine (II), Place du Village, ✆ 94 05 91 15: hübsche Zimmer, Patio und Schwimmbad. Hôtel Gaétan (I), ✆ 94 05 91 78: einfache Zimmer in einem kleinen Park.

Bormes-les Mimosas

Der hübsche alte Ort ist am Hang oberhalb von Le Lavandou gelegen. Bormes-les-Mimosas trägt den Titel ›Premier village fleuri de France‹ und organisiert das ganze Jahr über Veranstaltungen zum Thema Blumen, darunter einen Blumenkorso im Februar. Von den Schloßruinen hat man eine schöne Aussicht auf die Bucht.

Information: Office de Tourisme: 1, Rue J.-Aicard, 83230 Bormes-les-Mimosas, ✆ 94 71 15 17.

Anreise: mit dem Auto 20 km von Hyères über die D 98; Busse mehrmals täglich von Hyères, St. Tropez und Le Lavandou.

Hotels: Safari (I–II), Route du Stade, ✆ 94 71 09 83: hübsch gelegenes Hotel mit Schwimmbad. La Garrigue (I–II), Quartier de la Verrerie, an der N 98 zwischen Bormes-les-Mimosas und Le Lavandou, ✆ 94 71 05 32: kleineres Hotel mit Schwimmbad.

Camping: Camp du Domaine La Favière. Caravaning Clau Mar Jo, Quartier le Mopurard. Manjastre, RN98. Le Bout du Monde, Cabasson. Les Cyprès, Av. de la Mer, La Favière.

Restaurants: La Tonnelle des Délices (I–II), Place Gambetta, ✆ 94 71 34 84: sehr gute provenzalische Küche. L'Escundudo (I), Ruelle du Moulin, ✆ 94 71 15 53: ebenfalls provenzalische Küche.

Le Lavandou

Das ehemalige Fischerdorf entwickelt sich zum modernen, verbauten Badeort mit großen Apartmenthäusern, Feriensiedlungen und Campingplätzen. Beliebt ist

Le Lavandou vor allem bei Holländern und Deutschen. Im Ort befinden sich Sandstrände. Erwähnenswerte Sehenswürdigkeiten gibt es nicht. Einige Kilometer außerhalb, in dem östlich gelegenen kleinen Badeort Aiguebelle, liegt das Luxushotel Les Roches.

Information: Office du Tourisme, Quai Gabriel Péri, 83.980 Le Lavandou, ✆ 94 71 00 61.

Anreise: mit dem Auto 6 km von Bormes, 40 km von St. Tropez, jeweils über die 559; Busse ab Bormes, St. Tropez und Hyères.

Schiffsverbindungen: Compagnie des Transports Maritimes, 15, Quai Gabriel Péri und Gare Maritime, ✆ 94 71 01 02: Von Le Lavandou fahren täglich, im Juli und August fast stündlich, Boote zur Ile du Levant und zur Insel Port Cros. Porquerolles wird auch während der Saison nur einmal täglich angefahren. Die gleiche Gesellschaft organisiert Bootsfahrten zum Fort Bregançon sowie Unterwasserfahrten im Aquascope, einem ›gläsernen‹ U-Boot.

Hotels: Les Roches (III–L), 1, Av. des Trois Dauphins, Aiguebelle Plage, ✆ 94 71 05 07: sehr schönes Luxushotel. L'Orangeraie (II), Av. A.-Gide in St. Clair (an der N 559), ✆ 94 71 04 25: moderne Zimmer, in Strandnähe. Espadon (I), Place E. Reyer, ✆ 94 71 00 20: Mittelklassehotel im Zentrum. La Calanque (II), 62, Av. du Général de Gaulle, ✆ 94 71 01 95: hübsches Haus mit Park, direkt über der Bucht. Belle Vue (I), Saint Clair, ✆ 94 71 01 06: ruhiges Hotel mit Balkonen und Meeresblick.

Camping: Par Camping du Pramousquier. Caravaning St. Clair, St. Clair. Beau Séjour, St. Pons. L'Hubac du Bleu, Cavalière. St. Pons, Av. Maréchal Juin. Camping Les Citronniers de Grande Bastide.

Restaurants: Les Roches (III–L), 1, Av. des Trois Dauphins, Aiguebelle, ✆ 94 71 05 05: erstklassiges Restaurant des gleichnamigen Hotels. Hervé Vinrich-Auberge Provençale (II), 11, Rue Patron-Ravello, ✆ 94 71 00 44: gehobene provenzalische Küche. Au Vieux Port (I–II), Quai Gabriel Péri, ✆ 94 71 00 21: Hafenrestaurant mit Terrasse; Fischgerichte. La Bouée (I), Av. Ch. Cazin, ✆ 94 71 11 88: provenzalische Küche.

Cavalière

Der kleine Ort an der wunderschönen Küstenstraße zwischen Le Lavandou und St. Tropez ist vor allem für Urlauber, die Ruhe suchen, zu empfehlen.

Hotel: Le Club (L), Plage de Cavalière, ✆ 94 05 80 14: Luxushotel mit Pool, Privatstrand und einem eigenen Restaurant.

Le Rayol

Le Rayol ist ein kleiner, am Berg erbauter Ort mit verstreut gelegenen Villen, etwa 6 km östlich von Cavalière.

Hotel: Le Bailli de Suffren (III–L), ✆ 94 05 67 67: Rundbau mit Privatstrand direkt unter den Zimmerbalkonen.

Cavalaire-sur-Mer

In dem kleinen Familienbadeort dominieren flache, aber dennoch nicht sehr hübsche Apartmenthäuser. Viele Campingplätze.

Information: Office de Tourisme, Square de Lattre-de-Tasigny, 83240 Cavalaire-sur-Mer, ✆ 96 64 08 28.

Hotels/Restaurants: Hôtel de la Calanque (II–III), Rue de la Calanque, ✆ 94 64 04 27: phantastisch an einer Felsbucht gelegen, leider mit geschmacklos eingerichteten Zimmern; Fischrestaurant mit Aussicht. Raymond (I–II), Av. des Alliés, ✆ 94 64 07 32: einfaches Haus mit Restaurant und Terrasse in Strandnähe.

La Croix-Valmer

Ruhiger, 100 m hoch gelegener kleiner Ferienort mit 2000 Einwohnern. La Croix-Valmer liegt einige Kilometer von der Küste entfernt. Der nächste Strand ist die südöstlich gelegene Plage de Gigaro.

Hotels/Restaurants: Les Moulins de Paillas (III)/La Brigantine (II), Bd. de la Mer, ✆ 94 79 67 16: Privatstrand, Pool und Tennisplätze; vom Restaurant La Brigantine blickt man auf das Meer; hervorragende Fischgerichte. Souleïas (II–III), Plage de Gigaro, ✆ 94 79 61 91: modernes Haus auf einem Hügel über dem Strand von Gigaro, mit eigenem Pool, Tennis und Segelboot; sehr gutes Restaurant.

St. Tropez

St. Tropez – seit den sechziger Jahren Hauptstadt des Dolce Vita an der Côte, heute Zweitwohnsitz alternder Millionäre und immerjunger Playboys – hat wenig mit Nizza, Cannes oder Monte Carlo gemeinsam. St. Tropez ist anders: im Sommer ein Badeort mit Volksfestcharakter, mit vielbestauntem

Yachthafen, überfüllten Stränden und endlosen Autoschlangen vor dem Ortseingang; im Winter eine geruhsame Kleinstadt, in der sich ältere Damen in Bademantel und mit Lockenwicklern im Haar von Haustür zu Haustür unterhalten. Der Ort ändert sein Gesicht, wenn Ende September die letzten Touristen verschwinden. Zum Vorschein kommt dann das St. Tropez der kleinen Leute und der Traditionen – ein Dorf, in dem Boule gespielt und Pastis getrunken wird. Diese Idylle ist während des alljährlichen Rummels im Juli und August, wenn St. Tropez ein lärmiger, überfüllter Urlaubsort ist, kaum vorstellbar. Auf der altehrwürdigen Place des Lices spielt man dann zwar, unbeeindruckt vom Trubel, weiterhin Boule, aber mit prominenter Besetzung wie dem stets ganz in Weiß gekleideten Eddie Barclay und dem Pariser Couturier Daniel Hechter. Im Hafen ziehen die Touristen an den Yachten vorbei und hoffen, so etwas vom Leben der oberen Zehntausend mitzubekommen.

Noch immer gilt St. Tropez als Treffpunkt des europäischen Jetsets, wenn sich die Reichen auch seit langem ins Private zurückgezogen haben. Brigitte Bardot, die St. Tropez in den fünfziger Jahren zusammen mit Gunther Sachs berühmt machte, sieht man so gut wie nie im Ort. Trotzdem ist sie neben dem provenzalischen Kirchturm zu einem seiner bekanntesten Wahrzeichen geworden. Lange vor BB und vor der High Society hatten andere den kleinen Fischerort entdeckt: Ende des vergangenen Jahrhunderts legte der Schriftsteller Guy de Maupassant mit seiner Yacht im Hafen an. 1892 kam der Maler Paul Signac nach St. Tropez und kaufte sich die Villa La Hune, in der ihn Malerfreunde wie Matisse, Manguin, Bonnard und Camoin besuchten. Sie alle waren fasziniert vom Licht und den Farben des Ortes, den sie immer wieder malten. Viele ihrer Werke hängen heute im Musée de l'Annonciade am Hafen. 1926 richtete sich die Schriftstellerin Colette in der Villa La Treille Muscate an der Bucht von Canebiers ein und schrieb hier – zwischen Olivenbäumen, Lavendel und wildem Wein – ihre schönsten Romane. In den Nachkriegsjahren wurde am kleinen Hafenbecken von La Ponche eine Art Außenstelle der Pariser Existentialistenszene gegründet, der ›Club St. Germain des Prés à la Ponche‹. Juliette Gréco, Boris Vian, Picasso und andere, die im legendären Le Tabou in Paris zusammenkamen, verbrachten in dieser Zeit ›wilde‹ Nächte im Café de la Ponche am Hafen (jetzt ein Hotel).

Heute zählt St. Tropez in den Sommermonaten bis zu 100 000 Tagestouristen – und dafür ist es relativ intakt geblieben. Die Altstadt mit ihren ockerfarbenen Fassaden und verschachtelten Dächern hat sich seit Jahrhunderten

Blick über die Dächer von St. Tropez

kaum verändert. Die Häuserfront am Hafen wurde nach dem Krieg originalgetreu wiederaufgebaut.

Sehenswürdigkeiten

St. Tropez ist klein und überschaubar und daher gut zu Fuß zu erschließen. Autos sollte man am besten auf den Parkplätzen am Ortsrand abstellen. Die meistbesuchte Sehenswürdigkeit in St. Tropez ist natürlich der **Yachthafen,** im Sommer umstellt von Malerstaffeleien, Eiswagen und T-Shirt-Verkaufsständen, aber dennoch ein Muß. Auf den Quais gibt es Restaurants, Cafés und zahlreiche Geschäfte.

Am Hafen, hinter dem Quai de l'Epi, liegt eines der schönsten Museen der Côte, das **Musée de l'Annonciade.** Es ist in einer ehemaligen Hafenkapelle aus dem 16. Jh. untergebracht. Das Museum geht auf die Schenkung eines Lyoner Industriellen zurück und bietet einen Überblick über die Epoche zwischen Impressionismus und Kubismus (Pointillismus, Neo-Impressionismus, Fau-

Der Aufstieg eines Fischerdorfes

»Saint-Tropez ist eine Stadt, ein Dorf, das eine Träumerei auslöst, einen sanften oder auch weniger sanften Wahnsinn, jedenfalls etwas, das nach einstimmiger Aussage der Fans kein anderer Ort der Welt auszulösen vermag.« (Françoise Sagan)

An einem Frühlingsmorgen des Jahres 1955 kam Françoise Sagan mit ihrem Bruder in einem alten Jaguar-Cabriolet zum ersten Mal nach St. Tropez. Beide waren müde von der langen Fahrt auf der *Nationale 6*, einem besseren Feldweg, eng und kurvenreich, der einzigen Straße, die von Paris nach St. Tropez führt. Im L'Escale, der damals einzigen Bar am Hafen, stießen sie auf ihre Ankunft an, bevor sie den einzigen Immobilienhändler des Ortes aufsuchten. Sie kauften eine Villa in der Nähe des Fischereihafens La Ponche und richteten sich dort ein. Bleichgesichtige Pariser Freunde besuchten sie regelmäßig, um die Stille und Einsamkeit des Ortes zu genießen, in dem alte Frauen strickend vor ihren Häusern saßen und die Fischer gemächlich ihrer Arbeit nachgingen.

Im nächsten Jahr filmte Roger Vadim in St. Tropez und drehte am Hafen mit der jungen Brigitte Bardot ›Et Dieu créa la femme‹ (›Und immer lockt das Weib‹). Der Film wurde ein Erfolg und der jungen Pariser Clique zum Verhängnis. Die Pariser entdeckten St. Tropez auf der Leinwand und fielen schon im nächsten Sommer in Scharen in den Ort ein, der unversehens zur ›Hauptstadt unerlaubter Freuden‹, zum Symbol für Freizügigkeit und Zügellosigkeit wurde. BB ging in kurzen Karo-Shorts auf dem Markt einkaufen, und alle Welt fand es plötzlich schick, barfuß zu laufen. Barfuß tanzte man auch den ›Galopp‹ zur Automatenmusik des Palmyre, einer traditionellen Matrosenbar in der Rue de la Citadelle. Aber die Idylle hielt nicht lange an. Immer mehr Cafés, Restaurants, Hotels und Nightclubs wurden eröffnet. Vor dem Sénéquier legten jetzt Millionärsyachten an, Brigitte Bardot kaufte La Madrague, Gunther Sachs eine Villa im Hinterland, die Fischer vermieteten ehemalige Lagerschuppen für viel Geld an Boutiquenbesitzer. ›Life‹ und ›Paris Match‹ berichteten über den neuen Treffpunkt an der Küste zwischen Cannes und Toulon.

St. Tropez wurde zum Fischerdorf mit Weltruhm. Bis heute ist es jeden Sommer in den Schlagzeilen, wenn Gunther Sachs auch

Brigitte Bardot mit Ehemann, St. Tropez 1959

schon lange keine Champagnerfeste mehr auf der Plage de Tahiti gibt oder per Hubschrauber Hunderte roter Rosen über dem Haus der Bardot abwirft. Die Prominenz hat sich in ihre Villen zurückgezogen und den Pauschaltouristen die Strände überlassen. Und trotzdem besitzt St. Tropez für Françoise Sagan noch immer eine unzerstörbare Schönheit: »Vor allem für uns, die Archetypen der Nationalstraße 6, seine ehemaligen Eigentümer, sei es nun im Frühling, Herbst oder im Winter, in den ruhigen Jahreszeiten, in denen wir herkommen, um jedesmal mit Verwunderung und Freude und fast ohne Groll festzustellen, daß Saint-Tropez wirklich sehr schön ist.«

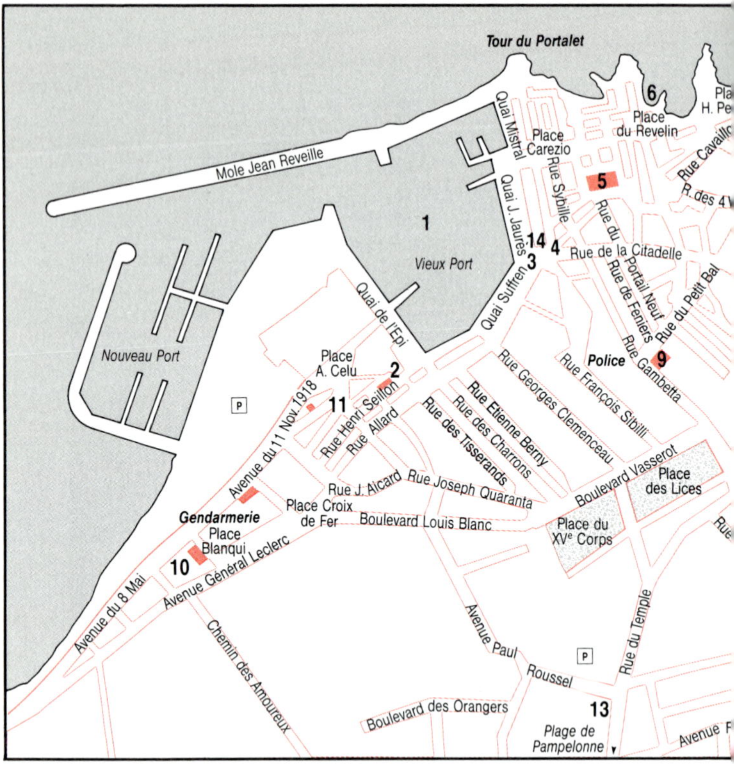

St. Tropez

1 Yachthafen
2 Musée de l'Annonciade
3 Fischmarkt
4 Gemüsemarkt
5 Kirche mit Torpes-Büste
6 Alter Fischerhafen La Ponche
7 Zitadelle mit Musée Naval (Marinemuseum)
8 Friedhof
9 Chapelle de la Miséricorde

vismus). Die Sammlung umfaßt u. a. Werke von Matisse, Bonnard, Van Dongen, Braque, Derain, Dufy, Rouault, Signac, Seurat, Camoin, Vuillard und Manguin sowie Skulpturen von Maillol. Viele der Maler haben zumindest eine kurze Zeit in St. Tropez gearbeitet und Motive wie die Place des Lices und den Hafen in ihren Bildern festgehalten. Durch die Fenster der Museumskapelle

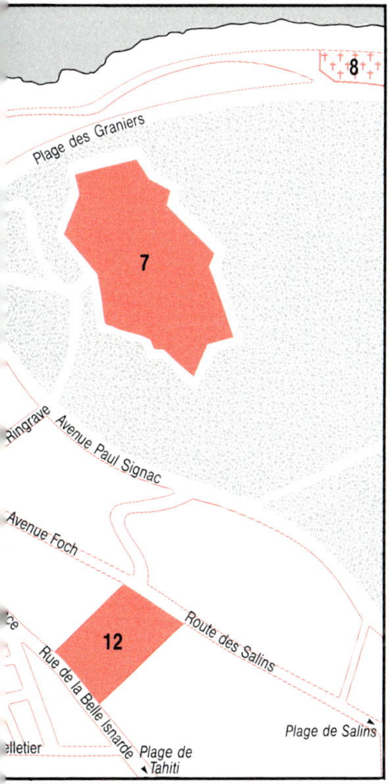

10 Busbahnhof
11 Post
12 Krankenhaus
13 Weinkooperative
14 Office de Tourisme

blickt man auf das Meer und den Yachthafen (Rue de la Nouvelle Poste, Okt.–Mai 10–12 und 14–18 Uhr, im Sommer bis 19 Uhr; Di und im November geschlossen).

Die engen Straßen und Gassen der **Altstadt** von St. Tropez, die von der Rue Gambetta und der Rue Miséricorde begrenzt wird, liegen hinter dem Hafen-Quai Jean-Jaurès. Vom Hafen führt ein steinernes Tor rechts vom Café Sénéquier über einen kleinen Fischmarkt auf die Place aux Herbes. Jeden Morgen findet hier ein Markt statt. Hält man sich links, kommt man zur Kirche, in der die Büste des Heiligen Torpes, des Lokalheiligen von St. Tropez, aufbewahrt wird (s. S. 104 f.). Hinter der Kirche liegt die dörfliche Place de l'Ormeau, von der es nicht mehr weit zum Rathausplatz und zum alten Hafen La Ponche ist. Von hier führen mehrere Wege hoch zur **Zitadelle,** von der man einen wunderschönen Blick über die Dächer des Ortes und auf die Bucht hat. Die Zitadelle wurde 1583 zum Schutz des Ortes errichtet, der im 9. und 10. Jh. mehrfach von Sarazenen zerstört worden war. In der Befestigungsanlage, die im übrigen nie eingenommen wurde, befindet sich seit 1958 das **Musée Naval,** ein Museum zur Geschichte der Stadt und der Schiffahrt, mit Schiffsmodellen, Fotos, Reliefplänen des Ortes, Kostümen der Bravade und Dokumenten zur Landung der Alliierten im Jahre 1944 (15. Sept. – 15. Juni 10–17 Uhr, im Sommer bis 18 Uhr; Do und 15. Nov. – 15. Dez. geschlossen).

Unterhalb der Zitadelle liegt der **Friedhof** von St. Tropez, si-

St. Tropez in der Krise

Hiobsbotschaften aus St. Tropez: Brigitte Bardot drohte vor einiger Zeit in einem offenen Brief an Bürgermeister Alain Spada, St. Tropez zu verlassen, da heute vor allem »schlecht erzogene Touristen« das Bild des Ortes prägen, in dem sie sich 1958 niederließ. Die französische Presse berichtete vom Rückzug der Reichen, die sich nun von Villa zu Villa besuchen, anstatt sich wie früher im Sénéquier zu verabreden. Und der ›Nouvel Observateur‹ fragte besorgt: »Steht St. Tropez kurz vor dem Untergang?«

St. Tropez in Zahlen – das sind 550 Swimmingpools, mehrere Dutzend Hubschrauberlandeplätze, 25 000 Zweitresidenzen und bis zu 100 000 Tagestouristen, die in den Sommermonaten durch den 6400-Einwohner-Ort geschleust werden. Da kann von Jet-set und Exklusivität keine Rede mehr sein. Am Yachthafen haben sich Pizza-, Pommes Frites- und Crêpes-Stände breitgemacht, eisschlekkende Camping-Touristen in Shorts – im Ort *touristes-frites* genannt – bevölkern das ehemalige Fischerdorf.

Die Tropezianer leben fast ausschließlich vom Tourismus, verdammen ihn aber trotzdem konsequent. Vor einigen Jahren wählten sie den parteilosen Bürgermeister Spada ins Rathaus. Er hatte im Wahlkampf versprochen, den Ort seinen Einwohnern zurückzugeben. Seither führt er einen entschlossenen Feldzug gegen die schlimmsten Exzesse des Massentourismus und der Profitgier. Er annulierte ein Dutzend Immobilienprojekte, darunter den Plan, ein Kongreßzentrum auf der Place des Lices zu bauen, führte autofreie Zonen und rigorose Parkverbote ein und ließ die Altstadt in ihren Originalfarben restaurieren.

Alain Spada möchte dem Jahrmarkttreiben am Hafen ein kulturelles Angebot von Niveau entgegenstellen. In der Zitadelle oberhalb des Ortes will er ein Amphitheater für klassische Konzerte und Theateraufführungen errichten. Es gibt Pläne für ein Unterwasser-Archäologie-Museum, für eine Sammlung moderner Kunst und ein alljährliches Musikfestival. Da das öffentliche Budget für die Vielzahl der Projekte nicht ausreicht, hat Spada auch die Reichen zur Kasse gebeten, um St. Tropez aus der Krise herauszuführen. Einzelne Vorhaben werden jetzt über Sponsoren finanziert. Ob auch die Bardot darunter ist, weiß man nicht. Auf jeden Fall wohnt sie noch immer in ihrer Villa La Madrague am Ortsrand von St. Tropez.

cherlich einer der schönsten Friedhöfe Frankreichs: Die Gräber grenzen direkt ans Meer. Die Rue du Petit Bal und die Rue de la Miséricorde gehen von der Zitadelle aus wieder hinunter in die Altstadt zur **Chapelle de la Miséricorde.** Der Eingang dieser Kapelle wurde, wie häufig in dieser Region, mit grünem Serpentinstein eingefaßt. Die Rue Gambetta, in der die Kapelle liegt, ist eine der Haupteinkaufsstraßen von St. Tropez. In den vielen Mode-Boutiquen sieht man Modelle von Gaultier, Montana und andere bekannte Pariser Designerlabels im Fenster.

Hält man sich von der Zitadelle kommend links, gelangt man auf die **Place des Lices,** die trotz der Touristenschwärme und eines kleinen Karusselbetriebs nichts von der Würde eines provenzalischen Platzes eingebüßt hat. Hier treffen sich jeden Nachmittag die Boulespieler der Stadt. Zweimal in der Woche findet auf dem Platz der Markt von St. Tropez statt. Von der Place des Lices führen enge, grün bewachsene Durchgänge wie die Rue Etienne Berny, hinter deren Mauern links und rechts ab und zu kleine Gärten mit Obstbäumen auftauchen, in Richtung Hafen zurück.

Information: Office de Tourisme, Quai Jean-Jaurès, 83990 St. Tropez, ✆ 94 97 45 21.

Anreise mit dem Auto: über die Autobahn A 8 bis Ausfahrt

Maler am Yachthafen von St. Tropez

Die Bravade von St. Tropez

Jedes Jahr vom 16. bis 18. Mai begehen die Tropezianer die *Bravade*, ein dreitägiges Fest zu Ehren des Lokal-Heiligen Torpes. Einer alten Legende zufolge wurde Torpes, ein römischer Offizier, in Pisa auf Befehl von Kaiser Nero enthauptet. Torpes war zum Christentum übergetreten und weigerte sich, seinen neuen Glauben zu verleugnen. Sein Rumpf wurde in ein Boot gelegt und dem Meer überlassen. Der Leichnam landete auf wundersame Weise unversehrt an der Küste von St. Tropez.

Das ehemalige Fischerdorf trägt seitdem seinen Namen und verehrt den gestrandeten, kopflosen Offizier mit sehr viel Ernst und Inbrunst. Seit Jahren wird mit Beginn des Tages seiner angeblichen Landung die *Bravade* begangen, die mehr ist als eine religiös-historische Zeremonie: Sie gehört zu den wenigen Momenten im Jahr, in denen das katholische, erzbürgerliche St. Tropez zum Vorschein kommt. An zwei Nachmittagen jagen die ›Bravadeure‹ zu Ehren des heiligen Torpes über 400 Kilo Schießpulver in die Luft – und das nach streng festgelegtem Plan.

Am Morgen des 16. Mai beginnt die *Bravade* mit einem ersten Ständchen vor dem Rathaus. Am Nachmittag zieht das *Bravade*-Corps, in napoleonischen Uniformen gekleidet, mit der Büste des heiligen Torpes unter lärmenden Musketensalven durch die engen Straßen und Gassen der Stadt. Die Büste wird als Zeichen der Reue von Bürgern aus Pisa getragen. Diese kleine *Bravade* endet in der Kirche, wo man noch einmal in Uniform vor dem Heiligen defiliert. An die rote Tunika der Büste werden als Dankesgaben Medaillen und Anhänger geheftet. Der 17. Mai ist der Tag der großen *Bravade*, an dem ganz St. Tropez im Pulverrauch liegt und vom Lärm der

Le Muy, von dort 24 km über die D 24 Richtung Ste. Maxime, dann 14 km über die D 98 oder über die zeitraubendere Küstenstraße.

Busse: regelmäßige Verbindungen von St. Raphaël nach Toulon über St. Tropez, Auskunft ✆ 94 65 21 00, Abfahrt der Busse in St. Tropez am Gare Routière an der Av. du 8 Mai.

Züge: bis St. Raphaël/Fréjus (38 km) oder bis Toulon, von dort mit dem Bus weiter.

Flüge: Flughafen Hyères-Toulon (50 km, nur innerfranzö-

Gewehrsalven widerhallt. Der Umzug dauert mehrere Stunden und führt auch zu einer kleinen Kapelle außerhalb des Ortes. Einen Tag später wird die *Bravade* mit einem Dankgottesdienst in der Chapelle Sainte-Anne beschlossen. Abschließend trifft man sich zu einem großen Picknick vor der Kapelle. Auf dem Rückweg in den Ort findet auf dem Rathausplatz ein letzter Salut statt.

Angeführt wird die Bravade durch das *Corps des Bravadeurs,* eine Gruppe, die auf die historische Bürgermiliz von St. Tropez zurückgeht. An der Spitze des Corps steht der Stadthauptmann, dem einst die Miliz unterstand. Dieses Ehrenamt wurde 1558 zur Stärkung der Verteidigungskraft von St. Tropez geschaffen. Bis zum heutigen Tag wählt man alljährlich am Ostermontag einen *Capitaine de la Ville,* der als Ehrengast an allen offiziellen Empfängen teilnimmt. Bestimmt wird er von Marius Astezon, dem auf Lebenszeit gewählten ›Aufrechterhalter der Traditionen von St. Tropez‹. Der ehemalige Notargehilfe ist Vorsitzender des gleichnamigen Vereins, der ›Association pour la Sauvegarde des Traditions Tropéziennes‹, und eine angesehene Person im Ort. Immerhin sind fast die Hälfte der Einwohner von St. Tropez Mitglied der Association, die ein kleines Vereinslokal schräg gegenüber der Kirche unterhält. Hier werden jedes Jahr mit sehr viel Mühe alle notwendigen Vorbereitungen für die *Bravade* getroffen. Wochenlang nähen ehrenamtlich tätige Damen neue Knöpfe an alte Uniformen, vermessen Stoffe und bügeln verblichene Schoßjacken nach alter Tradition mit Salzwasser auf. Die Vorbereitungen beginnen im Oktober und dauern bis in den Mai an. In dem kleinen Raum, in dem die Geschichte des Ortes unter handbeschrifteten Aktendeckeln archiviert ist, liegt der Schlüssel zu einem ganz anderen St. Tropez, dem ›St. Tropez profond‹, wie Marius Astezon sagt. Ein St. Tropez, wie es nur wenige kennen und wie man es zur Hauptsaison von Juli bis September nie kennenlernen wird.

sisch) oder Nizza (90 km); Hubschrauberlandeplatz: Héliport de St. Tropez, Nouveau Port, ✆ 94 97 36 45.

Boote: regelmäßiger Fährverkehr zwischen Ste. Maxime und St. Tropez (Auskunft ✆ 94 96 51 00); im Sommer auch von/nach St. Raphaël (50 Min., Auskunft ✆ 94 95 17 46).

Hotels der gehobenen Kategorie: Bastide de St. Tropez (L), Route des Carles, ✆ 94 97 58 16: eines der exklusivsten Häuser, sehr ruhig außerhalb des Ortes gelegen; Zimmer und Apartments mit Privatterrasse; Pool. Byblos (L), Avenue Foch, ✆ 94 54 80 00: In den provenzalisch eingerichteten Zimmern steigt die Prominenz ab; Pool. La Maison Blanche (L), Place des Lices, ✆ 94975266: weißer Stadtpalais mit Garten und Art-Déco-Zimmern. Le Yaca (L), 1, Bd. d'Aumale, ✆ 94971179: hübsches, liebevoll eingerichtetes Haus mitten in der Altstadt; Innengarten und Pool. Le Baron (III), 23, Rue de l'Aïoli, ✆ 94970657: frisch renoviertes Hotel unterhalb der Zitadelle. Ermitage (III), Av. P. Signac, ✆ 94975233: hüscher weißer Bau oberhalb der Altstadt. Hôtel Sube (III), am Hafen, ✆ 94973004: eines der ältesten Hotels von St. Tropez; Blick auf den Yachthafen.

Mittelklassehotels: Baronne Laetitia (II), 54, Rue Allard, ✆ 94970402: erschwingliches Haus in belebter Straße, 50m vom Hafen entfernt. Le Colombier (II), Impasse des Conquettes, ✆ 94970531: kleines Hotel mit Garten in ruhiger Lage. Les Palmiers (II), Place des Lices, ✆ 94970161: günstig, kleiner Garten. Romana (II), Chemin des Conquettes, ✆ 94971550: mit schönem Garten, der zum gleichnamigen Restaurant gehört.

Einfache Unterkünfte: Lou Cagnard (I), 18, Av. P. Roussel, ✆ 94970424: hinter der Place des Lices, einfache Zimmer. La Méditerranée (I), 21, Bd. Louis Blanc, ✆ 94970044: klein, einfach, zentral; unten im Haus eine Bar.

Restaurants der Kategorie L und III: Chabichou (L), Av. Foch (Byblos-Hotel), ✆ 94548000: Das Restaurant ist eines der besten der Küste; günstiges Mittagsmenü. Le Mas de Chastelas (III), Quartier Bertaud – Route de Gassin, ✆ 94560911: umgebautes Bauernhaus außerhalb des Ortes, hervorragende Küche (abends unbedingt reservieren), auch Vermietung von Zimmern (teuer). L'Olivier (III), Route des Carles, ✆ 94975816: Hotel-Restaurant der ›Bastide‹ mit gehobener provenzalischer Küche.

... Kategorie II: Café des Arts (II), Place des Lices, ✆ 94970225: traditioneller Boulespielertreff von St. Tropez, Bistro-Einrichtung; auch für den Aperitif zu empfehlen. La Maison des Jumeaux (II), 12, Rue E.-Berny, ✆ 94974252: Gartenrestaurant der Zwillinge Jean-Claude und Jean-François, eine der ›In‹-Adressen von St. Tropez. La Romana (II), Chemin des Conquettes, ✆ 94971550: Carpaccio und Pasta; hübsches Gartenrestaurant.

... Kategorie I: Le Bar à Vins (I), 13, Rue des Feniers, ✆ 94974610: Billardsalon, Bar und Restaurant mit Publikum à la mode; kleine Gerichte. L'Echalotte (I), 35, Rue du Gal. Allard, ✆ 94548326: ständig bis auf den letzten Platz besetzt, akzeptable Preise; kleiner Garten. Chez Fuchs (I), 7, Rue des Commerçants, ✆ 94970126: im ersten Stock; Stammgästelokal. Le 21 (I), 21, Rue Portail Neuf, ✆ 94974002: gutes Bistro in der Altstadt, nur abends geöffnet; junges Publikum.

Cafés: Sénéquier, am Hafen, ✆ 94970090. Le Gorille, am Hafen neben dem Sénéquier; kleine Gerichte, im Sommer sogar Steak Tartare bis nachts um fünf. Café des Arts, Place des Lices, ✆ 94970225: Bar der Boulespieler mit schwarz-weißem Steinfußboden, Holztresen und einem Schrank mit Fächern und Namensschildern, in dem die Boulekugeln abgelegt werden.

Nachtleben: Les Caves du Roy, Place des Lices, ✆ 94970004: Night-Club des Byblos-Hotels, in dem Prominenz und Prinzessinnen (von Monaco) verkehren. New Jimmy'z/Le Papagayo, Résidence du Port, ✆ 94 97 07 56: eine der ›heißesten‹ Diskotheken der Côte; sehr junges Publikum.

Einkaufen: morgens Gemüse- und Fischmarkt auf der Place aux Herbes, Di und Sa von 8–13 Uhr Markt auf der Place des Lices.

Pâtisserie Sénéquier, Place aux Herbes: Bonbons, Nougat und Kuchen zwischen altmodischen Etageren. La Maison des Pâtes, 31, Rue du Portail Neuf: hervorragende, frische Pasta; in einer kleinen Seitenstraße der Altstadt. Fromagerie Lou Peson, 43, Rue Allard: guter Feinkostladen mit frischem Käse und Wein von der Halbinsel von St. Tropez. Shipchandler La Cape, Rue du Clocher/Ecke Rue du Commer: von der Schiffsuhr über Kompaß und Bootsmesser gibt es alles in diesem schönen alten Schiffsladen, sogar blau geringelte Matrosenpullover.

Segelschulen: Baie des Canoubiers, ✆ 94 97 12 58, und La Moune, ✆ 94 56 19 61.

Bootsverleih: Sportmer, 8, Place Blanqui, ✆ 94 97 32 33, Suncap Company, Passage du Port Saint-Tropez, ✆ 94 97 11 23.

Tennis: Tennis de St. Tropez, Route des Salins, ✆ 94 97 36 39; Tennis de la Vernatelle, Route 559, ✆ 94 56 15 32.

Die Strände von St. Tropez

Die Strände von St. Tropez zählen zu den schönsten der Côte d'Azur. Sie liegen alle außerhalb des Ortes in der Bucht von Pam-

In der Altstadt von St. Tropez

pelonne und gehören außer der Plage des Salins und der Plage les Graniers zum Gemeindebezirk von Ramatuelle. Von der Nationalstraße D 93 führen jeweils kleine Stichstraßen nach Tahiti, Moorea und Bora-Bora – jeder Strand hat seinen eigenen Namen. In den Bambushütten gibt es meist einen Bar- und Restaurantbetrieb. Liegen und Sonnenschirme können gegen Gebühr ausgeliehen werden. An vielen Stränden besteht die Möglichkeit, Surfbretter, Wasserski und Katamarane zu mieten. Die Strandrestaurants sind in der

Regel von Ostern bis Mitte November geöffnet. Die Preise sind ebenso exklusiv wie die Umgebung. Zu den Stränden ›à la mode‹ und ›en vogue‹ gehören Tahiti-Plage, La Voile Rouge, Club 55 und Plage des Jumeaux. Besonders gut ißt man bei Tropicana (Route de Bonne Terrasse, ✆ 94 79 83 96).

Hotels: La Ferme d'Augustin (III), Plage de Tahiti, ✆ 94 97 23 83: sehr schönes Haus in einem riesigen Garten, nur 100 m vom Strand entfernt, Frühstück auf der Terrasse.

In der Umgebung von St. Tropez

Ramatuelle

Ramatuelle ist ein malerisches Dorf im Hinterland von St. Tropez. Vom Ort bietet sich ein herrlicher Blick über die Halbinsel. Ramatuelle mußte sich wie das benachbarte Gassin jahrhundertelang gegen Eindringlinge verteidigen. Noch heute wird es von der alten Ringmauer umgeben. Das Dorf steht seit 1959 unter Denkmalschutz. Im Dorfkern mit seinen schmalen Gassen und eng aneinandergebauten Häusern, vor denen Tontöpfe mit Oleander stehen, kommt man nur zu Fuß weiter. Trotz der bis zu 30 000 Tagestouristen im Sommer ist Ramatuelle erstaunlich intakt geblie-

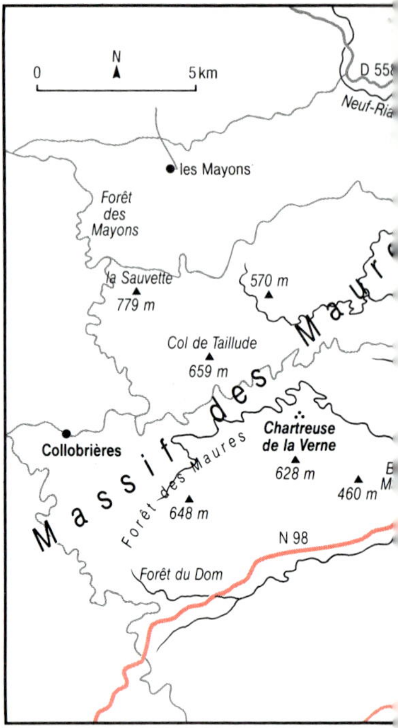

Umgebungsplan St. Tropez

ben. Kein Neubau stört das Gesamtbild.

Im Juli und August wird das kleine Dorf Ramatuelle zur Festivalstadt: Außer dem Jazzfestival (mit internationaler Besetzung) und den klassischen Musiktagen im Juli findet in der ersten Augusthälfte das Theaterfestival ›Gérard Philippe‹ statt. Es wurde 1985 von Jean-Claude Brialy begründet und ist dem französischen Schauspieler Gérard Philippe gewidmet, der

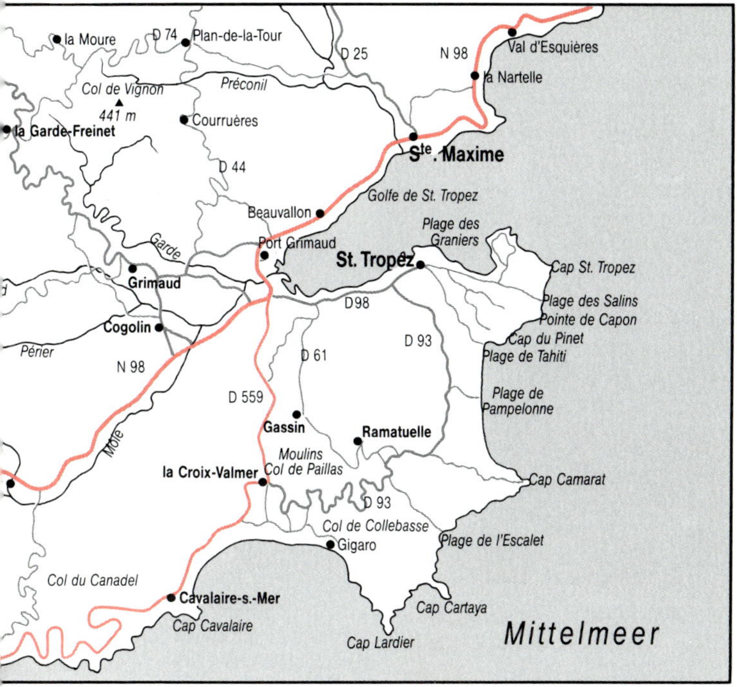

bis zu seinem Tod in Ramatuelle lebte und hier auch beerdigt ist. Für diese Festivals wurde ein Amphitheater unterhalb des Dorfes gebaut.

Zentraler Ort des Dorflebens ist die Place de l'Ormeau, auf der früher eine gewaltige Ulme aus dem 17. Jh. stand; sie mußte jedoch vor einigen Jahren durch einen Olivenbaum ersetzt werden. Richtung Gassin führt ein Spaziergang der Landstraße entlang zu den Ruinen der Mühlen Moulins de Paillas, die einst das ganze Dorf versorgten.

Information: Office de Tourisme, Place de l'Ormeau, 83350 Ramatuelle, ✆ 94 79 26 04.

Anfahrt: ab St. Tropez 10 km über die D 93 nach Süden; Parkplätze oberhalb des Dorfes. Mehrmals täglich Busse ab St. Tropez.

Hotels: Le Baou (III-L), Av. G.-Clémenceau, ✆ 94 79 20 48: von den Zimmern wunderschöner Blick auf Ramatuelle und die Weinberge; Pool. Les Bouis (III-L), Route des Plages, ✆ 94 79 87 61: sehr ruhig in einem Pinienwald an der Straße nach St. Tropez gelegen; Zimmer mit Meerblick und Privatterrasse, sehr schöner

Café in Ramatuelle

Pool. La Ferme d'Hermès (II), Route de l'Escalet, ✆ 94 79 27 80: Zimmer und kleine Apartments, mitten im Weinanbaugebiet. Chez Tony (I), Rue Clémenceau, ✆ 94 79 20 46: Der Wirt des gleichnamigen Restaurants vermietet einfache Zimmer; mitten im Dorf.

Camping: La Cigale, Route de l'Escalet. La Croix du Sud, Route des Plages. Kon Tiki, Plage de Pampelonne. Les Tournels, Route de Camarat. La Rouillère, Quartier La Rouillère.

Restaurants: La Terrasse de Baou (III), Av. G.-Clémenceau, ✆ 94 79 20 48: herrliche Terrasse mit Blick auf das Dorf. Ferme Ladouceur (I), Quartier La Rouillère, ✆ 94 79 24 95: in einem umgebauten Bauernhof an der D 61; nur abends; Terrasse im Garten; Zimmervermietung. Le Sarrazin (I), Rue Victor-Léon, ✆ 94 79 24 19: einfache Pizzeria im alten Dorf. Chez Tony (I), Rue Clémenceau, ✆ 94 79 20 48: familiäre Küche; hübscher Innenhof; an den Wänden naive Bilder vom verstorbenen Tony, darunter die ›BB mit 17‹.

Markt: Do und So von 8–13 Uhr auf der Place de l'Ormeau.

Gassin

Die Stadtmauern des Nachbardorfes von Ramatuelle sind ebenfalls noch ganz erhalten. Gunther Sachs besitzt in Ortsnähe ein

Haus. Gassin ist eines der wenigen 2000-Einwohner-Dörfer mit eigenem 18-Loch-Golfplatz. Unten am Golfe de St. Tropez entsteht zur Zeit eine Filiale des alten Bergdorfes: **Port Gassin,** eine Ferienanlage mit eigenem Hafen.

Information: Office de Tourisme, im Rathaus *(Mairie),* 83990 Gassin, ✆ 94560600.

Anfahrt: 7 km von St. Tropez über La Foux (D 559), Busse ab St. Tropez.

Camping: Le Moulin de Verdagne. Parc Montana, Route de Bourrian. L'Oasis, Parc Oasis.

Restaurants: Domaine de Belieu (L), Route de St. Tropez, ✆ 94564056: die ehemalige Villa von Gunther Sachs wurde zum Luxushotel und Restaurant umgebaut; antike Einrichtung und sehr schöner Garten. La Verdoyante (I–II), Montée de Gassin, ✆ 94561623: mit kühler Terrasse im Grünen gleich neben den Weinstökken des Château Minuty; hervorragende, regionale Küche, Spezialitäten: *tartines de foie de lapin* und *daube provençale.*

Cogolin

Der kleine, nicht besonders hübsche Ort am Rand des Mauren-Massivs ist berühmt für seine Teppichindustrie und die hier hergestellten Pfeifen. Teppiche aus Cogolin liegen im Elysée und im Weißen Haus in Washington, die Pfeifen werden in alle Welt exportiert. Oberhalb des Ortes kann man die Ruinen einer ehemaligen Mühle und des **Schlosses** von Cogolin besichtigen, das im 16. Jh. zerstört wurde. Auch dieser Ort hat eine Zweigstelle am Wasser: **Les Marines de Cogolin,** Ende der sechziger Jahre auf 50 ha am Golf von St. Tropez erbaut.

Information: Office de Tourisme, Place de la République, 83310 Cogolin, ✆ 94546318.

Anfahrt: 8 km von St. Tropez über die N 98, Busse ab St. Tropez.

Hotel: Hôtel Jasmin (II-III), N 98, Résidence Parc Bellevue, ✆ 94564343: ruhiges, kleines Hotel an der N 98 zwischen Cogolin und St. Tropez.

Camping: Camping de l'Argentière, Chemin de l'Argentière.

Restaurants: Lou Capoun (I–II), 39, Rue Marceau, ✆ 94544457: provenzalische Spezialitäten in einem rustikalen Saal. La Ferme de Magnan (I–II), 4 km außerhalb des Ortes an der N 98 Richtung La Môle, ✆ 94495754: bodenständige Küche in einem ehemaligen Bauernhaus, Garten.

Grimaud

Auf einem Hügel gelegener 3000-Einwohner-Ort mit einer hübschen, verwinkelten Altstadt. Von der Burgruine oberhalb des Ortes hat man bei klarem Wetter einen weiten Ausblick auf die Bucht von St. Tropez und das Mauren-Massiv.

Information: Office de Tourisme, Place des Ecoles, 83310 Grimaud, ✆ 94 43 26 98.

Anfahrt: 10 km von St. Tropez über La Foux, D 61 oder D 14, Busse ab St. Tropez.

Hotels: La Boulangerie (III), Route de Collobrières, ✆ 94 43 23 16: ruhiges Haus mit Ausblick ins Mauren-Massiv, Pool, Restaurant. Coteau Fleuri (II), Place des Pénitents, ✆ 94 43 20 17: Zimmer mit schöner Aussicht; Restaurant.

Camping: Camping Caravaning St.-Pons-les-Mures.

Restaurants: Les Santons (III), Route Nationale (Nationalstraße), ✆ 94 43 21 02: eines der besten provenzalischen Restaurants der Region. Café de France (I–II), Place Neuve, ✆ 94 43 20 05: einfache Gerichte, hübsche Terrasse am Dorfplatz.

Port Grimaud

Pastellfarbene Lagunenstadt aus der Retorte, die in den sechziger Jahren unter Leitung des Architekten François Spoerry gebaut und der Architektur mediterraner Dörfer nachempfunden wurde. Port Grimaud – obwohl künstlich aus dem Boden gestampft – bleibt ein gelungenes Beispiel der Baupolitik an der Côte d'Azur. Der Ort

Port Grimaud

wächst weiter: Zur Zeit wird in Port Grimaud II kräftig gebaut.

Jedes Haus hat einen Bootsanlegeplatz. Kleine Brücken verbinden die Gassen und Plätze miteinander. Im Ort gibt es eine Kirche mit Fenstern von Vasarely. Vom Turm hat man eine schöne Aussicht auf den Golf von St. Tropez und das Mauren-Massiv. Am Hafen werden Kanalrundfahrten durch die künstliche Lagunenstadt angeboten. Autos müssen außerhalb des Ortes bleiben (Parkplätze links vom Ortseingang).

Information: Office de Tourisme, im Rathaus (Mairie), 83310 Cogolin/Port Grimaud, ✆ 94 43 20 12.

Anfahrt: 7 km von St. Tropez über die Küstenstraße D 98. Busverbindung ab St. Tropez.

Hotels: Giraglia (L), Place du 14 Juin, ✆ 94 56 31 33: Luxushotel mit Privatstrand. Hôtel du Port (III), Place du Marché, ✆ 94 56 38 17: Zimmer und Wohnungen direkt am Hafen.

Restaurants: L'Amphitrite, Restaurant des Hotels Giraglia (II–III), Grand-Rue, ✆ 94 56 31 33: schöne Terrasse. Port Diffa (II), 2 km auf der N 98 Richtung La Foux, ✆ 94 56 29 07: sehr gutes marokkanisches Restaurant.

Ste. Maxime

Der lebhafte Badeort liegt gegenüber von St. Tropez an der Nordseite der Bucht. Im Gegensatz zum benachbarten und exklusiveren St. Tropez verbringen in Ste. Maxime relativ viele Familien ihren Urlaub. Die Sandstrände sind weitläufig, liegen aber alle unterhalb der lauten Küstenstraße.

Ste. Maxime besitzt ein kleines Casino, einen überdachten Markt und eine palmengesäumte Strandpromenade mit vielen Cafés und Geschäften. In dem Mini-Park neben dem Pavillon des Office de Tourisme wird an jedem Nachmittag unter hoher Zuschauerbeteiligung Boule gespielt. Nordwestlich der Strandpromenade liegt der weniger touristische Ortsteil von Ste. Maxime: an den Hang gebaute Einfamilienhäuser mit Blick über die Bucht. Im unteren Teil des Ortes stehen große Apartment-Blocks mit Ferienwohnungen.

Hinter Ste. Maxime (Richtung Fréjus) wurden die Feriensiedlungen **La Nartelle** und **Val d'Esquières** in Hanglage erbaut. Hier gibt es weitere kleine Sandstrände. Da sich der Verkehr nach St. Tropez in der Hauptsaison bis Ste. Maxime zurückstaut, sollte man von hier mit dem Boot übersetzen und das Auto an der Av. St. Exupéry oder am Bd. des Mimosas parken. Im Sommer legen im Hafen regelmäßig Boote ab (20 Min. Fahrzeit).

Information: Office de Tourisme, Promenade S.-Lorière, 83120 Ste. Maxime, ✆ 94 96 19 24.

Fischer am Golf von Ste. Maxime, im Hintergrund das Massif des Maures

Anfahrt: 16 km von St. Tropez über die Küstenstraße D 98.

Hotels: Calidianus (II), Bd. J.-Moulin, ✆ 94 96 23 21: kleine Häuser mit Terrasse, 100 m vom Meer entfernt; Pool. Marie-Louise (I), 2 km südwestlich im Hameau de Guerrevieille, ✆ 94 96 06 05: hübsches, kleines Haus im Grünen. Préconil (I), Bd. A. Briand, ✆ 94 96 01 73: einfach und günstig, in zentraler Lage.

Camping: Les Cigalons, Quartier de la Nartelle.

Restaurants: L'Amiral (I–II), am Hafen, ✆ 94 43 99 36: selbst Gastro-Kritiker Siebeck hat es hier geschmeckt; regionale Küche. Le Sarrazin (I–II), 7, Place Colbert, ✆ 94 96 10 84: kleines Restaurant in der Altstadt. In Ortsnähe: Cap au Sud (II), Le Saut du Loup, an der N 98 Richtung Les Issambres, ✆ 94 96 88 25: im Art-Déco-Look, mit einer Terrasse direkt am Meer, sehr à la mode. La Réserve (II–III), Pointe des Issambres, an der N 98, ✆ 94 96 90 41: Spezialitäten der Küche des Südens im Schatten von Pinien; auch Zimmervermietung.

Markt: täglich in der überdachten Markthalle (Rue Fernand Bessy) und Do morgens in der Altstadt.

Massif des Maures

Das Mauren-Massiv, ein sehr sanfter und grüner Gebirgszug mit

Kastanienhainen und Korkeichenwäldern, erstreckt sich über eine Länge von über 60 km oberhalb der Halbinsel von St. Tropez im Landesinneren. Es zählt zu den ältesten Gebirgsformationen Frankreichs. Im 9. und 10. Jh. hatten die von Seeräuberei lebenden Sarazenen in **La Garde-Freinet** ihren Hauptstützpunkt eingerichtet. Heute ist der 1400-Einwohner-Ort vor allem ein guter Ausgangspunkt für Wanderungen im Massif des Maures. Von hier aus kann man die kurvige Gipfelstraße *Route des Crêtes* mit dem Auto befahren oder auch zu Fuß bewandern. Sie führt am Sauvette (779 m), der höchsten Erhebung des Mauren-Massivs, vorbei (Wanderkarten und Auskunft im Ort im Maison de la Garde-Freinet et du Pays des Maures, ✆ 94 43 67 41).

Das kleine Dorf **La Môle** weiter südlich im Mauren-Massiv (an der N 98) gilt als das älteste der Region; es wurde schon im Jahre 1008 erwähnt. Von hier aus führt ein Wanderweg zur **Chartreuse de la Verne,** einem alten Kartäuserkloster mitten im Gebirge. Das Kloster wurde 1170 gegründet und brannte wiederholt ab. Während der Französischen Revolution beschlagnahmte man es, und die Revolutionäre veräußerten den Besitz des Konvents als nationales Gut. In vielen Kirchen der Region, auch in St. Tropez, finden sich daher heute Gegenstände –

vielfach aus grünem Serpentinstein –, die ursprünglich aus der Chartreuse de la Verne stammen. In den letzten Jahren ist das Kloster teilweise restauriert worden; seit 1983 wird es wieder von einem Orden bewohnt. Im Sommer kann es von 11–18 Uhr, im Winter (außer im Oktober) von 10–18 Uhr besucht werden (Auskunft: ✆ 94548622). Der Dienstag ist kein Besuchstag. Der Blick auf die Klosteranlage, die plötzlich im Wald auftaucht, ist beeindruckend. Für die 7 km lange Wanderung von La Môle bis zur Chartreuse sollte man ungefähr drei Stunden pro Weg rechnen.

Praktische Hinweise: La Faiücado (I–II), 31, Bd. de l'Esplanade, La Garde-Freinet, ✆ 94436041: regionale Küche, sehr günstiges Mittagsmenü. Ponte Romano (III), von La Garde-Freinet Richtung Plan-de-la-Tour, 1,5 km südlich von Plan-de-la-Tour an der D 44. Préconil, Route Grimaud, ✆ 94437056: hervorragendes Restaurant; provenzalisches Haus mit wunderschönem Garten am Fluß; einige Zimmer und Apartments werden vermietet, Pool. Auberge de la Môle (II), La Môle, ✆ 94495701: traditionelle Küche; nette, aber unscheinbare Herberge, zu empfehlen.

Fréjus/St. Raphaël

Die beiden Ferienorte Fréjus-Plage und St. Raphaël, an der Küste zwischen Mauren-Massiv und Estérel-Gebirge gelegen, gehen quasi ineinander über. Sandstrände säumen die Strandpromenade beider Orte, die durch Hochhausneubauten und Apartmentblocks verschandelt wurde. Direkt oberhalb des Strandes verläuft die stark befahrene Küstenstraße. Das eigentliche Zentrum von Fréjus mit einer kleinen Altstadt liegt 2 km von den Ferienhäusern an der Küste entfernt. Der Ortskern von St. Raphaël befindet sich in Meeresnähe und ist ebenfalls recht verbaut.

Der Journalist und Schriftsteller Alphonse Karr lebte im vergangenen Jahrhundert in St. Raphaël. Er machte den kleinen Ort in eleganten Pariser Kreisen bekannt, und das Seebad kam in Mode. Davon ist heute nicht mehr viel zu spüren. St. Raphaël und Fréjus gehören zu den preisgünstigeren Urlaubsorten der Côte d'Azur, in denen vor allem Familien mit Kindern ihre Ferien verbringen.

Fréjus

Fréjus, das 43 v. Chr. erstmals als Forum Julii erwähnt wurde, entwickelte sich zu einem bedeutenden römischen Kriegshafen. Zu den wichtigsten Sehenswürdigkeiten der Stadt gehört der Ausgrabungsbezirk im Nordosten des Zentrums, zwischen der Rue Gustave, der Avenue d'Agachon und der Avenue du XVe-Corps: Hier sind unter anderem die Ruinen

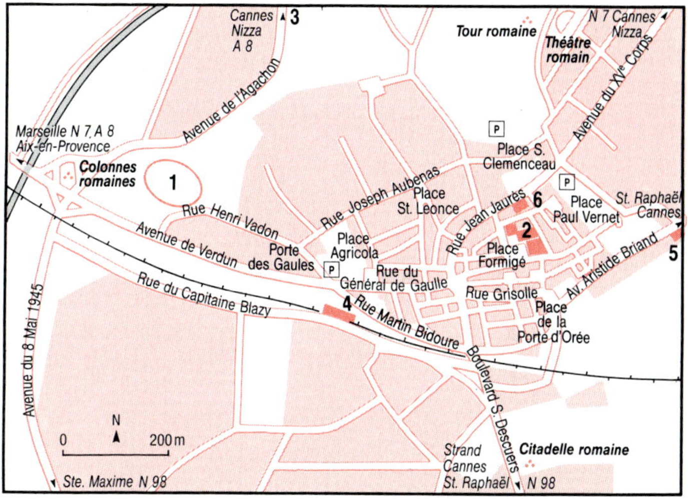

Fréjus 1 Römische Ruinen mit Aquädukt und Amphitheater 2 Kathedralbezirk 3 Fondation Templon 4 Bahnhof 5 Post 6 Office de Tourisme

eines ehemals 40 km langen **Aquädukts** sowie eines riesigen **Amphitheaters** zu sehen. Die Arenen von Fréjus wurden für die hier ansässigen römischen Soldaten gebaut und fielen entsprechend schlichter aus als die von Arles oder Nîmes. In dem 114 mal 82 m großen Oval, das Platz für etwa 10000 Personen bot, finden nach wie vor Veranstaltungen statt (Öffnungszeiten für den Besuch des Amphitheaters: 9–12 und 14–18 Uhr, im Winter von 14 Uhr–16 Uhr 30).

Südöstlich des Amphitheaters (zwischen der Avenue de Verdun und der Rue Gén. de Gaulle) liegt die **Porte des Gaules,** das einstige Tor zu den 3 km langen römischen Befestigungsanlagen. Die halbmondförmige Porte des Gaules wurde von zwei Türmen flankiert, von denen heute aber nur noch einer sichtbar ist. Noch weiter südwestlich, zwischen der Porte d'Orée und der Lanterne d'Auguste befand sich einst der Militärhafen der Römer, in dem es vermutlich schon eine Art Leuchtturm, 2 km lange Hafenquais, Werkstätten und Lagerräume gab. Heute kann man die wenigen Überreste der ehemaligen Hafenanlage trockenen Fußes besichtigen. Das Meer hat sich seit der Römerzeit um mehr als 2 km zurückgezogen.

Eine weitere Sehenswürdigkeit ist der **Kathedralbezirk** von Fré-

Fréjus: Kreuzgang im Kathedralbezirk

jus. Die Stadt war seit 1370 Bischofssitz. Im ehemaligen Bischofspalais aus dem 14. Jh. ist heute das **Rathaus** untergebracht. Der Kathedralbezirk umfaßt ein **Baptisterium** aus dem 5. Jh., die **Kathedrale** mit Bauelementen verschiedener Epochen, ein sogenanntes **Haus des Propstes,** ein archäologisches Museum (u. a. mit einem römischen Mosaik, das erst 1921 gefunden wurde, sowie hübschen griechischen Amphoren) und einen malerischen Kreuzgang, der die Gebäude miteinander verbindet. Der Kathedralbezirk kann außer der Kathedrale nur im Rahmen einer Führung besucht werden (Place Formigé, Parkplätze Esplanade Paul Vernet; Öffnungszeiten: vom 1. April–30. Sept. 9.30–12 und 14–18 Uhr, vom 1. Okt.–31. März 9–12 und 14–16.30 Uhr, Di geschlossen).

Unter dem Einfluß des Bürgermeisters von Fréjus, dem ehemaligen französischen Kulturminister François Léotard, avancierte die ehemalige Römersiedlung zu einem neuen Zentrum moderner Kunst: Doch nicht alle der ehrgeizigen Projekte konnten verwirklicht werden: so mußte der Plan eines großen Künstler- und Skulpturenparks aus Kostengründen aufgegeben werden. Von der Idee, ein neues kulturelles Zentrum an der Côte d'Azur zu schaffen, blieb lediglich das ›Centre d'Art Contemporain‹ übrig – ein Zentrum zeitgenössischer Kunst, in dem regelmäßig Wechselausstellungen organisiert werden. Das Zentrum wurde untergebracht in einer ehemaligen Lagerhalle in der Industriezone von Fréjus (auf der D 37 im Norden der Stadt stadtauswärts Richtung Autobahn fahren, Ausfahrt Fréjus, dann den Schildern ›Zone Industrielle‹ und ›Centre d'Art Contemporain‹ folgen: Di–Fr 11–19 Uhr, Sa–Di 11–20 Uhr, ✆ 94 40 72 30.

Eine Attraktion für Kinder ist der **Parc Zoologique Safari de Fréjus,** ein 20 ha großer Safari-Park mit Zoo (direkt an der Autobahn-Ausfahrt Fréjus gelegen, täglich 10–17 Uhr).

Fréjus: Baptisterium neben der Kathedrale

St. Raphaël

St. Raphaël hat ein Casino, das auf den Resten einer römischen Villa steht. Der Ort ist wie das benachbarte Fréjus römischen Ursprungs. Der Templerorden errichtete hier im 12. Jh. eine wehrhafte Kirche, die Schutz vor Piratenüberfällen bieten sollte.

Sehenswert ist das **Musée d'Archéologie sous-marine,** ein archäologisches Museum mit Unterwasserfunden, wie Amphoren, Ankern und Kanonen alter Kriegsschiffe (Rue des Templiers, 11–12 und 14–17 Uhr; So und feiertags geschlossen).

Die Sandstrände von St. Raphaël liegen wie in Fréjus unterhalb der Küstenstraße. Um ruhigere Stellen zu finden, sollte man ein Stück über die D 98 Richtung Cannes fahren und die kleinen Stichstraßen zum Meer nehmen.

Information: Office de Tourisme: 325, Rue Jean Jaurès, 83600 Fréjus, ✆ 94515414; ›Le Stanislas‹, Rue Waldeck-Rousseau, 83700 St. Raphaël, ✆ 94951687.

Anreise: mit dem Auto über die Küstenstraße N 98 oder über die Autobahn A 8, Ausfahrt Fréjus bzw., aus Richtung Toulon kommend, Ausfahrt Puget-sur-Argens. Mehrmals täglich Busverbindungen mit St. Tropez und Toulon (✆ 94652100), nach Cannes (✆ 94520050) und nach Draguignan (✆ 94520050). Züge bis Bahnhof Fréjus-St. Raphaël (Auskünfte: ✆ 94915050, Reservierungen: ✆ 94513053). Auch ein Autoreisezug verkehrt bis Fréjus-Plage (Auskunft: ✆ 94951389).

Hotels in Fréjus: Résidences du Colombier (II), Route des Bagnols, ✆ 94514592: moderne Zimmer in Bungalows in einem Park; Pool, Tennis. Oasis (I), Rue H. Fabre, ✆ 94515044: einfaches Hotel in Strandnähe.

... in St. Raphaël: San Pedro (III), Av. du Col.-Brooke, 5 km nordöstlich der Stadt (über die D 37), ✆ 94836569: Haus mit Pool und Garten in einem Pinienhain; sehr empfehlenswertes Restaurant. La Chêneraie (I–II), Bd. des Gondins, 3,5 km nordöstlich der Stadt (über die D 37), ✆ 94836503: zehn Zimmer in einer ehemaligen Villa mit Garten.

Legenden zu den Farbabbildungen

1 Cannes, Hafen und Altstadt Le Suquet
2 Cap Ferrat, St. Jean
3 Café in St. Paul-de-Vence
4 Monaco
5 La Napoule
6 Menton
7 St. Tropez
8 Antibes
9 Landschaft bei La Ciotat
10 Landschaft auf der Ile St. Honorat
11 Cap Roux
12 Landschaft bei Grimaud
13 Roquebrune

1

3

PLACE

4

5

6

7

9

10

11

12

Camping in Fréjus: Le Colombier, Route de Bagnols. Camping La Baume, Route de Bagnols. Holiday Green, Route de Bagnols. Camping Caravaning Fréjus, Route de Bagnols. Bellevue, Route de Bazan. International Europa, RN 7. La Pierre Verte, Route de Bagnols.

... in St. Raphaël: Douce Quiétude, 3435 Bd. J. Baudino. Beaux Séjours, Les Tasses.

Restaurants in Fréjus: Toque Blanche (II), 394, Av. V. Hugo, ✆ 94520614: an der Strandpromenade von Fréjus. Lou Calen (I–II), 9, Rue Desaugiers, ✆ 94523687: Einheitsmenü, regionale Küche; in der Altstadt. Les Potiers (I–II), 135, Rue des Potiers, ✆ 94513374: klassische Speisekarte, ebenfalls in der Altstadt gelegen.

... in St. Raphaël: Pastorel (II–III), 54, Rue de la Liberté, ✆ 94950236: schönes Haus mit Innenhof. Le Sirocco (II), Quai Albert-1er, ✆ 94943999: Fische und Schalentiere; in Hafennähe. Le Tisonnier (I–II), 70, Rue de la Garonne, ✆ 94952851: sehr günstiges Menü.

Markt: Mi und Sa vormittags in Fréjus-Stadt, Di und Fr vormittags in Fréjus-Plage (nur während der Saison).

Cannes

Cannes ist nicht so großstädtisch und italienisch wie Nizza, nicht so verbaut und herausgeputzt wie Monaco, kein Badeort mit Hochbetrieb wie St. Tropez und kein Rentnerrefugium wie Menton. Cannes hat von allem etwas. Die 75000-Einwohner-Stadt ist gerade noch überschaubar, wenn auch nicht provinziell. Vielleicht hat Cannes sogar das internationalste Publikum der Küste: Wichtige Festivals und Kongresse bringen nicht nur Regisseure und Schauspieler, sondern auch Werbeleute, Fernseh- und Musikproduzenten aus aller Welt an die Croisette. Aufgrund der zahlreichen Festivalaktivitäten gibt es in Cannes keine ausgesprochene Saison, wenn es im Winter auch etwas ruhiger zugeht. Während der Festivals sieht man Scharen von Smoking-Trägern und tiefdekolletierten Damen zu den Galaveranstaltungen im Palais des Festivals über die Croisette ziehen, während Touristen in Shorts und Badeshirts vom Strand zurückkommen. Cannes besitzt keine besonderen kulturellen Sehenswürdigkeiten, ist aber ein guter Ausgangspunkt für Ausflüge in das Hinterland.

Die palmengesäumte Prachtpromenade La Croisette zwischen Strand und Stadt ist nach wie vor das Aushängeschild des mondänen Cannes, dem Lord Brougham im vergangenen Jahrhundert zu unerwartetem Ruhm verhalf. Der wohlhabende englische Adelige wurde 1834 auf seiner Durchreise nach Nizza in dem kleinen Ort aufgehalten. Er gefiel ihm so gut,

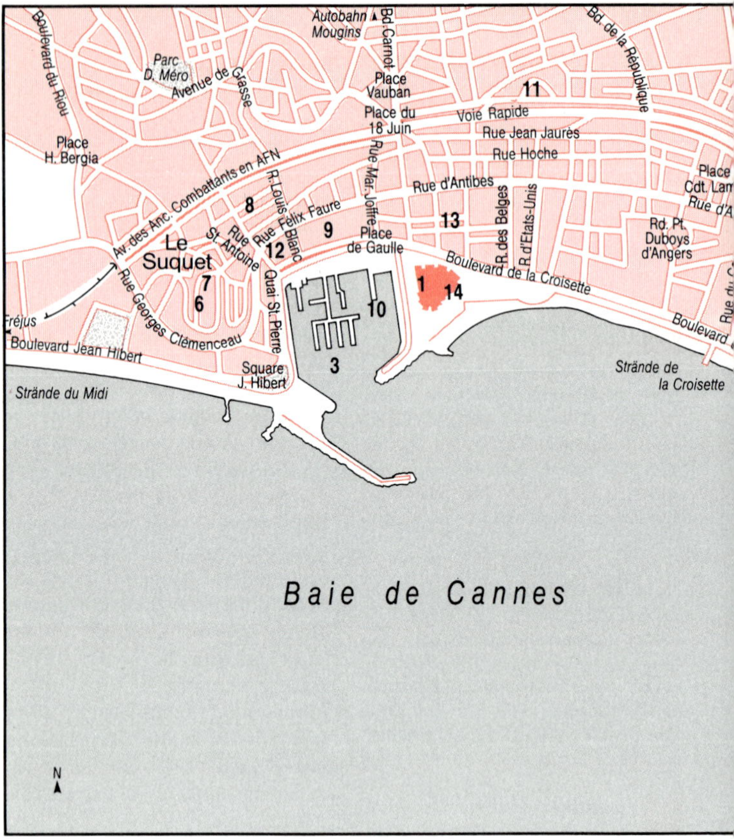

daß er dort blieb und eine der ersten großen Villen in Cannes bauen ließ, die er zu seiner Winterresidenz machte. Die europäische Aristokratie folgte dem Beispiel Lord Broughams und noch vor der Jahrhundertwende erlebte Cannes einen ungekannten Aufstieg. Die Bevölkerungszahl stieg zwischen 1834 und 1900 von 3944 Einwohnern auf 20000. 1853 wurde eine Eisenbahnstation eröffnet und ein erster Teil des späteren Renommierboulevards La Croisette gebaut. Die großen Belle Epoque-Hotels, die noch heute an der Prachtpromenade stehen, stammen aus dieser Zeit.

Cannes

1 Palais du Festival
2 Casino
3 Fischerhafen
4 Yachthafen Pierre Canto
5 Yachthafen Palm Beach
6 Kirche Notre-Dame-de-l'Espérance
7 Musée de la Castre mit Chapelle Ste. Anne und Aussichtsturm (Tour du Suquet)
8 Marché Forville
9 Blumenmarkt
10 Bootsanlegestelle zu den Iles de Lérins
11 Bahnhof
12 Busbahnhof
13 Post
14 Office de Tourisme

Am bekanntesten ist das **Carlton-Hotel** mit seiner schneeweißen Fassade. In dem Zuckerbäckerbau der Jahrhundertwende betreuen heute, statistisch gesehen, 1,5 Hotelangestellte einen Gast. Während des Filmfestivals wohnen hier Regisseure und Schauspielprominenz. Zu Cannes gehören sowohl die mondäne Welt der Filmbranche als auch die beschauliche Betriebsamkeit der **Altstadt Le Suquet** oberhalb des alten Hafens. In der oberen Rue St. Antoine, die in den vergangenen Jahren zur Restaurantstraße von Cannes avancierte, hängen die Fleischer noch immer ihre Auszeichnungen ins Fenster. Tagsüber geht es fast dörflich zu. Am Abend öffnen hier Restaurants, Modeboutiquen und Schmuckläden für die Touristen. Im Gebiet der Altstadt hat wahrscheinlich die erste römische Siedlung von Cannes gelegen. Auf jeden Fall gab es hier einen römischen Beobachtungsposten. Im 11. Jh. wird schon der Fischerhafen von Cannes (Portus Canuae) erwähnt.

Anschauen sollte man sich natürlich die Prachtstraße **La Croisette,** obwohl sie ziemlich verbaut ist. Der 2 km lange Boulevard wird im Westen von der Pointe de la Croisette, auf der das 1929 eröffnete Palm Beach-Casino steht, begrenzt. Kurz davor liegt der neue Hafen **Pierre Canto.** Auf der anderen Seite endet die Croisette am klotzigen, beigebraunen Gebäude des **Festivalpalais,** das man in Cannes auch ›Bunker‹ nennt. Auf der Allée des Etoiles vor der großen Treppe des Palais haben sich Catherine Deneuve, Marcello Mastroianni, Wim Wenders, François Truffaut und viele andere mit ihren Handabdrücken im Pflaster verewigt.

Unterhalb der Croisette befinden sich mehrere kleine Strände, die größtenteils privat geführt und nur gegen Gebühr benutzt werden können. Parallel zur Croisette

Cannes: La Croisette

verläuft die Rue d'Antibes, die Nobel-Einkaufsstraße von Cannes mit Boutiquen bekannter Pariser Couturiers, Juwelierläden, Parfumerien und alten Confiserien.

Hinter dem Palais du Festival liegt der malerische **alte Hafen** von Cannes. Von hier aus kann man zu Fuß in die Altstadt hochgehen – entweder über die steile Rue du Mont Chevalier oder über die Restaurantstraße St. Antoine. Auf dem Hügel von Le Suquet thront die gewaltige Kirche **Notre-Dame-de-l'Espérance** (1648). Von der Aussichtsplattform hinter dem Bau hat man einen herrlichen Blick auf die Bucht von Cannes, die gegenüberliegenden Iles de Lérins und das nahe Estérel-Massiv. Gleich nebenan liegt das **Musée de la Castre** – ein sehr sehenswertes ethnographisches Museum. Es ist in den Räumen der ehemaligen Befestigungsanlage von Cannes untergebracht, die im 11.–13. Jh. entstand. In der zum Museum gehörigen **Chapelle Ste. Anne** werden Wechselausstellungen zeitgenössischer Kunst organisiert; im Museum selbst hat man eine umfassende ethnologische Sammlung auf ungewöhnliche Art und Weise mit zeitgenössischen Bildern konfrontiert (✆ 93 38 55 26; Okt.–April 10–12 und 14–17, April–Juni bis 18 Uhr, Juli–Sept. 15–19 Uhr). Im Innenhof des Museums befindet sich der 22 m hohe, viereckige **Tour du Suquet,** von dem aus Cannes einst bei feindlichen Angriffen ge-

Cannes: Fassade des Carlton-Hotels

schützt werden sollte. Von oben bietet sich eine grandiose Aussicht über die ganze Stadt. Von hier erkennt man auch gut das exklusive Villenviertel La Californie im Nordosten, in dem Picasso in den fünfziger Jahren ein Haus gekauft hatte (s. S. 52 f.).

Der am Rande der Altstadt gelegene **Marché Forville** in einer riesigen, überdachten Markthalle von 1870 ist einer der schönsten Märkte der Region. Hier werden

Festivalstadt Cannes

Das Filmfestival im Mai ist das mondänste und bekannteste, aber bei weitem nicht das einzige Festival in Cannes. Im Januar findet hier auch der wichtigste Markt der internationalen Musikindustrie statt, die MIDEM, zu der 1990 8200 Teilnehmer aus 59 Ländern anreisten. Im Juni treffen sich an der Croisette die ›rotbebrillten Kreativen‹ der internationalen Werbebranche zum *Festival International du Film Publicitaire*. Werbeagenturen aus der ganzen Welt reichen dazu ihre Kino- und Fernsehwerbespots ein, von denen über 1000 während des einwöchigen Werbefilmfestivals gezeigt werden. Und da Werbung schon seit langem nicht mehr nur als schnöde Verkaufstaktik gilt, sondern auch als hohe Kunst der Ästhetik und der Ideen anerkannt ist, dient das Festival nicht nur kommerziellen Interessen. Wie beim Filmfestival werden die besten Spots mit Gold, Silber und Bronze prämiert. Eine Auswahl der besten Werbe-Spots kommt alljährlich in die ›Cannes-Rolle‹, die in den achtziger Jahren in deutschen Programmkinos zum neuen Kultfilm avancierte. Der 90minütige Zusammenschnitt vermittelt nur eine leise Ahnung davon, was sich die Festivalbesucher eine ganze Woche lang antun: Bis zu zehn Stunden täglich schauen sie sich im sonnigen Cannes Marlboro-Männer, Langnese-Lutscher und Pampers-Eltern an, um keinen neuen Trend und keine Strategie der Konkurrenz zu verpassen.

Im Herbst finden in Cannes gleich drei Fernsehveranstaltungen statt. Die MIP-TV ist der größe Fernsehprogrammarkt der Welt. Hier kaufen Fernsehmacher nicht nur Programme ein, sondern führen auch Gespräche mit Investoren und möglichen Koproduzenten über zukünftige Filmprojekte. Die MIPCOM widmet sich vor allem neueren Erscheinungen im audiovisuellen Bereich, wie dem Videomarkt und dem Kabel- und Satellitenfernsehen. Seit 1987 findet in Cannes auch die FIPA, das internationale Festival der audiovisuellen Medien, statt. Sie ist im Gegensatz zur MIP-TV keine Fernsehverkaufsmesse, sondern ein Fernsehfestival mit kulturellem Anspruch, zu dem das französische Kulturministerium, Autoren- und Produzentenverbände und die Stadt Cannes einladen. Gezeigt werden Dokumentar-, Kurz- und Musikfilme, Fernsehspiele und Serien aus über 30 Ländern. Die besten Beiträge werden jeweils mit schlichten Gold- und Silbertafeln prämiert. Damit ist Cannes nicht nur die

Festival-Publikum in Cannes

Hauptstadt des Kinos, sondern in den vergangenen Jahren auch europäische Hauptstadt des Fernsehens geworden. 1989 nahmen 1800 Gesellschaften aus 92 Ländern an der MIP-TV teil.

Cannes, die 75 000-Einwohner-Stadt ohne erwähnenswerte Industrie, hat sich in der Vergangenheit bewußt auf den Festival- und Kongreßtourismus konzentriert, der zu einer wichtigen Einnahmequelle geworden ist. Seit 1982 das häßliche, aber funktionelle Palais de Festival, auch ›Festivalbunker‹ genannt, fertiggestellt wurde, bietet die Stadt optimale Voraussetzungen für Großveranstaltungen dieser Art. Der beige Klotz an der Croisette beherbergt einen Saal mit 2400 Plätzen, 14 000 qm modulierbare Ausstellungsfläche, ein Theater mit 1000 Sitzen sowie diverse kleinere Auditorien und Vortragssäle. Die Hotels verfügen über genügend Kapazitäten. Palmen, Sonne, Meer und Strand tun das Ihrige dazu . . .

fangfrischer Fisch, Gemüse, Obst, Blumen und provenzalische Kräuter angeboten. Auf der Allée de la Liberté gegenüber vom alten Hafen findet jeden Morgen ein kleiner Blumenmarkt und an jedem Samstag ein Trödelmarkt statt. Ansonsten wird hier Boule gespielt. Schräg gegenüber legen die Boote zu den Iles de Lérins ab, die in jedem Fall einen Besuch lohnen (vgl. S. 147 ff.).

Praktische Hinweise

Information: Office de Tourisme, Palais des Festivals, Esplanade Prés. Georges Pompidou, 06400 Cannes, ✆ 93 39 24 53/ 93 39 01 01; Zweigstelle im Hauptbahnhof, ✆ 93 99 19 77.

Cannes: An der Croisette

Anreise mit dem Auto: über die Autobahn A 8, Ausfahrt Cannes.

Busse: von/nach Nizza (etwa alle 15 Min.) und St. Raphaël; Busbahnhof am Place de l'Hôtel-de-Ville, gegenüber vom alten Hafen. Von/nach Grasse, Vallauris und Valbonne sowohl vom Place de l'Hôtel de Ville als auch vom Busbahnhof am Ausgang des Hauptbahnhofes.

Züge von Toulon und aus Richtung Menton; Bahnhof Cannes (Gare SNCF), Rue Jean-Jaurès (Information: ✆ 93 99 50 50).

Flugzeug: bis Flughafen Nizza (27 km, Auskunft ✆ 93 21 30 00), von dort regelmäßige Busverbindungen und Helikopterservice. Privatflughafen Aérodrome, Cannes–Mandelien, ✆ 93 45 11 00.

Jachthafen: Port Pierre Canto et Sporting Club, ✆ 93 43 05 90; Jachtclub de Cannes (Port du Palm Beach), ✆ 93 68 91 92.

Autovermietung: Avis, 69, La Croisette, ✆ 93 94 15 86. Budget, 3, Rue André Chaude, ✆ 93 99 44 04. Europcar, 3, Rue Commandant Vidal, ✆ 93 39 75 20. Hertz, 147, Rue d'Antibes, ✆ 93 99 04 20.
Fahrrad-/Mofaverleih: Cannes Location Rent, 5, Rue Allieis, ✆ 93 39 46 15. Fam Corot (Mountain Bikes), 47, Rue G. Clémenceau, ✆ 93 39 22 82. France Rent, 54, Rue G. Clémenceau, ✆ 93 39 33 60. Location de Vélos, Gare SNCF, Service Bagages, ✆ 93 47 01 01 (nur Fahrräder).

Hotels der höchsten Kategorien: Carlton (L), 58, Bd. Croisette, ✆ 93 68 91 68: Luxushotel mit der bekanntesten Hotelfassade von Cannes. Martinez (L), 73, Bd. Croisette, ✆ 93 94 30 30: ein großes Hotel aus den dreißiger Jahren. Hôtel Cristal (III), 13–15, Rond-Point Duboys d'Angers, ✆ 93 39 45 45: neues Hotel mit Pool auf dem Dach.

Mittelklassehotels: Hôtel de l'Olivier (II–III), 90, Rue Georges Clémenceau, ✆ 93 39 53 28: hübsches kleines Hotel; am Stadtzubringer gelegen, daher relativ laut. Beau Séjour (II–III), 5, Rue des Fauvettes, ✆ 93 39 63 00: Zimmer mit Terrasse und Blick auf den Swimmingpool; modernes Haus. Festival (III), 3, Rue Molière, ✆ 93 38 69 45: renoviertes Haus; zentral gelegen. La Madone (II–III), 5, Av. Justinia, ✆ 93 43 57 87: abseits vom Zentrum, zwischen Palmen und Mimosen; Pool. Hôtel de Paris (II–III), 34, Bd. d'Alsace, ✆ 93 38 30 89: renoviertes, schönes Haus mit Pool.

Einfache Hotels: Corona (I–II), 55, Rue d'Antibes, ✆ 93 39 69 85: einfaches Haus mitten im Zentrum. France (I–II), 85, Rue d'Antibes, ✆ 93 39 23 34: einfach, zentral gelegen. Hôtel de Provence (I–II), 9, Rue Molière, ✆ 93 38 44 35: hübsches kleines Hotel mit Garten, 150 m von der Croisette entfernt. Chanteclair (I), 12, Rue Forville, ✆ 93 39 68 88: sehr einfaches Haus, vorwiegend junge Gäste; in einem ruhigen Hinterhof in der Altstadt.

Camping in Cannes-La Bocca: Caravaning Bellevue, 67, Av. M. Chevalier. Aire Naturelle Clos St-Hubert, Quartier L'Abadie.

... in Mandelieu (bei Cannes): L'Argentière, AN 98, Bd. du Bon Puits. Plateau des Chasses, Rue des Vaqueries. Azur Vacances, Bd. du Bon Puits, La Napouoe. Les Cerisiers, Carraire Antoine Laurent. Les Cigales 505, Av. de la Mer. Roc Fleuri, Route de Pégomas, Capitou.

In der Altstadt von Cannes

Restaurants der Kategorie L und III: Le Royal Gray (L), Hôtel Gray d'Albion, 2, Rue Etats-Unis, ✆ 93 99 04 59: sehr gutes Restaurant des Luxushotels; verhältnismäßig günstiges Mittagsmenü; Garten. La Palme d'Or (L), Hôtel Martinez, 73, Bd. Croisette, ✆ 92 98 30 18: Art-Déco-Saal, Terrasse mit Blick auf das Meer. Am Herd steht der Elsässer Christian Willer und kocht hervorragenden Fisch. La Côte (L), Hôtel Carlton, 58, La Croisette, ✆ 93 68 91 68: einer der schönsten Speisesäle von Cannes mit Holzvertäfelungen; Blick auf die Croisette. Villa Dionysos (III), 7, Rue Marceau, ✆ 93 38 79 73: italienische Villa mit

Wandmalereien; hübsche Terrasse, sehr gute Küche. Felix (III), 63, La Croisette, ✆ 93940061: Zu Felix geht man nicht, weil man Hunger hat, sondern weil man gesehen werden möchte, sehr mondän; Terrasse.

... Kategorie II und I: La Brouette de Grand-Mère (II), 9, Rue d'Oran, ✆ 93391210: täglich nur ein Gericht mit beliebig viel Wein. La Mère Besson (II), 13, Rue des Frères-Pradignac, ✆ 93395924: eine Institution in Cannes, berühmt für *Aioli* und den gefüllten Hasen; provenzalische Hausmannskost. Le Relais des Semailles (II), 9, Rue Saint-Antoine, ✆ 93392232: hervorragendes und verhältnismäßig preisgünstiges Lokal in der ›Restaurantstraße‹ der Altstadt. Les Santons de Provence (I–II), 6, Rue du Mal. Joffre, ✆ 93394091: provenzalische Küche. Chez Astoux (I–II), 43, Av. Félix Faure, ✆ 93390622: hervorragende Meeresfrüchte in allen Variationen. Le Bistro de la Galerie (I–II), 4, Rue St. Antoine, ✆ 93399938: sehr gutes, sympathisches kleines Restaurant in der Altstadt, preisgünstiges Menü; Terrasse. Le Marais, 9, Rue du Suquet, ✆ 93383919: holzgetäfeltes Restaurant mitten in der Altstadt; günstige Menüs.

Strandrestaurants: L'Ondine (III), 15, La Croisette: berühmt für sein *tartare de bœuf au caviar;* schräg gegenüber vom Carlton. Calao Club (II), La Croisette, gegenüber vom Miramar, ✆ 93945636: ›die‹ Strandadresse in Cannes; Frühstück bis 11 Uhr. L'Evasion (I–II), La Croisette, ✆ 93942422: vorwiegend junges Publikum, Tagesgerichte und Salate.

Bars: Le Royal Bar, 41, La Croisette, ✆ 93390104: sehr ›à la mode‹. Bar du Carlton, 58, Bd. de la Croisette, ✆ 93689168: ein Glas Champagner auf der Terrasse des Carlton, und man fühlt sich wie im Kino, während man dem Spektakel auf der Straße zuschaut. Bar du Majestic, 14, La Croisette, ✆ 93689100: Bar des gleichnamigen Luxushotels.

Einkaufen: Marché Forville, der schönste Markt von Cannes in einer überdachten Halle in der Rue du Marché Forville (täglich außer Mo 8–12.30 Uhr), und Marché aux Fleurs, allmorgendlicher Blumenmarkt auf der Allée de la Liberté; jeden Samstag von 8–18 Uhr an der gleichen Stelle großer Trödelmarkt.

Galerien: Joachim Becker, 7, Rue Bivouac Napoléon, ✆ 93382048: Galerie eines Berliners in einer kleinen Parallelstraße zur Croisette, mit internationaler wie französischer Kunst. Die Galerie ist jedes Jahr auf der Pariser FIAC, in Basel und in Köln vertreten (Werke von Baselitz, Caballero, Fetting, Gainon, Lüpertz, Merz, Middendorf, Vostell). Villa Eterso, 17, Bd. d'Alsace, ✆ 93992063, Mi., Do. und im Nov. geschlossen: 1989 eröffnete Galerie von Jacques und Anne-Catherine Lambert in einem Stadtpalais aus dem 19. Jh. Im Erdgeschoß regelmäßige Ausstellungen von jungen Künstlern der Region.

Unterhaltung: Casino Palm Beach, Place Franklin Roosevelt (Juni–Okt. ab 20 Uhr); Casino Municipal, im Palais du Festival (Nov.–Mai ab 17 Uhr); Casino des Fleurs, 5, Rue des Belges (15–3 Uhr morgens).

Veranstaltungen im Festival- und Kongreßpalast (Palais des Festivals et des Congrès), Esplanade Pompidou, ✆ 93390101; Kartenvorverkauf: ✆ 93394444.

Strände: Die Strände an der Croisette sind die exklusivsten von Cannes. Die meisten werden privat betrieben, d. h. hier muß man pro Tag bzw. pro halben Tag Eintritt bezahlen. Dafür kann man die Duschen und Umkleidekabinen benutzen und gegen einen geringen Aufschlag Sonnenschirme und Liegen ausleihen. Große Hotels wie das Carlton, Martinez, Majestic und das Gray d'Albion besitzen hoteleigene Strände an der Croisette, die auch Nicht-Hotelgäste gegen Gebühr benutzen können. Öffentliche Strände *(plages publics)* befinden sich an den äußeren Rändern der Croisette (vor dem Palais du Festival und dem neuen Hafen Port Canto). Hinter dem alten Hafenbecken beginnt unterhalb des Boulevards Jean-Hibert die Plage du Midi, die sich von hier aus 5 km bis nach La Napoule erstreckt.

Das Filmfestival von Cannes

Venedig, 1937. Auf der Biennale wurde der für den Hauptpreis nominierte Film ›La Grande Illusion‹ von Jean Renoir uraufgeführt. Aber Hitler mißfiel der pazifistische Film. Vor allem eine Szene, in der sich ein deutscher Wachposten weigert, auf einen flüchtigen französischen Kriegsgefangenen zu schießen, verärgerte ihn. Im Italien Mussolinis war dies Grund genug für die Biennale-Leitung, den Preis anderweitig zu vergeben. Die französische Delegation reiste empört ab.

Der Vorfall führte in Frankreich zu der Idee, ein von politischen Interessen unabhängiges Filmfestival auf französischem Boden zu organisieren. 18 Monate später lud man zum ersten Mal nach Cannes ein. Das Plakat für das *Festival International du Film* war fertig, die Filmauswahl stand fest, und an Bord eines weißen Ozeandampfers trafen die ersten Stars aus Hollywood ein, darunter Mae West und Gary Cooper. Eröffnungstag war der 1. September 1939, aber genau an diesem Tag überfiel Hitler Polen – der Zweite Weltkrieg stand kurz bevor. Das Filmfestival mußte abgesagt werden, bevor es richtig angefangen hatte.

Erst sieben Jahre später, am 19. Mai 1946, konnte das erste Festival im Casino von Cannes eröffnet werden. Für die Dauer des Ereignisses wurden die Lebensmittelrationierungen aufgehoben. Grace Moore von der New York Metropolitan Opera sang zur Eröffnung die Marseillaise, Roberto Rossellini reiste mit den Filmrollen von

›Roma, città aperta‹ (›Rom, offene Stadt‹) an, und Michèle Morgan und Ray Milland erhielten die ersten Darstellerpreise, die in Cannes vergeben wurden.

Bis in die späten fünfziger Jahre hinein blieb Cannes vor allem ein Festival der Stars des amerikanischen Kinos, wie Gary Cooper, Cary Grant, Kirk Douglas und Orson Welles, der sich 1952 mit ›Othello‹ feiern ließ. Cannes war zu dieser Zeit ein Festival mondäner Cocktailparties, ein gesellschaftlicher Höhepunkt des Jahres. Lange Zeit galten die Filmvorführungen am Tage nur als besseres Alibi für die ausgiebigen Feste bei Nacht. Die wahren Kinoliebhaber schwörten nach wie vor auf Venedig. Das Festival in Cannes war für sie eine zwei Wochen währende Party unter Palmen mit Stars in Dinnerjakket und Abendrobe, ein Jahrmarkt der Eitelkeiten, des Klatsches und der Skandale.

1954 fielen an der Croisette zum ersten Mal die Hüllen, und zwar die der jungen Engländerin Simone Silva. Sie hoffte, mit entblößtem Busen in Hollywood Karriere zu machen. Ihr Bild ging um die Welt und begründete eine Tradition, die bis heute in Cannes überlebt hat: die der Starlets. In den fünfziger Jahren reagierte man allerdings noch empfindlich auf so viel Freizügigkeit. Die Festivalleitung forderte Simone Silva auf, Cannes zu verlassen. Aber schon 1956 stieg die 22jährige Brigitte Bardot in Cannes vom Starlet zum Star auf. Im selben Jahr ließ sich Sophia Loren von einer 250-Wagen-Eskorte vom Flughafen an die Croisette fahren. Die amerikanische Schauspielerin Grace Kelly heiratete Fürst Rainier von Monaco, den sie 1955 während des Festivals kennengelernt hatte. Da die 400 Journalisten, die über die glanzvolle Hochzeit in Monaco berichteten, ihren Aufenthalt an der Côte d'Azur verlängerten und gleich nach Cannes weiterreisten, übertrumpfte das Festival erstmals die Biennale von Venedig in der Presseberichterstattung.

1957 gelang dem polnischen Regisseur Andrzej Wajda mit seinem Film ›Kanal‹ in Cannes der internationale Durchbruch. 1958 kündigten sich mit François Truffaut und seinen Mitstreitern von der Zeitschrift ›Cahiers du Cinéma‹ Veränderungen an: Erstmals gewann der Autorenfilm an Bedeutung. Im selben Jahr wurde Alain Resnais' ›Hiroshima, mon amour‹ gezeigt – allerdings außer Konkurrenz. Noch traute man sich nicht, Filme wie diese in den Wettbewerb aufzunehmen. Nur ein Jahr später wurde in Cannes mit Truffauts ›Les Quatre Cents Coups‹ und mit dem Beginn der *Nouvelle Vague* Filmgeschichte geschrieben. Jean Cocteau, zweimaliger Jury-Präsident,

Filmfestival von Cannes: Ein Starlet

telephonierte seinen Freund Picasso aus dem nahen Mougins herbei, damit er an diesem historischen Ereignis teilnehmen konnte. So schritt Pablo Picasso in Smoking und mit Melone zusammen mit dem 14jährigen Hauptdarsteller des Films, Jean-Pierre Léaud, und François Truffaut die Marmorstufen des Festivalpalais hinab. Eine neue Generation hatte in Cannes nun das Sagen.

1960 hatten gleich zwei italienische Filme Aussichten auf eine goldene Palme: Michelangelo Antonionis ›L'Aventura‹, der leidenschaftliche und sehr gegensätzliche Reaktionen im Publikum auslöste, und Fellinis ›La Dolce Vita‹, der letztendlich das Rennen machte. Fellini ließ aus diesem Anlaß 80 kg Spaghetti und 300 Flaschen Chianti einfliegen.

Acht Jahre später hielt die Revolution Einzug in den Festivalpalast. Während ganz Frankreich im Mai 1968 unter einem Nationalstreik erlahmte, besetzten Godard, Truffaut und Louis Malle in Cannes das Festivalauditorium und die Vorführkabinen. Die Vorstellung von Carlos Sauras ›Peppermint frappé‹ wurde abrupt unterbrochen, das Festival am 19. Mai nach neun Tagen um 11.45 Uhr frühzeitig beendet. Viele glaubten nicht daran, daß es jemals wieder auferstehen werde.

Aber schon im nächsten Jahr erschienen alle wieder in Cannes. Der Geist von 1968 war noch präsent: Diskussionen und Kritiken fielen politischer aus als zuvor. Zum ersten Mal wurde die Reihe ›Quinzaine des Réalisateurs‹in Cannes gestartet, die junge Talente vorstellen sollte. Regisseure wie Wim Wenders und Werner Herzog wurden später über dieses Forum entdeckt. Ende der sechziger und Anfang der siebziger Jahre spiegelten die Filme von Cannes den kulturellen und politischen Zeitgeist: Tschechische Filme des Prager Frühlings, ›Easy Rider‹ und ›Woodstock‹ kamen auf die Leinwand. Die siebziger Jahre waren von fortgesetzten Diskussionen über die große Krise des Kinos geprägt. Einige Produktionen stießen an die Grenze des guten Geschmacks: Marco Ferreris ›La Grande Bouffe‹ (›Das große Fressen‹) löste 1973 Proteststürme aus. Nach der Vorführung wurden die Darsteller, darunter Michel Piccoli, auf der Ehrentreppe vom Publikum bespuckt. Während der achtziger Jahre gesellten sich immer mehr Geschäftemacher zu den Regisseuren: An den Tischen vom Carlton und Majestic saßen Banker, Broker und Produzenten, die für Millionenbeträge Video- und Fernsehsenderechte verkauften. Die kommerzielle Seite des Festivals, der Filmmarkt *(Marché du Film)*, gewann an Gewicht.

1984 erhielt Wim Wenders die Goldene Palme für ›Paris Texas‹. Am Ende dieses Jahrzehnts entdeckte Cannes Filme aus Osteuropa und der Sowjetunion. Beim 43. Festival von Cannes überwogen 1990 erstmals gemischt-europäische Produktionen, sogenannte ›Euro-Filme‹. Sie sind ein Beweis für die Europäisierung des Kinos, aber in erster Linie ein Finanzierungsmodell, das durch Filmbudgets in zweistelliger Millionenhöhe und die Übermacht des amerikanischen Films immer notwendiger wird.

Das *Festival International du Cinéma* ist heute das wichtigste Filmfestival der Welt. Für die zweite Maihälfte sind schon im Jahr zuvor alle Hotelzimmer ausgebucht. Über 2000 Journalisten aus aller Welt berichten regelmäßig von dem Ereignis. Nur sehr Geübte unter ihnen schaffen es, keinen wichtigen Film zu verpassen. Allein im Wettbewerbsprogramm werden zwei bis drei pro Tag vorgeführt. Hinzu kommen die Vorstellungen der außer Konkurrenz laufenden Reihen der ›Quinzaine de Réalisateurs‹, der ›Semaine de la Critique‹ und der ›Perspectives‹. Mehrere täglich erscheinende Festivalzeitungen berichten über alles Bemerkenswerte, einschließlich der Feste und Galas, die zu Cannes einfach dazugehören – denn Kino wird an der Côte d'Azur noch immer als großes Fest inszeniert.

Iles de Lérins

Nicht weit von der Küste entfernt liegen in der Bucht von Cannes vier kleine Inseln: die Ile Ste. Marguerite, die Ile St. Honorat, die Ile St. Férreol und die Ile de la Tradelière. Die beiden letzteren sind winzig und unbewohnt. Die anderen beiden lohnen bei jedem längeren Cannes-Aufenthalt unbedingt einen Besuch.

Ile Ste. Marguerite

Die Ile Ste. Marguerite ist der Küste am nächsten gelegen. Die Insel ist 3 km lang und 900 m breit. Auf einem 7 km langen Weg kann man sie umrunden. Bis auf ein sehr schönes Privatgrundstück im Nordwesten *(Le Grand Jardin)* ist sie Staatsbesitz. Durch die Pinien- und Eukalyptuswälder der Insel führen drei ausgeschilderte botanische Lehrpfade. Nicht weit von der Bootsanlegestelle befindet sich das **Fort Royal** (beschildert), das unter Richelieu zur Verteidigung der Insel angelegt und später (18. Jh.) vom Militärarchitekten Vauban ausgebaut wurde. Es diente jahrhundertelang als Staatsgefängnis. Berühmtester Gefangener war der mysteriöse ›Mann mit der eisernen Maske‹, der hier von 1687–1689 einsaß und dessen Identität nie geklärt werden konnte. Heute kann man seine und andere ehemalige Zellen besichtigen (9–11 und 14–18 Uhr; Mo und feiertags geschlossen). Im selben Gebäude befindet sich das erst vor kurzem umgebaute **Musée de la Mer,** in dem Fundstücke aus Unterwasser-Ausgrabungsstätten rund um die Insel zu sehen sind. Vor der Pointe Batéguier im Westen der Insel hat man eine etwa 170 m lange Mauer sowie Überreste von Thermen gefunden, die auf die Existenz einer frühen römischen Hafenanlage hinweisen (9–11.45 und 14–17.45 Uhr, im Winter 10.30–11.45 und 14.15–15.45; Jan./Febr. und Mo geschlossen). Durch Alleen, die von Eukalyptusbäumen gesäumt sind, führt der Weg zu den Kieselsteinstränden im Norden der Insel. Von den kleinen Badebuchten – sehr viel wilder, unbequemer und ruhiger als die Strände von Cannes – blickt man auf die gegenüber liegende Ile St. Honorat.

Ile St. Honorat

Die Ile St. Honorat ist die kleinere und schönere der beiden Inseln. St. Honorat – 1,5 km lang, 400 m breit, mit einem 3 km langen Rundweg – gehört den Mönchen von Lérins, deren Kloster hier schon seit dem frühen Mittelalter steht. Honorat, Sohn eines römischen Verwaltungsbeamten, der 360 n. Chr. in Trier geboren wurde und sich später auf die damals unbewohnte und einsame Insel Lerina zurückzog, um sich ganz seinem Glauben zu widmen, gründete im Jahre 410 ein erstes Kloster, das zu einem der wichtigsten Ausgangspunkte des Mönchswesens in Europa wurde. Im 13. Jh. lebten 3700 Mönche auf St. Honorat. Sie besaßen eine berühmte Bibliothek, viele Grundstücke, Häuser und Schlösser auf dem Festland. Durch zahlreiche Schenkungen entwickelte sich der Konvent zum größten Grundbesitzer der Gegend. Während der Französischen Revolution wurde das Kloster versteigert. Erst seit Mitte des vergangenen Jahrhunderts ist es wieder in kirchlichem Besitz: 1869 übernahmen es die Zisterziensermönche von Sénaque. Sie bauten die größtenteils zerstörten Gebäude wieder auf. Von der Anlage aus dem 19. Jh. sind heute nur noch die Kirche und ein kleines Museum zu besichtigen (täglich 10–11 und 14–16 Uhr).

Kloster auf der Ile St. Honorat

Sehenswert ist v. a. das **Monastère Fortifié** (Juni–Sept. 10–12 und 14–17 Uhr), eine Art Schutzburg, die 1070 als Zufluchtsstätte vor den Sarazenen gebaut wurde. Ein unterirdischer Gang verband das Hauptkloster mit diesem Festungsgebäude am Meer, in dem die Mönche auf fünf Stockwerken alles fanden, was sie zum Mönchsleben brauchten: ein Refektorium, eine Bücherei, Mönchszellen, eine Zisterne und Kellereien. Zu sehen ist hier u. a. noch der wunderschöne zweistöckige Kreuzgang. Vom Dach des Monastère Fortifié blickt man über die Insel und auf die Gemüsegärten der Mönche im nicht zugänglichen Gartentrakt des Klosters.

Von der Bootsanlegestelle bestehen zwei Möglichkeiten, zum Kloster zu kommen: über die Allee direkt gegenüber der Anlegestelle oder aber erst nach links und dann in die erste Allee rechts. Dieser Weg führt an Weinstöcken und Lavendelfeldern des Klosters vorbei. Die Mönche von Lérins bauen auf der Insel auf über 10 ha Wein für den eigenen Verbrauch an. In einem altmodischen Andenkenladen vor dem Kloster bekommt man weitere Erzeugnisse aus Mönchsproduktion: selbstgemachten Honig, Lavendelölextrakte und den berühmten Mönchslikör ›La Lérina‹.

Auf St. Honorat gibt es verschiedene kleine Kapellen, die

nicht alle zu besichtigen sind. Rings um die Insel liegen kleine Badebuchten und Strände – u. a. links vom Monastère Fortifié, an der Pointe St. Ferréol und ihrer Verlängerung bis zum kleinen Yachthafen Port de la Vigne.

Anfahrt: Boote zu den Iles de Lérins legen am Gare Maritime von Cannes ab (am kleinen Hafenbekken gegenüber vom Palais des Festivals). Nach Ste. Marguerite dauert die Überfahrt 15, nach St. Honorat 30 Min. Zwei verschiedene Gesellschaften fahren die Inseln an. Die letzten Boote nach Cannes legen jeweils gegen 18 Uhr von den Inseln ab. Es gibt aber auch Tickets für Rundfahrten Cannes – Ste. Marguerite – St. Honorat und zurück. Eine Besonderheit bieten Fahrten mit dem ›Nautilus‹-Boot: Hinter seinen durchsichtigen Kielwänden sitzt man wie in einem schwimmenden Aquarium und kann Fische und Meerespflanzen sowie die Felswände der Inseln von unten aus dem Wasser sehen, ohne dabei naß zu werden (Auskünfte: ✆ 93 99 62 01). Die Iles de Lérins werden auch von Golfe-Juan und Juan-les-Pins angefahren.

Das Hinterland von Cannes

Mougins

Das malerische Dorf liegt auf einem Hügel hinter Cannes. Reste einer alten Stadtmauer umgeben die kreisförmig angelegten engen Gassen. Der Maler Francis Picabia ließ sich in den zwanziger Jahren in Mougins nieder. Picasso kaufte sich ein Haus außerhalb des Ortes gegenüber der Kapelle Notre-Dame-de-Vie, in dem er bis zu seinem Tod lebte. Villers, der ihn oft fotografierte, wohnt noch heute hier. Ihm ist die Eröffnung eines **Fotografiemuseums** mitten im Dorf zu verdanken. Das Musée de la Photographie zeigt Wechselausstellungen und Picasso-Portraits von Jacques-Henri Lartigue, Robert Doisneau, André Villers u. a. (Place de l'Eglise, Mi–So 13–19 Uhr; im Juli/Aug. täglich von 14–23 Uhr).

Außerhalb des Ortes liegt direkt an der Autobahn das **Musée Automobiliste** mit 200 alten und neuen Wagen aus der Kollektion des Autoliebhabers und Galeristen Maeght: Bugattis, Ferraris und Maseratis (722, Chemin de Font-de-Currault, Aire des Bréguières, über die D 135 oder die Autobahn A 8; täglich von 10–19 Uhr, 16. Nov. – 13. Dez. geschlossen).

Inzwischen ist Mougins v. a. wegen seiner vielen Spitzenrestaurants bekannt. Während des Festivals in Cannes stürmt die Prominenz den Hügel für ein sündhaft teures Dîner mit Aussicht.

Information: Office de Tourisme, Av. J.-Ch.-Mallet, 06250 Mougins, ✆ 93 75 87 67.

Anfahrt: mit dem Auto von Cannes über die N 85, 7 km.

Hotel: Mas Candille (L), ✆ 93900085: absolut ruhige Zimmer in einem sehr schönen provenzalischen Landhaus auf einem Hügel mit Zypressen vor Mougins.

Camping: Les Lentisques, 1140, Av. Gén. de Gaulle. L'Eau Vive, 713, Chemin des Cabrieres. Caravaning St. Antoine, Quartier St. Martin.

Restaurants: Moulin de Mougins (L), Notre-Dame-de-Vie; 2,5 km südöstlich an der D 3, ✆ 93757824: Restaurant von Starkoch Roger Vergé in einer Mühle aus dem 16. Jh. Ferme de Mougins (III), 10, Av. St. Basile, ✆ 93900374: preiswerter und – wie viele meinen – besser als Vergé. L'Amandier de Mougins (III), Place du Cdt.-Lamy, ✆ 93900091: das zweite Restaurant von Vergé direkt im Dorf; Terrasse mit wunderschönem Ausblick. Relais à Mougins (III), Place de la Mairie, ✆ 93900347: günstiges Mittagsmenü; hübsche Terrasse. Feu Follet (I–II), Place de la Mairie, ✆ 93901578: günstige Menüs auf einer Terrasse vor dem Dorfbrunnen. Le Bistrot de Mougins (I), Place du Village, ✆ 93757834: erschwinglich, dennoch eine der guten Adressen in Mougins; provenzalisches Einheitsmenü.

Grasse

Grasse – spätestens seit Patrick Süskinds Roman ›Das Parfum‹ als französische Parfum-Metropole bekannt – liegt in 350 m Höhe im Hinterland von Cannes. Die Stadt der Düfte erstickt regelmäßig in Abgasen: Hier staut sich der Verkehr der *Route Napoléon,* die durch den Ort Richtung Küste führt. Grasse war einst eine sehr reiche Stadt. Die zahlreichen Stadtpalais, in denen nun teilweise Museen untergebracht sind, erinnern daran. Heute leben hier 40000 Menschen.

Sehenswürdigkeiten

Grasse hat eine sehr gut erhaltene **Altstadt** mit mittelalterlichen Gassen und Straßen (zwischen der Place aux Aires, der Rue Paul Goby und dem Boulevard Fragonard gelegen). Schönster Platz der Altstadt ist die arkadengesäumte Place aux Aires, auf der die Gerber der Stadt früher ihre Lederhäute gewaschen haben. Einer der reichsten unter ihnen, Maximin Isnard, wohnte im Haus N° 3 am Platz, das einen wunderschönen, schmiedeeisernen Balkon hat.

An der Place du Petit Puy liegt die Kathedrale **Notre-Dame-du-Puy,** ursprünglich eine romanische Kirche, die aber im Laufe der Jahrhunderte immer wieder erweitert und verändert wurde. Im Inneren der Kathedrale befinden sich drei Bilder von Rubens, ein Triptychon von Louis Bréa sowie eines der seltenen religiösen Bilder von Jean-Honoré Fragonard. Hinter der Kirche hat man von der Place du 24 Août eine schöne Aussicht über das Tal.

Am Rande der Altstadt liegen einige sehenswerte Museen. Das

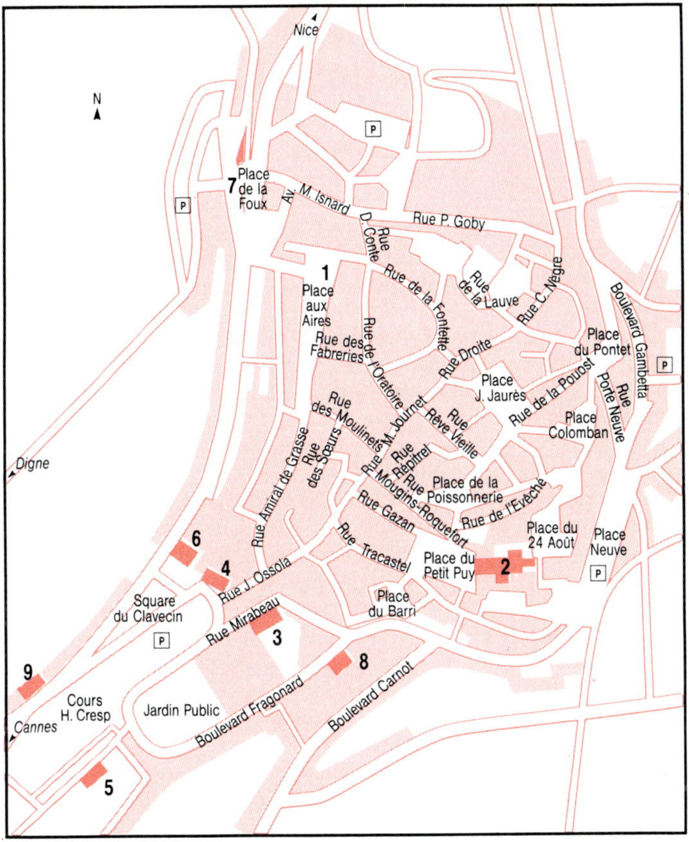

Grasse 1 Place aux Aires 2 Kathedrale Notre-Dame-du-Puy 3 Museum der provenzalischen Kunst und Geschichte 4 Parfummuseum 5 Villa Fragonard 6 Marinemuseum 7 Office de Tourisme 8 Post 9 Kongreßpalast

Musée d'Art et d'Histoire de Provence (Kunst und Geschichte der Provence, volkskundliches Museum) ist in einem ehemaligen Stadtpalais von 1770 untergebracht, dem Hôtel de Clapiers-Cabris. Hier wohnte einst eine Schwester von Mirabeau. Küche, Zimmer und Badezimmer wurden originalgetreu wiederaufgebaut. Beachtlich ist die Fayencen-Sammlung, aber auch die prähistorische und archäologische Abteilung (2, Rue Mirabeau, 10–12

Grasse
Stadt der Düfte

»Dieser ... Ort war die Stadt Grasse, seit einigen Jahrzehnten unumstrittene Produktions- und Handelsmetropole für Duftstoffe, Parfumerieware, Seifen und Öle. Giuseppe Baldini hatte ihren Namen immer mit schwärmerischer Verzückung ausgesprochen. Ein Rom der Düfte sei die Stadt, das gelobte Land der Parfumeure, und wer nicht seine Sporen hier verdient hatte, der trage nicht zu Recht den Namen Parfumeur.« (Patrick Süskind, ›Das Parfum‹).

Seinen Ruhm als ›Welthauptstadt des Parfums‹ hat Grasse einer Mode zu verdanken, die während der italienischen Renaissance aufkam und von Katharina de Medici zu Beginn des 17. Jhs. in Frankreich eingeführt wurde: der Mode der parfümierten Handschuhe. So siedelten sich neben den bereits ansässigen Gerbern und Handschuhmachern Parfumeure in Grasse an. Das milde Mittelmeerklima und die Umgebung der Stadt waren wie geschaffen für den Anbau von Pflanzen wie Lavendel, Orangen- und Zitronenbäumen, Jasmin und Rosen, die zur Herstellung von Essenzen geeignet sind.

Heute ist die Parfumindustrie neben dem Tourismus der wichtigste Wirtschaftszweig der Region. 70% der Erzeugnisse gehen in den Export; über 20 Betriebe in Grasse beschäftigen 3000 Mitarbeiter. Besonders bekannt sind die drei Parfumfabriken Molinard, Fragonard und Galimard, die man kostenlos besichtigen kann und in denen französisch-, englisch- und deutschsprechende Hostessen den Weg des Parfums von der Blüte in den Flacon erklären. Das Geschäft mit den Touristen läuft so gut, daß diese Fabriken – außer Molinard – fast ausschließlich vom Gewinn aus dem Verkauf vor Ort leben: Geschäftstüchtige Damen im Kittel bieten den Touristen Seife, Eau de Toilette und Parfum an.

Der entscheidende Zweig der Parfumindustrie ist dem Publikum nicht zugänglich. Rohstofflieferanten wie Robertet (ein Familienbetrieb in der vierten Generation) und Roure (150 Jahre alt und inzwischen von Hoffmann-Laroche aufgekauft) sind auf dem Weltmarkt der Parfumessenzherstellung führend. Trotz Umstrukturierung der Betriebe und Eröffnung von Dependancen in Paris sind sie in Grasse geblieben. Dabei kommen nur noch sehr wenige Rohstoffe für die Essenzherstellung aus der Umgebung des Ortes: Die Unternehmen importieren das Gros der Blütenextrakte aus Italien, Java, den USA,

Brasilien, der Sowjetunion, China und Madagaskar. In der Robertet-Niederlassung in der Südtürkei werden täglich 80t Rosenblüten verarbeitet, natürlich sehr viel kostengünstiger als dies in Frankreich möglich wäre. Aber noch immer gelten Blumen und Blüten aus Grasse als die qualitativ besseren. So wird für die Parfum-Version von Chanel N° 5 ausschließlich Jasmin aus Grasse, für das Eau de Toilette hingegen ägyptischer Jasmin verwendet.

Die Herstellung von Essenzen für Dior, Yves Saint Laurent, Guerlain, Chanel und andere macht aber nur noch den geringeren Teil der Firmenaktivitäten und der Umsatzzahlen aus. Seit den siebziger Jahren produzieren Roure und Robertet vor allem Aromastoffe für Yoghurt, Kuchen, Eis und Soßen, aber auch Duftstoffe für Kosmetika, Seifen, Spülmittel und Waschpulver. Die Aromaherstellung entwickelte sich zu einem gutgehenden Geschäft und ist inzwischen ebenso gängig wie die Produktion synthetischer Duftstoffe. Die magische Welt des Parfums unterliegt heute modernster, computergesteuerter Technik. In der Herstellung von Essenzen werden aber immer noch seit Jahrhunderten überlieferte Methoden wie die *enfleurage* (Einfetten von Blüten) angewendet.

und 14–17, im Sommer bis 18 Uhr; geschlossen Sa und So, ausgenommen am ersten und letzten Sonntag im Monat, und im Nov.).

Das 1989 eröffnete **Internationale Parfummuseum** befindet sich in einem Stadthaus des 18. Jhs., das sich ein wohlhabender Parfumeur bauen ließ. Auf drei Etagen wird die Entwicklung des Parfums von der Antike bis heute aufgezeigt. Im Erdgeschoß ist eine Fabrikhalle nachgebildet, in der ersten Etage sind ein nachgebautes Laboratorium und eine umfassende Sammlung von Flacons, Puderdosen und alten Reklameplakaten zu sehen, und auf dem Dach befindet sich ein Gewächshaus mit Pflanzen, die zur Herstellung von Essenzen benutzt werden (Musée International de la Parfumerie, 8, Place du Cours, Mi–So 10–18 Uhr; Mo und Di geschlossen).

In der **Villa – Musée Fragonard,** einer schönen Villa des 17. Jhs. mit Garten, sind Bilder von Jean-Honoré Fragonard zu sehen, dessen Cousin das Haus einst gehörte. Fragonard (1732–1806) wurde als Sohn eines Gerbers in Grasse geboren. Auch Bilder anderer Familienmitglieder werden gezeigt. Sehenswert ist auch das Treppenhaus (23, Bd. Fragonard, 10–12 und 14–17, im Sommer bis 18 Uhr; Sa und So, ausgenommen am ersten und letzten So im Monat, und im Nov. geschlossen).

Das **Musée de la Marine Amiral de Grasse** (Marinemuseum) zeigt Erinnerungsstücke des Admirals, der Comte de Grasse war und als Held des amerikanischen Unabhängigkeitskrieges gefeiert wurde (2, Bd. du Jeu-de-Ballon, 4–17 Uhr; Sa, So und im Nov. geschlossen).

Darüber hinaus kann man natürlich die drei **Parfumfabriken** von Grasse – Fragonard, Galimard und Molinard – besichtigen, in denen täglich ganze Busladungen von Touristen durch die Produktionsstätten geführt werden:

Fragonard, 20, Bd. Fragonard, ✆ 93 36 44 65, Führungen täglich 12–14 Uhr. Das Haus besitzt eine umfassende Flaconsammlung.

Galimard, 73, Rte. de Cannes, Le Plan, ✆ 93 36 08 10, täglich 9–12 und 14–18 Uhr; etwas außerhalb des Ortes, an der Straße nach Cannes gelegen.

Molinard, 60, Bd. Victor-Hugo, ✆ 93 36 01 62, 9–12 und 14–17.30 Uhr, Sa ist nur der sehr schöne, alte Verkaufsraum geöffnet; So und an Feiertagen geschlossen.

Am Rande der Altstadt von Grasse liegt das neue, supermoderne Kongreßzentrum (Palais des Congrès, Cours Honoré Cresp, ✆ 93 36 66 66).

Information: Office de Tourisme, 6, Place de la Foux, 06130 Grasse, ✆ 93 36 03 56.

Anfahrt: 17 km von Cannes über die N 85, Busse ab Cannes.

Hotels: Hôtel des Parfums (II–III), Bd. E. Charabot, ✆ 93 36 10 10: das beste Hotel in Grasse; im Zentrum. Hotel du Patti (I–II), Place du Patti, ✆ 93 36 01 00: renoviertes Haus in der Altstadt. Panorama (I), 2, Place du Cours, ✆ 93 36 80 80: zentral, modernes Haus.

Camping: Le Pont de la Paoule, 152, Rue de Grasse. Municipal, Av. Rothschild.

Restaurants: Restaurant du Palais (II–III), Cours H. Cresp, ✆ 93 36 30 33: im Kongreßzentrum; Terrasse mit Blick auf Grasse. Maitre Bosq, 13, Rue Fontette, ✆ 93 36 45 76: hervorragende, regionale Spezialitäten in einem Lokal in der Altstadt; Spezialität des Hauses: *fassum grassois*, gefüllter Kohl. Amphitryon (I–II), 16, Bd. V. Hugo, ✆ 93 36 58 73: gutes, kleines Restaurant an der Hauptstraße.

Markt: jeden Morgen außer montags auf der Place aux Aires und der Place Jean Jaurès; auf letzterer jeweils mittwochs Trödelmarkt.

Gourdon

Das Dorf Gourdon liegt auf einem über 700 m hohen Felsen über dem Loup-Tal und ist ein klassisches *village perché*. Die meisten dieser isoliert und hoch auf Felsen gelegenen Dörfer stammen aus dem Mittelalter. Damals wollte man die Bevölkerung mehrerer Gemeinden an strategischen Punkten – wie in Gourdon um das Schloß herum – zusammenführen. Um 1400 wurden dann viele der *villages perchés* aufgegeben und erst zwei Jahrhunderte später wieder aufgebaut. Daher stammen Burgen, Schlösser oder Kirchen der *villages perchés* noch aus dem Mittelalter, die meisten übrigen Gebäude aus dem 16. Jh.

Auch das **Château** von Gourdon zeigt mittelalterliche Züge. Im wesentlichen wurde die vierflügelige Anlage aber im 16. Jh. gebaut. Im Erdgeschoß ist ein kleines Museum mit einer Waffen- und Gemäldesammlung untergebracht. Andere Räume des Châteaus sind für Besucher nicht zugänglich (Auskunft über Öffnungszeiten: ✆ 93 42 50 13).

Trotz seiner isolierten Lage ist Gourdon kein einsames Dorf mehr, sondern längst touristisch erschlossen und in der Saison auch Ziel von Reisebusgesellschaften.

Anfahrt: ca. 19 km von Grasse die D 2085 Richtung Opio, noch vor Opio links auf die D 3 nach Norden abbiegen.

Tourette-sur-Loup

Auch Tourette-sur-Loup ist ein *village perché*. Die Häuser sind in einem Kreis angeordnet und von einer mittelalterlichen Wehrmauer umgeben. Tourette-sur-Loup ist genauso wie das benachbarte Gourdon Ziel zahlreicher Touristen und mit Andenkenständen gepflastert. Die landschaftlich reizvolle Fahrt entschädigt aber

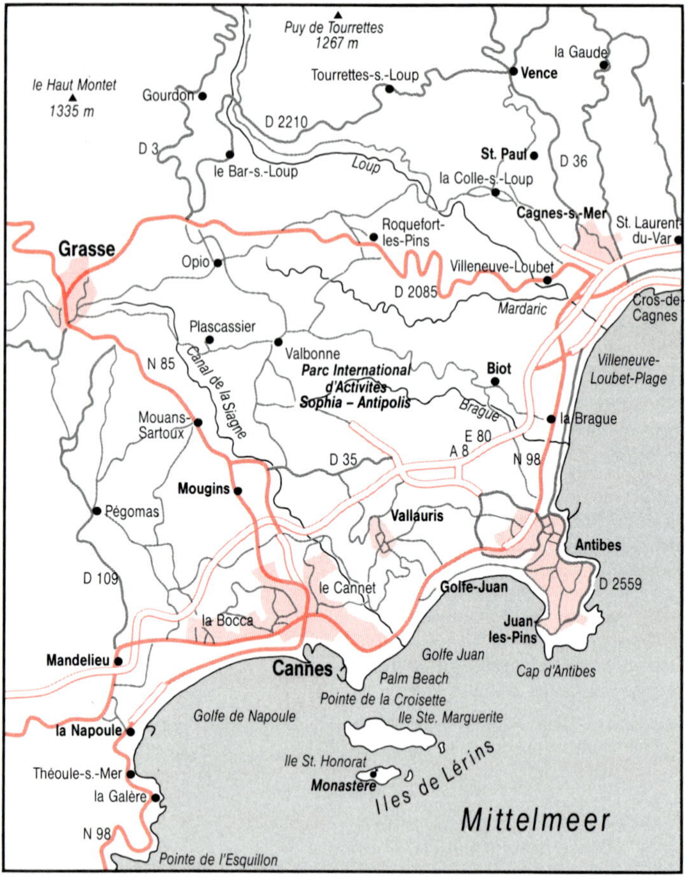

Umgebungsplan Cannes

für vieles. In der sehenswerten Kirche steht ein Dreiflügelaltar.

Anfahrt: 21 km von Grasse über die D 2085 und die D 2210, 28 km von Nizza über die N 98, die D 36 und die D 2210.

St. Jeannet

St. Jeannet liegt am Steilhang des 800 m hohen Kalkfelsens Baou. Die Einwohner des Ortes treffen sich noch jeden Nachmittag auf dem Dorfplatz – die Frauen auf der einen, die Männer auf der anderen Seite. In dem verwinkelten

Dorf mit engen Gassen und Steintreppen stehen ein Waschhaus aus dem 19. Jh. (vom Dorfeingang kommend, am Ende der Rue Nationale rechts) und eine Kirche aus dem 17. Jh. Vom Vorplatz der Kirche hat man einen schönen Blick über das Tal.

St. Jeannet ist ein guter Ausgangspunkt für Wanderungen. Wer nicht allein losziehen möchte, kann sich für schwierigere Strecken erfahrenen Bergführern der Region anvertrauen. Im Dorf gibt es eine Bergschule. (Für größere Wanderungen sollte man sich organisierten Gruppenwanderungen anschließen, da erfahrungsgemäß immer wieder Wanderer im Baou abstürzen: Bureau des Guides du Baou, Rue de la Soucare, ✆ 93 24 73 83).

Von St. Jeannet führt aber auch ein gut befestigter, leicht zu bewältigender Weg, für den man ungefähr eine Stunde braucht, auf das Plateau des Baou de St. Jeannet. Auf der Place St. Barbe die erste Straße rechts, den Chemin du Baou, nehmen. Nach ca. 1500 m diesen Weg verlassen und in einen kleinen Pfad links einbiegen, der bis zum Plateau führt. Von dort nochmals links halten, um auf den Gipfel des Baou zu kommen.

Anreise: 8 km von Vence über die D 310.

Unterkunft/Essen: Auberge St. Jeannet (I–II), ✆ 93 24 90 06: eine Herberge mit schöner Aussicht,

Frauentreff in St. Jeannet

die neun Zimmer zu vermieten hat. Chante Grill (I), ✆ 93249063: einfaches, gutes Restaurant mit Terrasse.

Vence

Der 13000-Einwohner-Ort hat eine verwinkelte Altstadt mit engen Gassen und Plätzen, die in einem Oval innerhalb der mittelalterlichen Stadtmauern liegen. Die Neustadt ist rund um den alten Kern angelegt. Im 8. Jh. wurde Vence – einst eine römische Siedlung – von Sarazenen vollkommen zerstört und wahrscheinlich erst im 10. Jh. wiederaufgebaut. Die **Kathedrale Nativité de la Vierge** in der Altstadt (Place Clémenceau) stammt aus dieser Zeit, wurde im Laufe der Jahrhunderte aber immer wieder umgebaut und verändert, so daß sie heute Baustile verschiedener Epochen aufzeigt. Im Baptisterium der Kathedrale befindet sich ein Mosaik von Marc Chagall.

Der günstigste Weg in die **Altstadt** führt von der Place du Frêne durch die Porte Peyra, ein Steintor in der alten Stadtmauer. Früher gab es nur zwei Tore zur Stadt: die Porte de Levis (ein Zugtor am Ende der Rue du Portail Levis) und die Porte Signadoux. Die Rue du Marché ist die Einkaufsstraße der Altstadt. Einer der hübschesten Plätze ist die Place Godeau.

Neben der Altstadt bietet der ehemalige Bischofssitz Vence eine weitere Sehenswürdigkeit: Die von Matisse gestaltete **Chapelle du Rosaire** liegt etwas außerhalb der Stadt. Matisse arbeitete fast vier Jahre an dieser Kapelle, die er als sein Lebenswerk betrachtete, und entwarf alles in dem asymmetrisch angelegten Raum: den achteckigen Grundriß, die grün-gelbblauen Fenster, den Fußboden, die Altarform und natürlich die Zeichnungen auf den weiß gekachelten Wänden, auf denen der ungläubige Matisse die Kreuzwegstationen darstellte. Picasso befand bei der Eröffnung im Jahre 1951, das Ganze sähe aus wie ein Badezimmer. Trotzdem ist die Chapelle du Rosaire ein bedeutendes, wenn auch ungewöhnliches Werk von Matisse (Av. Henri Matisse, an der Straße nach St. Jeannet; Di, Do 10–11.30 und 14.30–17.30 Uhr; vom 1. Nov. bis zum zweiten Di des Dez. geschlossen).

In der **Chapelle des Pénitents Blancs** aus dem 16. Jh. werden Wechselausstellungen moderner Kunst organisiert (Rue des Poilus, 10–12 und 15–19 Uhr vom 11. März – 30. Okt.).

Information: Office de Tourisme, Place du Grand-Jardin, 06140 Vence, ✆ 93580638.

Anreise: mit dem Auto über die N 7 und die D 36, Autobahnausfahrt Cagnes-sur-Mer. Busverbindungen von Nizza über Cagnes nach Vence; Auskunft: ✆ 93583162. Züge bis Bahnhof Cagnes-sur-Mer, von dort mit dem Bus nach Vence.

Hotels: Château Saint-Martin (L), Route de Coursegoules, ✆ 93580202: Luxusdomizil in einem 14-Hektar-Park mit Pool, Tennisplätzen und herrlicher Aussicht; Restaurant mit Garten. Relais Cantemerle (III–L), 258, Chemin de Cantemerle, ✆ 93580818: Traumzimmer mit Möbeln aus dem ehemaligen Casino Palais de la Méditerranée in Nizza; hervorragendes Restaurant. La Ferme de Vosgelades (II–III), 650, Chemin de la Gaude, ✆ 93587487: Hier ist man zu Gast bei einer deutschen Künstlerin; sehr schönes Landhaus mit Garten und großem Pool unterhalb von Vence. Miramar (I), Plateau St. Michel, ✆ 93580132: einfaches Haus mit Blick auf das Meer.

Camping: Domaine de la Bergerie, Route de la Sine.

Restaurants: Château des Arômes (II), 2618, Route de Grasse (2,5 km von Vence Richtung Grasse), ✆ 93587024: Gerichte mit erstaunlichen Aromen in einem ehemaligen Kloster; schöne Terrasse. Auberge des Templiers (I–II), 39, Av. Joffre, ✆ 93580605: rustikales Restaurant mit Garten. La Farigoule (I), 15, Rue H.-Isnard, ✆ 93580127: provenzalische Küche zu kleinen Preisen.

Markt: Di und Fr auf der Place du Frêne.

Gasse in St. Paul-de-Vence

St. Paul-de-Vence

Das ›Künstlerdorf auf dem Hügel‹, in den zwanziger Jahren Treffpunkt von Modigliani, Bonnard, Soutine und Signac, wird mittlerweile jedes Jahr in der Sommersaison zum Touristendorf: Ganze Reisebusladungen strömen dann durch die mittelalterlichen Gassen, in denen es an jeder Ecke Kräuter der Provence und Kunstgewerbliches zu kaufen gibt. Beschaulich ist St. Paul schon lange nicht mehr, dennoch lohnt sich ein Besuch des 2500-Einwohner-Ortes. Allein die **Fondation Maeght,** eine der bedeutendsten Sammlungen moderner Kunst, ist Grund genug, hierher zu kommen (s. S. 160 f.; Zufahrt über Chemin de Passe-Prest, ✆ 93328163: 10–19 Uhr, von Okt.–Juni 10–12.30 und 14.30–18 Uhr).

Auch an anderer Stelle gibt es in St-Paul moderne Kunst: Im **Restaurant La Colombe d'Or** am

Ortseingang hängen Bilder von Bonnard, Braque, Derain, Dufy, Matisse, Picasso und Utrillo an den Wänden. Picasso, Chagall und andere bezahlten ihre Schulden beim damaligen Wirt Paul Roux, der selbst Maler war, oft mit ihren Werken. Hinzu kam die Gemäldesammlung des Monsieur Roux, dessen Enkel François inzwischen das Restaurant führt. In den fünfziger Jahren machten Jacques Prévert, Simone Signoret und Yves Montand das Restaurant zu ihrem Stammlokal, und während des Filmfestivals in Cannes stürmte die Prominenz den Speisesaal mit moderner Kunst an den Wänden.

Eine wichtige Adresse für Kunstinteressierte ist die **Galerie von Catherine Issert** an der Place de Gén. de Gaulle. Mit Werken zeitgenössischer Künstler wie Ben, Blais, Christo, Le Gac und Pagès gehört die Galerie zu den bedeutendsten an der Côte d'Azur.

4 km (über die D 7) von St. Paul entfernt liegt der kleine Ort **La Colle-sur-Loup.** 1990 eröffnete hier eine Galerie, in der regelmäßig Einzelausstellungen zeitgenössischer Künstler organisiert werden (60, Av. Foch, ✆ 93 32 63 28, Di–Sa 15–19 Uhr).

Die vollständig erhaltene Wehrmauer von St. Paul – im 16. Jh. unter François I. erbaut – kann man rundum begehen. Die Rue Grande, eine gepflasterte Gasse, führt quer durch den Ort, an dem

Die Fondation Maeght

Im Juli 1964 eröffnete André Malraux in einem Pinienhain gegenüber dem Dorf St. Paul-de-Vence die Fondation Maeght, heute eine der wichtigsten Kunstadressen an der Côte. Die Fondation Maeght ist weder ein Museum noch eine Galerie, sondern der ambitionierte Versuch des Ehepaares Marguerite und Aimé Maeght, eine Begegnungsstätte für moderne Kunst zu schaffen. Der 1981 verstorbene Kunsthändler Maeght, seit 1928 Galerist in Cannes und Paris, hatte sich schon immer stärker als andere auf dem Gebiet der zeitgenössischen Kunst vorgewagt. Mit vielen Künstlern, darunter Bonnard und Matisse, war er eng befreundet.

Anfang der fünfziger Jahre hatte Maeght zusammen mit seiner Frau die Idee, der zeitgenössischen Kunst ein Forum zu geben. Der katalanische Architekt José Luis Sert wurde mit dem Bau der Fondation beauftragt. Er entwarf ein klar gegliedertes Gebäude aus weißem Beton und rosa Ziegeln. Zwei Betonwannen auf dem Dach, die wie aufgeschnittene Rohre aussehen, schützen vor der grellen Sonne und sorgen dafür, daß nur gedämpftes Licht durch die Oberlichter in die Ausstellungsräume fällt. Viele Künstler beteiligten sich an der Ausgestaltung des Hauses: Chagall und Tal Coat schufen Wandmosaiken, Braque ein Fenster und ein Wasserbeckenmosaik, Miró ein Labyrinth aus Skulpturen und Keramiken und Giacometti einen offenen Hof mit Bronzefiguren *(la cour Giacometti)*.

Allein das Gebäude ist ein sehenswertes Objekt moderner Kunst. Hinzu kommen die hervorragenden Ausstellungen der Fondation, darunter Retrospektiven, die Künstlern wie Kandinsky, Chagall, Matisse oder Miró gewidmet werden. Die Fondation Maeght organisiert jeweils von Juli bis Oktober eine große Sommerausstellung. Ansonsten wird eine Auswahl aus umfangreichen Beständen des Hauses gezeigt: Das Ehepaar Maeght überließ der Fondation über 6000 Kunstwerke. Damit befindet sich in dem kleinen Dorf St. Paul-de-Vence eine der wichtigsten Sammlungen moderner Kunst der ganzen Welt.

Miró-Plastik im Garten der Fondation Maeght

Brunnen der Place de la Grande Fontaine und an einem ehemaligen Waschhaus vorbei. Die Kirche von St. Paul ist eines der ältesten Bauwerke des Dorfes und stammt aus dem 12. und 13. Jh. Sie wurde jedoch im 17. und 18. Jh. erneuert.

Information: Office de Tourisme, Maison Tour – Rue Grande, 06570 St. Paul de Vence, ✆ 93 32 86 95.

Anfahrt: 27 km von Cannes über die N 7 und die D 36, Parkplätze oberhalb des Ortes und an der Fondation Maeght. Busverbindung ab Vence.

Hotels: La Colombe d'Or, Place du Gén. de Gaulle, ✆ 93 32 80 02: sehr schöne Apartments und Zimmer und das berühmteste Restaurant von St. Paul, mitten im Ort; Pool mit Braque-Mosaik. Mas d'Artigny (III–L), Route de la Colle, ✆ 93 32 84 54: 50 Zimmer und Bungalows, mit Privatpool in einem 8 ha großen Park. Le Hameau (I–II) 528, Route de la Colle, ✆ 93 32 80 24: Zimmer mit Aussicht, teilweise mit Terrasse. Les Orangers (I–II), Chemin des Fumerates, ✆ 93 32 80 95: kleines Haus mit Garten und Blick auf St. Paul.

... in La Colle-sur-Loup: Hostellerie de l'Abbaye (II–III), Av. de la Libération, ✆ 93 32 66 77: altmodische Zimmer in einem Kloster aus dem 12. Jh., Pool. Das Hotel hat eine eigene Kapelle, in der man sich nach wie vor trauen lassen kann. Restaurant mit sehr schönem Patio und Kamin im Speisesaal. Marc-Hely (I–II), 535, Route de Cagnes, ✆ 93 22 64 10: Zimmer mit Terrasse, Blick auf St. Paul.

Camping: Caravaning St. Paul, 637, Chemin du Malvan.

Restaurants: La Colombe d'Or (II–III), Place du Gén. de Gaulle, ✆ 93 32 80 02: ein Restaurant wie ein Museum (s. o.); schöne Terrasse. Le Bougainvillier (II–III), 7, Rempart Ouest, ✆ 93 32 89 30: überteuert wie alle Restaurants in St. Paul, trotzdem eines der besten; kleine Terrasse; empfehlenswert ist das Mittagsbuffet.

... in La Colle-sur-Loup: La Belle Epoque (II), 1634, Route de Cagnes, ✆ 93 30 10 92: provenzalische Küche, günstiges Menü. Bacchus (II), Route de Grasse, ✆ 93 32 83 53: modern eingerichteter, alter Bauernhof, Terrasse. La Strega (I), 1260, Route de Cagnes, ✆ 93 22 62 37: nur ein Menü, Garten.

Valbonne

Hübscher kleiner Ort mit einem arkadengesäumten Platz und einer romanischen Kirche. Die ursprüngliche mittelalterliche Struktur von Valbonne – alle Häuser gruppieren sich um den Hauptplatz – ist intakt geblieben. 3 km nordöstlich liegt die Ruine der Kapelle Notre-Dame-du-Brusc, eines der wenigen, zumindest teilweise erhaltenen Beispiele frühromanischer Kunst im Süden. Die Kapelle ist Gegenstand archäologischer Forschungen: Man vermutet, daß sich an gleicher Stelle schon in vorchristlicher Zeit eine Kultstätte befand.

Information: Office de Tourisme, Bd. Gambetta, 06560 Valbonne, ✆ 93 47 04 16.

Anfahrt: mit dem Auto von Cannes über die D 85, D 35 und D 3 (13 km nördlich).

Unterkunft: einige einfache Hotels und Privatquartiere; Information im Office de Tourisme.

Restaurants: Bistro de Valbonne (I–II), Rue de la Fontaine, ✆ 93 42 05 59: Hier saßen schon Roger Moore und Elizabeth Taylor auf der Terrasse. L'Auberge Fleurie (I), Val de Cuberte, ✆ 93 42 02 80: Die Ausstattung wirkt eher trist, die Küche ist dafür um so besser; Terrasse; auch Zimmervermietung. Cave Saint Bernardin (I), 8, Rue des Arcades, ✆ 93 42 03 88: beengtes Lokal mit regionalen Spezialitäten.

Sophia-Antipolis

Der 1969 gegründete Wissenschafts- und Technikpark Sophia-Antipolis liegt in einem Pinienhain zwischen Valbonne, Biot und Vallauris auf einem fast 4000 ha großen Gelände. Über 300 internationale Unternehmen beschäftigen hier 8000 Personen. Zur *Cité Internationale de Science et de la Sagesse* gehören eigene Reitställe, Tennis- und Golfplätze, ein Theater und ›Mini-Dörfer‹ mit Schulen und Kindergärten. Wer sich dieses Wirtschafts- und Forschungszentrum an der Côte d'Azur näher anschauen möchte, kann mit dem Auto durch den High-Tech-Park fahren (Information: ✆ 93 65 21 68; s. S. 19 f.).

Anfahrt: über die D 103, 7 km südöstlich von Valbonne.

Die Côte d'Azur zwischen Cannes und Nizza

Golfe-Juan

Der Badeort gleich hinter Cannes besitzt einen kleinen Hafen und Sandstrände entlang der Küstenstraße. Napoleon legte bei seiner Rückkehr von der Insel Elba am 1. März 1815 in Golfe-Juan an. Der Ort gilt daher als erste Station der *Route Napoléon* (s. S. 233 f.). Im Sommer kommt man aus Cannes v. a. hierher, um Bouillabaisse zu essen. Die Restaurants Tétou und Nounou an der Strandpromenade sind an der ganzen Küste für ihre Fischsuppe berühmt.

Information: Office de Tourisme, 84, Av. de la Liberté, 06350 Golfe-Juan, ✆ 93 63 73 12.

Anreise: mit dem Auto auf der Küstenstraße N 7 (6 km östlich von Cannes); mit dem Zug ab Cannes und Antibes bis Golfe-Juan (Auskunft ✆ 93 63 71 58); ab Nizza verkehren alle 20 Min. Busse.

Boote zu den Iles de Lérins von März bis Oktober täglich (✆ 93 63 45 94). Hafen: ✆ 93 63 96 25.

Hotels: Le Petit Trianon (II), 18, Av. Liberté, ✆ 93637051: im Zentrum. Golfe (I–II), Bd. Plage, ✆ 93637122: kleines Haus direkt am Strand. Beau Soleil (I), Impasse Beausoleil, ✆ 93636363: ruhiges Haus etwas außerhalb des Ortes.

Restaurants: Tétou (III–L), Bd. des Frères Roustan, ✆ 93637116: berühmt für seine Bouillabaisse (s. o.). Nounou (II–III), Bd. des Frères Roustan, ✆ 93637173: etwas preisgünstiger, aber genauso ›in‹ beim lokalen Jet-set. Chez Christine (I–II), am Hafen, ✆ 93637244: Muscheln, frischer Fisch; gute Menüs. Bruno (I), am Hafen, ✆ 93637212; preisgünstigere Fischgerichte.

Vallauris: Picassos ›Mann mit Ziege‹

Vallauris

Vallauris liegt auf den Hügeln hinter Cannes und gehört zur Gemeinde Golfe-Juan. Der Ort ist schon seit Römerzeiten als Töpferdorf bekannt; in der Nähe gibt es reiche Tonvorkommen. Als Picasso in den vierziger Jahren im Madoura-Atelier des Ehepaars Ramié an der Töpferscheibe arbeitete, erfuhr das örtliche Töpferhandwerk, das kurz zuvor vom Konkurs bedroht war, einen erneuten Aufschwung. Zwei Jahre lang ging Picasso fast täglich in die Werkstatt von Madoura und zog schließlich ganz nach Vallauris um. Die **Galerie Madoura,** das Töpferatelier, in dem Picasso von 1947 bis 1971 arbeitete, besitzt die Exklusivrechte für Reproduktionen des keramischen Werkes von Picasso und vertreibt auch entsprechende Kataloge (Quartier du Plan, ✆ 93646639, 9.30–11.30 und 14.30–19 Uhr, im Winter bis 18 Uhr), Sa, So und feiertags geschlossen).

Vallauris machte Picasso zum Ehrenbürger, worauf dieser dem Ort seine Bronzeskulptur ›Mann mit Ziege‹ schenkte, die während des Krieges entstand. Sie steht heute gegenüber dem Schloß auf dem Marktplatz.

Im **Château Musée Municipal** am anderen Ende des Platzes ist u. a. das keramische Werk von Picasso zu sehen, außerdem Fotos, die André Villers in der Töpferwerkstatt Madoura von ihm machte. Bilder des Malers Alberto Magnelli und Töpferarbeiten der

Familie Massier sind ebenfalls ausgestellt (10–12 und 14–18 Uhr, Di geschlossen). In der ehemaligen romanischen **Kapelle** gegenüber dem Museum hängt Picassos Monumentalbild ›La Guerre et la Paix‹ (Krieg und Frieden), das Picasso in der Kapelle selbst malte und für diesen Ort bestimmt hatte. Es wurde 1952 fertiggestellt und besteht aus drei Teilen: dem ›Krieg‹ (an der Südseite der Kapelle), dem ›Frieden‹ (an der Nordseite) und einem Gemälde, das ›Vier Männer mit Taube‹ zeigt (an der Stirnwand).

Für Kinder ist das **Musée de la Poterie** interessant, mit historischem Töpferatelier der Jahrhundertwende, in dem auch die Arbeit an der Töpferscheibe demonstriert wird (Rue Sicard, ✆ 93646651, täglich 9–19 Uhr).

Darüber hinaus bietet das gesichtslose Vallauris keine besonderen Sehenswürdigkeiten. Die Hauptstraße des Ortes sieht aus wie ein großer Töpferladen – leider mit viel Kitsch. Hervorragende Arbeiten, darunter Picasso-Reproduktionen, sieht man bei Madoura.

Information: Office de Tourisme, Square 8-Mai 1945 (auf dem Parkplatz am südlichen Ortseingang), 06220 Vallauris, ✆ 93638258.

Anfahrt: mit dem Auto über die D803 (6 km nordöstlich von Cannes). Mit dem Zug bis Golfe-Juan (Auskunft ✆ 93637158), von dort mit dem Bus alle 15 Min. nach Vallauris.

Restaurant: La Gousse d'Ail (I–II), 11, Av. de Grasse, ✆ 93641071: klassische Speisekarte, ländliche Einrichtung.

Juan-les-Pins

Juan-les-Pins ist ein lebhafter Badeort mit sehr jungem Publikum und vielen Familien, die hier ihren Urlaub verbringen. Der Ort ist mit dem auf der anderen Seite des Cap d'Antibes gelegenen Antibes zu einer Gemeinde zusammengefaßt worden. Juan-les-Pins hat schöne, weitläufige Sandstrände,

Juan-Les-Pins 1 Pinède Gould 2 Casino 3 SNCF-Bahnhof 4 Kongreßpalast 5 Office de Tourisme

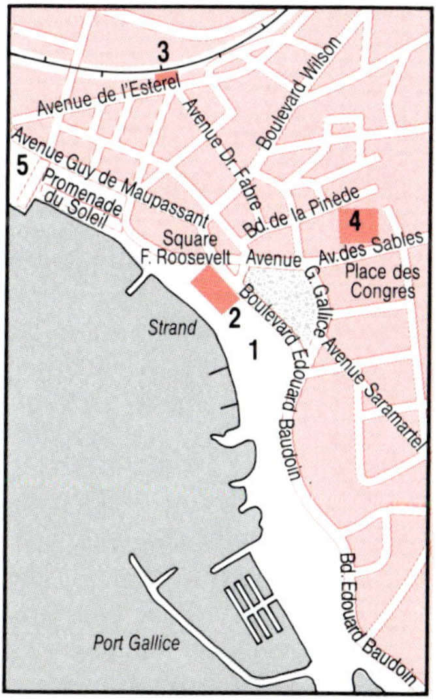

Jazz in Juan-les-Pins/Antibes

In den fünfziger Jahren entdeckte Frankreich den Jazz. Zahlreiche schwarze Musiker aus den Vereinigten Staaten traten zunächst in Paris im berühmten Vieux Colombier auf und kamen dann auch nach Juan-les-Pins an die Côte d'Azur. Der 1897 in New Orleans geborene Saxophonist Sidney Bechet, der Frankreich zu seiner Wahlheimat machte, stand hier jeden Abend in einer Zweigstelle des Colombier auf der Bühne. 1951 heiratete er in Antibes seine alte Liebe Elisabeth Ziegler. Das Ereignis wurde in Juan-les-Pins einen ganzen Tag und eine lange Nacht mit Jazz-Sessions auf der Straße gefeiert. Der kleine Ort am Cap d'Antibes entwickelte sich zu einem französischen Mini-New Orleans. In den kommenden acht Jahren war Sidney Bechet jeden Sommer hier zu hören. Als er 1959 starb und die Zeit des Jazz in Juan zu Ende zu gehen drohte, entstand bei den Stadtvätern die Idee, ein Festival zu organisieren. Im Jahr darauf fand in Juan-les-Pins das erste europäische Jazzfestival statt. Es wurde mit einer Hommage an Sidney Bechet und mit der Enthüllung seiner Büste im Pinienhain Pinède Gould eröffnet. Schon in den ersten Jahren kamen die ganz Großen des Jazz, darunter Count Basie, Ray Charles, Dizzy Gillespie und Duke Ellington. Das Jahr 1963 wurde in Juan-les-Pins zum Miles Davis-Jahr erklärt: Davis trat

die allerdings größtenteils privat geführt werden. Liegestühle und Sonnenschirme gibt es nur gegen Gebühr. Die Strände liegen entlang der Promenade du Soleil, an der nur noch wenige alte Häuser, dafür um so mehr moderne Apartmentblocks stehen. In Juan-les-Pins gibt es ein Casino, einen kleinen öffentlichen Park, zahlreiche Modeboutiquen, Cafés, Bars und Diskotheken. Im Winter ist der Ort wie ausgestorben: Die Straßen sind leer, die Rolläden der Geschäfte geschlossen.

Juan-les-Pins ist berühmt für sein Jazzfestival. Es findet jeweils im Juli in der Pinède Gould statt, einem Pinienhain, der nach dem amerikanischen Millionär Frank Jay Gould benannt wurde. Gould entdeckte den Ort in den zwanziger Jahren und machte ihn berühmt (s. o.).

Information: Office de Tourisme, 51, Bd. Ch.-Guillaumont, ✆ 06160 Juan-les-Pins, ✆ 93 61 04 98.

Anreise: mit dem Auto auf den Küstenstraßen N 7 oder N 98

hier erstmals mit seinem neuen Quintett auf, unter anderem mit dem 17jährigen Tony Williams am Schlagzeug. Der Mitschnitt des Konzerts ›Miles à Antibes‹ sollte eine der besten Live-Platten seines Lebens werden. Nach den Auftritten spielte das Ensemble bis zum Morgengrauen in der Pam Pam-Bar weiter. Aus Antibes gibt es auch eine der schönsten Live-Aufnahmen von Charles Mingus.

1964 berichtete das französische Fernsehen erstmals live vom Festival und übertrug das Konzert von Ella Fitzgerald. ›Jazz à Juan-les-Pins‹ wurde europaweit bekannt. Zahlreiche Platten mit dem Zusatz ›at Antibes‹ gelangten auf den Markt. Nach Unterbrechungen in den Jahren 1971 und 1972 erfolgte 1973 die Wiederauferstehung des Festivals mit einem legendären Miles Davis-Konzert. Der Jazz öffnete sich nun neueren Einflüssen aus Soul-, Funk-, Rock-, brasilianischer und afrikanischer Musik. Heute gilt Juan-les-Pins neben Montreux als eines der wichtigsten europäischen Jazzfestivals.

Alle Konzerte werden in der Pinède Gould unter Pinien und freiem Himmel, nur wenige Meter vom Meer entfernt, gegeben. Auch am nahen Strand kann man jedes Jahr in der zweiten Julihälfte mithören.

Karten kosten zwischen 150 und 300 Francs. Auskünfte und Vorverkaufsstellen: Fremdenverkehrsämter in Antibes (✆ 93 33 95 64) und Juan-les-Pins (✆ 93 61 04 98), der Multi-Media-Store FNAC in Nizza (im Einkaufszentrum Nice-Etoile, ✆ 93 92 09 09), die Plattenläden Maison du Disque (✆ 93 38 50 61) und Nuggets (✆ 93 38 38 89) in Cannes sowie Virgin (✆ 40 74 06 48) in Paris.

(9 km östlich von Cannes); Zugbahnhof in Juan-les-Pins (Fahrplanauskunft: ✆ 93 61 12 40).

Hotels: Juana (L), La Pinède, Av. G. Gallice, ✆ 93 61 08 70: Dreißiger-Jahre-Hotel mitten im Ort und doch im Grünen. Belles Rives (L), Bd. du Littoral, ✆ 93 61 02 79: moderne Zimmer mit Blick auf das Meer; Privatstrand. Les Mimosas (II–III), Rue Pauline, ✆ 93 61 04 16: Zimmer mit Terrasse in einem ruhigen Viertel. Le Pré Catelan (I–II), 22, Av. des Lauriers, ✆ 93 61 05 11: kleines Haus mit Palmengarten, 200 m vom Meer entfernt. Eden H. (I), 16, Av. Louis Gallet, ✆ 93 61 05 20: einfaches Haus in Strandnähe.

Restaurants: La Terrasse (III–L), La Pinède/Av. G. Gallice, ✆ 93 61 20 37: das hervorragende Restaurant des Juana-Hotels mit einer wunderschönen Terrasse im Grünen, leider sehr teuer. Auberge de l'Estérel (II–III), 21, Rue des Iles, ✆ 93 61 86 55: wunderschöner kleiner Garten, ausgezeichnete Küche zu erstaunlich günstigen Preisen; es werden auch 15 Zimmer vermietet. Le Perroquet (I), Av. G. Gallice, ✆ 93 61 02 20: empfehlenswertes, kleines Restaurant mit Terrasse gegenüber dem öffentlichen Park.

Kongreßpalast: Palais des Congrès, Square Sidney Bechet, ✆ 93 61 26 55.

Ausflüge: Von März bis Oktober legen von Juan-les-Pins täglich Boote zu den Iles de Lérins ab (Auskunft: ✆ 93 67 47 13). Während der Sommermonate fährt zwischen Juan-les-Pins und Antibes regelmäßig ein kleiner Bummelzug *(Le Petit Train),* Dauer: ca. 40 Min. Abfahrt: Bd. Baudoin.

Cap d'Antibes

Die Halbinsel südlich von Juan-les-Pins und Antibes gehört zu den exklusiveren Adressen an der Côte d'Azur. Auf pinienüberschatteten Traumgrundstücken stehen hier wunderschöne Villen, die allerdings von der Straße oft nicht zu sehen sind. An der Südspitze der Halbinsel liegt das berühmte **Eden Roc,** ein Hotelpalast aus dem vergangenen Jahrhundert in einem 8 ha großen Park. Scott Fitzgerald verewigte das 1870 eröffnete Haus in seinem Roman ›Zärtlich ist die Nacht‹. John F. Kennedy, Bernard Shaw und viele andere Prominente stiegen seitdem hier ab.

Im Norden der Halbinsel liegt das Plateau de la Garoupe, ein Hügel, von dem sich ein wunderbarer Ausblick auf Antibes und die Küste bietet. Auf dem Plateau stehen der **Leuchtturm** vom Cap d'Antibes (guter Aussichtspunkt, geöffnet April–Sept. 10–12 und 14–18 Uhr) und eine kuriose **Seefahrerkapelle** mit Votivgaben, Flaschenschiffen, Rettungsringen sowie einer Galionsfigur mit blankem Busen über dem Altar (Sanctuaire de la Garoupe, Ostern–Sept. 9.30–12.30 und 14.30–19 Uhr, Okt.–Ostern 10–12 und 14.30–17 Uhr).

Nicht weit von hier befindet sich der **Jardin Thuret,** ein 4 ha großer botanischer Garten mit exotischen Pflanzen und einer Villa (8.30–12.30 und 14.30–17.30 Uhr; Sa, So und feiertags geschlossen). Im Forschungsinstitut der Villa Thuret wurden berühmte Rosensorten wie die Baccara gezüchtet. Ganz in der Nähe liegt einer der wichtigsten Rosenzuchtbetriebe überhaupt: Eine von drei in der Welt verkauften Rosen geht auf die Zucht von Meilland am Cap d'Antibes zurück.

Eine weitere Sehenswürdigkeit ist das **Marine-Museum,** das zugleich Erinnerungsstücke an Napoleon Bonaparte enthält (Musée Naval et Napoléonien, 10–12 und 15–19 Uhr, im Winter nur nachmittags von 14–17 Uhr; Di und im Nov. geschlossen).

An der Ostseite der Halbinsel liegen die Strände **Plage de la Garoupe** und **Plage de la Salis.**

Hotels: Hôtel du Cap Eden Roc (L), Boulevard Kennedy, ✆ 93 61 39 01: ein Traum, aber auch sündhaft teuer. Gehen Sie auf ein Glas Champagner an die Hotelbar, um die

Pracht vergangener Zeiten zu genießen. Levant (III), La Garoupe, Chemin Plage, ✆ 93 61 41 33: kleines Hotel in Strandnähe. La Garoupe et Réserve du Cap (II–III), 81, Bd. F. Meilland, ✆ 93 61 54 97: ruhiges Haus mit angegliedertem Restaurant und Garten. La Gardiole (I–II), Ch. de la Garoupe, ✆ 93 61 35 03: angenehmes Hotel; teilweise Zimmer mit Meerblick, herrliche Terrasse. Miramar (I–II), La Garoupe, Chemin Plage, ✆ 93 61 52 58: Strandhotel.

Restaurants: Eden Roc (L), Bd. Kennedy, ✆ 93 61 39 01: Restaurant des gleichnamigen Luxushotels, einzigartiger Speisesaal über dem Meer. Restaurant de Bacon (III–L), Bd. de Bacon, ✆ 93 61 50 02: berühmt für seine Bouillabaisse und frischen Fisch; Meerblick. Chez Gilles (I–II), La Garoupe, ✆ 93 61 35 03: Restaurant des Hotels La Gardiole, große Terrasse im Grünen.

Antibes

Antibes ist mit 80 000 Einwohnern nach Nizza die zweitgrößte Stadt der Region. Das ist v. a. darauf zurückzuführen, daß Juan-les-Pins und Cap d'Antibes mit der Stadt zu einer Verwaltungseinheit zusammengefaßt wurden. Antibes, das im Gegensatz zu Juan-les-Pins keine besonders schönen Strände besitzt, ist zweigeteilt: in die für Touristen uninteressante Neustadt und die verwinkelte Altstadt, die von alten Wehrmauern umgeben ist und wie eine Festung über dem Meer liegt.

Die Stadt hat eine bewegte Geschichte: Die Ursprünge des Ortes gehen auf eine griechische Siedlung zurück. Antibes hieß damals Antipolis, die ›Stadt gegenüber‹, wobei sich ›gegenüber‹ auf Nizza, das einstige Nikaia, bezog. Im 1. Jh. vor Christus ging Antibes in römischen Besitz über und wurde zum Flottenstützpunkt. Nach unruhigen Zeiten, in denen die Stadt immer wieder von Sarazenen überfallen wurde, fiel sie Ende des 13. Jhs. an die französische Krone und wurde zum befestigten Kriegshafen ausgebaut. Denn als die Grafschaft Nizza 1388 an Savoyen angeschlossen wurde, waren Antibes und Nizza Grenzstädte. Das ehemalige Antipolis diente Frankreich von nun

Antibes: In der Altstadt

Antibes 1 Markt 2 Picasso-Museum 3 Kathedrale 4 Alter Hafen 5 Port Vauban (Yachthafen) 6 Fort Carré 7 Archäologisches Museum (Musée d'Histoire et d'Archéologie) 8 SNCF-Bahnhof 9 Office de Tourisme

an als *pointe avancée* gegen Savoyen. Von 1550–1578 errichtete man die Bastion Fort Carré nördlich des Hafens. Diese Festung wurde später mehrfach umgebaut, unter anderem unter Ludwig XIV. nach Plänen von Vauban. Von der ursprünglichen Anlage steht nur noch der Turm. Als Nizza 1860 wieder französisch wurde, verlor Antibes seine Verteidigungsaufgaben. Von 1895–

1900 wurden die Befestigungsanlagen von Antibes vollständig abgebaut – bis auf die Wehrmauern der Altstadt und das Fort Carré, in dem nun ein Museum des in Nizza lebenden Bildhauers César untergebracht werden soll.

Sehenswürdigkeiten

Antibes hat eine hübsche, verwinkelte **Altstadt.** Täglich außer montags findet hier auf der Place Masséna unter einem großen Glas-Eisen-Dach ein Markt statt. Ein paar Gassen weiter liegt auf einem Felsvorsprung zwischen Altstadt und Meer das sehenswerte **Picasso-Museum.** Es ist in dem wuchtigen Bau des ehemaligen Grimaldi-Schlosses mit einem Wehrturm aus dem 17. Jh. untergebracht und eines der schönsten Museen der Küste. Dor de la Souchère, Konservator des Museums, das seit 1928 im Château Grimaldi untergebracht war, stellte Picasso 1946 einige Räume des Schlosses als Atelier und Wohnraum zur Verfügung. Picasso malte in den folgenden Monaten u. a. die farbenfrohen Bilder der ›Suite d'Antipolis‹. Später überließ er dem Museum einen Großteil der in Antibes entstandenen Werke. Seitdem sind hier Gemälde, Keramiken, Zeichnungen, Lithographien und Plastiken von Picasso zu sehen. Das Museum organisiert immer wieder Wechselausstellungen zu Einzelaspekten des Werkes von Picasso. Darüber hinaus besitzt es Werke von Léger, Calder, Magnelli, Modigliani, Picabia, Corneille, Hartung, Max Ernst und Nicolas de Staël. Auf der Aussichtsterrasse hinter dem Museum stehen Skulpturen von Germaine Richier und dem Pariser Ehepaar Anne und Patrick Poirier (Musée Picasso, Place Mariejol, ✆ 93 34 91 91, 10–12 und 14–18 Uhr im Winter, bis 19 Uhr im Sommer; Di und feiertags sowie im Nov. geschlossen).

Gleich neben dem Museum steht die **Kathedrale** von Antibes mit einer Barockfassade aus dem 17. Jh. Das Querschiff und der Chor stammen noch aus dem 12. Jh. Im schmucklosen Innern befindet sich ein Altarbild von Louis Bréa.

Unterhalb der Altstadt liegt der im 17. Jh. angelegte **Port Vauban,** der heute als Yachthafen dient. Gegenüber befindet sich das **Fort Carré,** das in den Sommermonaten besichtigt werden kann.

Ein **Archäologisches Museum** (Musée d'Histoire et d'Archéologie) ist in der Bastion Saint-André untergebracht, einem kleinen Fort auf den Wehrmauern der Altstadt. Mit Münzsammlungen, Amphoren und Funden von Unterwasser-Ausgrabungen wird die Geschichte von Antipolis und Antibes dokumentiert (Les Remparts, ✆ 93 34 48 01; im Winter 9–12 und 14–18 Uhr, im Sommer bis 19 Uhr; Di, feiertags und im Nov. geschlossen).

Interessant für Kinder ist das **›Marineland‹** außerhalb von Antibes an der RN 7, La Bragué, ✆ 93 33 49 49. Delphine, Wale, Pinguine und ein Aquarium sind in diesem Freizeitpark mit großem Kinderspielplatz zu sehen.

Anfahrt: Mit dem Auto über die A 8 bis zur Ausfahrt Antibes, dann über die Küstenstraße N 98 oder N 7. Zugbahnhof Antibes: Place de la Gare, Auskunft: ✆ 93 99 50 50. Busbahnhof: Gare Routière, Place Guynemer, Auskunft: ✆ 93 34 37 60.

Hotels: Thalazur (L), 770, Chemin des Moyennes Breguières, ✆ 93 74 78 82: luxuriöses Hotel mit Thalassotherapie-Institut im Norden der Stadt. First Hôtel (II–III), 21, Av. des Chênes, ✆ 93 61 87 37: umgebaute alte Villa, 200 m vom Strand entfernt, mit Garten. Mas Djoliba (II–III), 29, Av. de Provence, ✆ 93 34 02 48: ruhige ehemalige Villa zwischen Strand und Ortszentrum im Grünen; Pool. Bleu Marine (I–II), Les 4-Chemins (über die N 7), ✆ 93 74 84 84: modernes Hotel, teilweise Zimmer mit Balkon oder Terrasse zum Meer. Nouvel Hôtel (I), Place Guynemer, ✆ 93 34 44 07: einfaches Haus in der Altstadt.

Camping: Les Embruns, Route de Biot, La Brague. Les Frênes, Route de Pylone, La Brague. Fontmerle, 338 Chemin de Fontmerle. Logis de la Brague, 1221 Route de Nice, RN 7. Idéal Camping, RN 7, Pont de la Brague. Lauvert 53ter, Av. de Cannes.

Restaurants: La Bonne Auberge (III–L), Quartier La Brague, an der N 7, ✆ 93 33 36 65: Restaurant von Michel Rostang mit gehobener provenzalischer Küche; schöner Speisesaal und Terrasse. La Marguerite (II–III), 11, Rue Sadi-Carnot, ✆ 93 34 08 27: eine gute Adresse im tristen Viertel zwischen Bahnhof und neuem Hafen; Fischgerichte und hervorragende Desserts. Les Vieux Murs (II–III), Av. Amiral de Grasse, ✆ 93 34 06 73: Fischgerichte auf einer verglasten Terrasse an den Wehrmauern. Auberge Provençale (I–II), Place Nationale, ✆ 93 34 13 24: gutes Restaurant in der Altstadt; auch Zimmervermietung. Le Transat (I–II), 17, Av. du 11 Novembre, ✆ 93 34 20 20: Lokal am Hafen. Le Clafoutis (I), 18, Rue Thuret, ✆ 93 34 66 70: günstige Menüs; junges Publikum. L'Oursin (I); 16, Rue de la République, ✆ 93 34 13 46: einfach; in der Altstadt.

Einkaufen: In der Rue James Close und der Rue Sade in der Altstadt gibt es viele kleine Läden und Boutiquen. Hervorragenden Käse bekommt man bei L'Etable, 1, Rue Sade; Olivenbrot in der Boulangerie Guelpa, 20, Rue Georges Clémenceau.
Märkte: Täglich, außer montags, provenzalischer Wochenmarkt auf der Place Masséna in der Altstadt. Do und Sa auch Trödelmarkt *(brocante)* auf demselben Platz.

Biot

Malerisch auf einem Hügel gelegener Ort, der heute v. a. als Zentrum für Töpferei und Glasbläserei bekannt ist und entsprechend stark besucht wird. Der Ortskern wurde nach Pest und Kriegszerstörungen am Ende des 15. Jhs. neu aufgebaut. Aus dieser Zeit

Biot: Fassade des Musée Fernand Léger

stammt das rechtwinklig angelegte Straßensystem.

In der **Kirche** von Biot hängt ein rot-goldenes Altarbild von Louis Bréa, dem wichtigsten Vertreter der Nizzaer Schule der ›Primitiven‹. Das **Musée d'Histoire Locale** an der Place de la Chapelle ist in einer alten Kapelle untergebracht. In dem 1981 eingeweihten Heimatmuseum sind Fotografien, Dokumente, alte Kostüme und Keramikarbeiten zu sehen (Do, Sa, So 14.30–18.30 Uhr, im Nov. geschlossen).

Berühmt wurde Biot durch den Maler Fernand Léger. Seine Witwe Nadia ließ ihm zu Ehren ein **Museum** vom Architekten André Svetchine bauen, das Léger selbst nie gesehen hat. Er starb 1953, kurz nachdem er das Terrain, auf dem das Museum heute steht, gekauft hatte. Das 500 qm große Fassadenmosaik wurde nach einem Originalentwurf Légers von einem seiner Schüler angefertigt. Auch das 50 qm große Glasmosaik der Eingangshalle geht auf Entwürfe des Malers zurück. Die Ausstellungsfläche des 1960 eröffneten Museums wurde inzwischen auf 2000 qm verdoppelt, so daß die über 300 Werke der Stiftung fast vollständig gezeigt werden können. Sie verschaffen eine hervorragende Übersicht über das graphische Werk von Fernand Léger und zeigen die Entwicklung seines künstlerischen Schaffens in chronologischer Folge: angefangen von frühen, impressionistisch beeinflußten Ölbildern über Arbeiten, die dem Kubismus zuzuordnen sind, bis zu Bildern, die Léger kurz vor seinem Tod malte. Außerdem sind Fotos und Briefe der Fondation Fernand Léger zu sehen. 1967 vermachte Nadia Léger Museum und Sammlung dem französischen Staat (✆ 93 33 42 20; von März–Sept. 10–12 und 14–18 Uhr, sonst bis 17 Uhr, Di geschlossen).

Am Ortsrand liegt die **Verrerie de Biot,** in der man Glasbläsern bei der Arbeit zuschauen kann. Die hergestellten Waren werden auch zum Verkauf angeboten (Chemin des Combes, ✆ 93650300; 15. Juni – 15. Sept. 8–20 Uhr, So 15.30–18.30 Uhr, Ostern–15. Juni 8–19 Uhr, So 14–18 Uhr, in den französischen Schulferien 8–18 Uhr, So 14–18 Uhr; gearbeitet wird bis 18 Uhr). Im Ort haben weitere Glasbläser kleine Ateliers.

Information: Office de Tourisme, Place de la Chapelle, 06410 Biot, ✆ 93650585.

Anfahrt: Mit dem Auto von Cannes über die N 7 und die D 4 (15 km). Regelmäßige Busverbindung ab/nach Antibes.

Restaurants und Zimmer: Auberge du Jarrier (II–III), 30, Passage de la Bourgade, ✆ 93651168: leichte Küche von Christian Métral in einer ehemaligen Fabrik, in der *jarres,* große Tonkrüge für Olivenöl, hergestellt wurden; Terrasse. Restaurant des Arcades (II), 16, Place des Arcades, ✆ 93650104: Die Besitzerin kannte Picasso, Chagall und Léger, deren Bilder heute noch bei ihr hängen; Spezialitäten: *soupe au pistou,* gefüllte Sardinen und *aïoli;* Zimmervermietung. Les Terraillers (II), 11. Route du Chemin-Neuf, ✆ 93650159: in einer ehemaligen Töpferwerkstatt.

Camping: L'Eden, Chemin Val de Ponce. Les Près, Chemin des Près, La Romaine. Mistral, 1780, Route de la Mer. Typhas, 144, Chemin de la Romaine.

Villeneuve-Loubet

8000-Einwohner-Ort mit einem **Schloß** aus dem 13. Jh. (Privatbesitz) und einem Kochkunstmuseum, dem **Musée de l'Art Culinaire,** das im Geburtshaus des Meisterkochs Auguste Escoffier (1846–1935) untergebracht wurde. Hier gibt es neben einer provenzalischen Küche und einer Dokumentation der Karriere Escoffiers über 15000 Kochrezepte zu sehen (✆ 93208051; täglich 14–18 Uhr, Mo und feiertags geschlossen, im Winter auch So, sowie im Monat Nov.)

Zu Villeneuve-Loubet gehört die 1970 erbaute Ferienanlage **Marina-Port des Anges** an der Küste, ein moderner Terrassen-Betonbau mit Bootsanlegeplatz.

Anfahrt: mit dem Auto auf der D 2085; 3 km südöstlich von Cagnes. Busse ab Cagnes.

Cagnes-sur-Mer

Genau genommen gibt es drei Cagnes: Cros-de-Cagnes direkt am Meer, die Neustadt Cagnes-Ville, auch Le Logis genannt (2 km landeinwärts) sowie Haut-de-Cagnes, den alten, auf dem Felsen erbauten Ort mit einem mittelalterlichen Schloß und engen Altstadtgassen. Im 14. Jh. gab der Comte de Provence Cagnes in den Besitz von Rainier I. Grimaldi, dessen Nachfahren heute Monaco

Cagnes-sur-Mer: Garten des Renoir-Museums

regieren. Rainier I. ließ das **Schloß von Haut-de-Cagnes** errichten, das im 17. Jh. umgestaltet wurde.

Heute sind in dem Schloß mit einer großen Freitreppe mehrere Museen untergebracht: Im Erdgeschoß befindet sich ein Olivenbaum-Museum, in der ersten Etage die Stiftung Suzi-Solidor mit 40 Porträts der Sängerin, darunter Bilder von Picabia, Dufy und van Dongen, und in der zweiten Etage das **Musée d'Art Meditérranéen Moderne** mit Werken von Künstlern, die an der Côte d'Azur gelebt und gearbeitet haben (Chagall, Matisse, Vasarély u. a.). Ebenfalls sehenswert ist das Deckengemälde ›Sturz des Phaëton‹ des Genuesers Carlone im großen Festsaal in der ersten Etage. Während der Sommermonate finden im Schloß Ausstellungen statt, u. a. das *Festival International de la Peinture* von Juli bis September (Château-Musée, Haut-de-Cagnes, ✆ 93 20 85 57; Juli–Sept. täglich von 10–12 und 14.30–19 Uhr, von Okt.–Juni außer Di von 10–12 und 14–18 Uhr, 15. Okt. – 15. Nov. geschlossen).

Empfehlenswert ist ein Spaziergang durch die mauerumgebene **Altstadt** von Cagnes. Im Nordosten liegt die **Chapelle Notre-Dame-de-Protection,** eine Kapelle mit Fresken aus dem 16. Jh.

Gut 1 km östlich der Altstadt befindet sich die **Villa Les Collettes,** das ehemalige Wohnhaus des Malers Auguste Renoir. Hier verbrachte Renoir die letzten Jahre seines Lebens, von 1907 bis 1919. Er wohnte bereits seit 1903 in Haut-de-Cagnes, bevor er das über 2 ha große Grundstück kaufte, vor allem um die über 1000 Jahre alten Olivenbäume zu retten. 1960 erwarb die Stadt Grundstück samt Villa und machte es zu einer Renoir-Gedenkstätte. Die Villa wurde im Originalzustand belassen: Im Atelier stehen noch Rollstuhl und Staffelei des Malers, und auch das große Fenster zum Garten ist noch vergittert. Renoir hatte das Gitter anbringen lassen, um das Glas vor den ballspielenden Kindern zu schützen. Im Haus sieht man Zeichnungen und Skulpturen des Künstlers sowie Briefe und Fotos aus seinem persönlichen Besitz. Von Wohnzimmer und Garten blickt man auf Haut-de-Cagnes (Chemin des Collettes, ✆ 93 20 61 07; von Juli bis Sept. täglich außer Di 14.30–18.30 Uhr, von Okt. bis Juni 14–17 Uhr; 15. Okt. – 15. Nov. geschlossen).

Information: Office de Tourisme, 6, Bd. Maréchal-Juin, 06800 Cagnes-s.-Mer, ✆ 93 20 61 64.

Anfahrt: mit dem Auto von Cannes über die N 7 (21 km). Busse ab Cannes.

Hotel: Le Cagnard (II–III), Haut-de-Cagnes, Rue du Pontis-Long, ✆ 93 20 73 21: luxuriöse Zimmer in mittelalterlichen Mauern, Haus der Relais et Châteaux-Kette mit Restaurant.

Camping: Les Caraïbes, Chemin des Sailes. L'Oasis, Av. de Grasse. Panoramer, Chemin des Gros Baux, Val Fleuri. Horizon d'Azur, Quartier La Buffa, Route de Vence. Lou Cantaréou, Av. de Verdun, Chemin, Ste. Colombe. Val Fleuri, Vallon des Vaux.

Restaurants: Josy-Jo (II), Haut-de-Cagnes, 8, Place du Planastel, ✆ 93 20 68 76: provenzalische Küche, gegrillte Fische; hübsche Terrasse. Restaurant des Peintres (I–II), Haut-de-Cagnes, 71, Montée de la Bourgade, ✆ 93 20 83 08: klassische Küche. La Réserve (III), 91, Bd. de la Plage, ✆ 93 31 00 17: berühmt für seine frischen Fischgerichte. Picadero (II), 3, Bd. de la Plage, ✆ 93 73 57 81: hervorragende Küche des Jungkochs Miraglio.

Nice/Nizza

Nizza, mit ca. 400 000 Einwohnern die einzige Großstadt der Côte d'Azur, ist eine Stadt der Gegensätze. Während vom zweitgrößten Flughafen des Landes mehrmals wöchentlich Direktflüge nach New York starten, geht es in manchen Ecken der Altstadt immer noch zu wie in einem süditalienischen Dorf – Überreste der bewegten italienischen Vergangenheit der Stadt.

Nizza hat eine lange Geschichte. Es war Standort frühester menschlicher Behausungen in Westeuropa: In einer Grotte nahe dem Hafen wurde eine Wohn- und Feuerstätte der Cro Magnon-Menschen gefunden. Hier steht heute das Terra Amata-Museum. Im 5. Jh. v. Chr. gründeten die Griechen die Handelsniederlassung Nikaia, die ›siegreiche Stadt‹. Die Römer siedelten sich auf einem der Hügel von Nizza an und nannten ihn Cemenelum (Cimiez).

1388 fiel Nizza zum ersten Mal an Savoyen. Sechs Jahre zuvor war die Comtesse der Provence, Reine Jeanne, ermordet worden. Seitdem kämpften ihre beiden Söhne unerbittlich um die Macht in der Provence. Von diesem Streit profitierte ein dritter: Amadeus VII., Comte von Savoyen, konnte die Grafschaft im Komplott mit dem Stadtgouverneur Jean Grimaldi erobern. Nizza wurde Savoyen und damit Italien angegliedert. Bis auf kurze Unterbrechungen blieb die Stadt bis 1860, also fast fünf Jahrhunderte, italienisch und spielte die Rolle einer vorgeschobenen Festung Italiens.

1543 unternahm der französische König François I. zusammen mit seinen türkischen Verbündeten den vergeblichen Versuch, Nizza zu erobern. Sie belagerten die Stadt zwar mehrere Tage lang, konnten sie aber nicht einnehmen. Sonnenkönig Ludwig XIV. gelang es dann gegen Ende des 17. Jhs., die Festung auf dem Schloßberg und damit die Grafschaft Nizza in seine Hand zu bringen und die Kontrolle über die Provinz Alpes-Maritimes zu übernehmen. Ein Großteil der Nizzaer Oberstadt wurde bei den Kämpfen zerstört, der mittelalterliche Stadtkern vernichtet. Auf Dauer konnte jedoch auch Ludwig XIV. Nizza nicht halten und verlor es wieder an Savoyen. Unter Napoleon Bonaparte war die Stadt von 1792 bis 1814 französisch, als sie im Pariser Vertrag dem Comte von Savoyen und König von Sardinien zugesprochen wurde. In Schulen und Behörden benutzte man nun wieder als Amtssprache Italienisch.

Erst mit der Einigungsbewegung Italiens unter der Führung von Cavour zeichnete sich eine langfristige Lösung ab. Die Befürworter der italienischen Einheit, darunter auch der Nizzaer Bürger und Freiheitskämpfer Giuseppe Garibaldi, wollten die abgelegene Grafschaft abtreten. Eine von Cavour inszenierte Volksabstimmung brachte 1860 mit überwältigender Mehrheit den endgültigen Anschluß Nizzas an Frankreich. Er wurde im Vertrag von Turin schriftlich besiegelt und in den Straßen von Nizza ausgelassen gefeiert. Die Gegend um Tende und Brigue im Nizzaer Hinterland hingegen blieb noch 87 Jahre lang italienisches Territorium und gehört erst seit 1947 offiziell zu Frankreich.

Wie schon damals, so ist Nizza auch heute noch das große Wirtschaftszentrum der Küste und inzwischen eine bedeutende Kon-

Die andere Seite der Côte

Korruption in Nizza

»Vermeidet Nizza, denn es ist der bevorzugte Schlupfwinkel des mächtigsten Verbrecher-Milieus. Die Leute, die diesem Milieu angehören, werden von der Polizei beschützt und arbeiten eng mit ihr zusammen. Die Polizei steht in ihrem Sold, und die Justiz ist machtlos.« Eine Warnung, die Graham Greene zu Beginn der achtziger Jahre in einem Leserbrief an die Londoner ›Times‹ veröffentlichte. Der 1991 verstorbene Schriftsteller, der lange an der Côte d'Azur lebte, hatte per Zufall einen Justizskandal aufgedeckt, in dem Richter und Polizisten nur noch Marionetten des organisierten Verbrechens waren. Er verfaßte daraufhin einen 34 Seiten langen offenen Brief, um auf die Nizzaer Zustände aufmerksam zu machen. Greenes entsetzter Aufschrei löste damals eine Lawine von Presseberichten aus. Am Kern der Vorwürfe hat sich bis heute nichts geändert. Noch immer sind in Nizza Politik und Verbrechen eng miteinander verknüpft, es bestehen offenkundige Beziehungen zwischen der Mafia und den Zentren politischer Macht. Nizza, wegen der hohen Kriminalitätsrate auch Mittelmeer-Chicago genannt, ist die Stadt der institutionalisierten Korruption. Skandale und undurchsichtige Geschäfte gehören ebenso zur Hauptstadt der Côte d'Azur wie der Bellet-Wein und die *socca*.

»In Nizza werden die Geschäftsleute manchmal kriminell und die Gangster ihrerseits verstehen es regelmäßig, sich als perfekte Geschäftsleute zu erweisen«, schrieben zwei französische Journalisten in ihrem Buch ›La Baie des Requins‹ (Die Bucht der Haie), in dem sie dunkelste Machenschaften an der Côte offenlegten. Die örtliche Kriminalität beschränkt sich nicht auf kleine Taschendiebe und Banden, die sich auf das Ausräumen von Villen spezialisiert haben. Drogenhandel, Prostitution, Bankenkriminalität und Wirtschaftsverbrechen im großen Stil sind hier seit jeher zu Hause. Die Geschäfte der berühmten ›French Connection‹ wurden zum Teil in Nizza und Umgebung abgewickelt.

Die Nizzaer haben einen Namen für dieses skandalöse Treiben: *›médicinisme‹*. Jacques Médicin war seit 1966 Bürgermeister der Stadt und blieb es, bis er im September 1990 überstürzt nach Südamerika fliehen mußte. Man warf ihm die Veruntreuung öffentlicher Gelder in Millionenhöhe vor und wies ihm erhebliche Steuerschulden nach. Auslöser für die Strafanzeige gegen Médicin war eine Überweisung in Höhe von 13 Mio. Francs aus dem städtischen Budget an eine Beraterfirma. Das Unternehmen gehörte einer sehr jungen ›Bekannten‹ des Playboys Médicin, der vermutlich mitkassierte. Jedenfalls fand der Zoll in einem der vier Koffer, die sich ›König Jacques‹ ins Exil schicken ließ, eine Menge gebündelter Francs- und Dollarnoten.

Dunkle Geschäfte und finanzielle Transaktionen sind in Nizza nichts Neues: Sie fanden sogar unter dem Deckmantel städtischer Organisationen wie Nice-Animation, Nice-Communication und Nice-Opéra statt, deren Präsident jeweils Jacques Médicin hieß. Diese Gesellschaften erhielten beträchtliche Summen aus der Stadtkasse, mit denen der Bürgermeister dubiose Beteiligungen an amerikanischen und argentinischen Firmen finanzierte. Médicin unterhielt, wie sich nach seiner Flucht herausstellte, Scheingesellschaften in Panama und führte gutgefüllte Bankkonten in den USA. Seit den sechziger Jahren hat es immer wieder Enthüllungsgeschichten über die Clan- und Vetternwirtschaft der Médicins gegeben. Auch die Nizzaer wußten, daß ihr ›Jacquou‹ in dunkle Geschäfte verstrickt war. Aber sie betrachteten den ›*médicinisme*‹ als das geringere Übel gegenüber der Vorstellung, Sozialisten im Rathaus sitzen zu haben. Médicin war ein populärer Bürgermeister. Im März 1989 wurde er für weitere sechs Jahre im Amt bestätigt. Die Tatsache, daß er mehrmals vor Gericht stand, schadete seiner Autorität als Stadtvater offenbar nicht – nicht in Nizza, wo man besonders gerissenen Gaunern Respekt zollt. Als hier 1976 der ›Bankraub des Jahrhunderts‹ stattfand, bei dem die Täter über die Kanalisation zu den Tresorräumen vordrangen und mit 56 Mio. Francs verschwanden, fand man sogar in den Lokal-Zeitungen anerkennende Worte für die Bankräuber.

Auch im Herbst 1990 zeigten sich die Bürger von Nizza von der Flucht ihres Bürgermeisters und der Würde seines Abgangs, den er mit mediterraner Grandezza vollzog, beeindruckt: Médicin hatte die Nizzaer in einem seitenlangen Brief im ›Nice-Matin‹ über seinen Rücktritt informiert und sich selbst als Opfer eines sozialistischen Komplotts dargestellt. Kurz nachdem er seinen Entschluß, sich aus der Öffentlichkeit zurückzuziehen, bekanntgegeben hatte, saß er auch schon im sonnigen Nobel-Exil Punta del Este in Uruguay. Einen Monat später sprachen sich einer Umfrage zufolge immer noch 82 % der Bürger Nizzas für den graumelierten Bürgermeister mit Schnurrbart und Goldkettchen um den Hals aus.

Nizza: Blick auf Strand und Promenade des Anglais

greßstadt. Auf der Promenade des Anglais hat man an manchen Sommertagen jedoch eher das Gefühl, sich in einem Badeort an der italienischen Adria zu befinden. Es ist vor allem diese merkwürdige Mischung von Stadt und Strand, die das Besondere der Hauptstadt der Côte d'Azur ausmacht. Während sich Touristen im Fallschirm hängend vom Motorboot hochziehen lassen, sitzen auf der Promenade Rentner mit Strohhut und ältere Damen in dikken Stützstrümpfen in hellblau gestrichenen Metallstühlen und lesen den ›Nice Matin‹, die wichtigste und auflagenstärkste Tageszeitung der Côte d'Azur, bei der grundsätzlich nur Lokales auf dem Titel steht. Die Weltpolitik ist im ›Nice Matin‹ auf die hinteren Seiten abgedrängt, denn Nizza ist zwar Großstadt, seine Bewohner sind jedoch keine Großstädter oder gar Kosmopoliten. Die wirklich wichtigen Ereignisse spielen sich für sie eher im Kleinen ab. Bis vor einiger Zeit hatte die ehemalige Grafschaft sogar ihren Lokalkönig: den ›Roi Jacques‹, wie Bürgermeister Jacques Médicin hier genannt wurde, bis er sich 1990 nach Südamerika absetzte.

Der Fall Médicin belegt nur einmal mehr, daß die Mittelmeer-Metropole Heimat von Korruption und Kriminalität, von Wirtschaftsverbrechern und Mafia-Ganoven ist (s. S. 178f.). Skandale gehören zum Alltag. Und obwohl die Nizzaer über ihre gestandenen Gauner schimpfen, sind sie auch ein bißchen stolz auf sie – zumal dieses Ganoventum dem Stadtleben einen gewissen Kitzel gibt. Irgendjemand kennt immer irgendeine Geschichte über dunkle Geschäfte im Rathaus oder anderswo, die man eigentlich nicht laut erzählen darf.

Nizza ist aber auch Kulturhauptstadt der Küste: Es hat mehr als ein Dutzend großer Museen. Das Musée Matisse, das Musée Chagall oder auch das neue Museum für Moderne Kunst sind von internationaler Bedeutung. Darüber hinaus besitzt die Mittelmeerstadt eine Oper, ein bedeutendes Theater unter der Regie des prominenten Intendanten Jacques Weber und mehrere kleine Bühnen. Im Juni findet in der Oper und in diversen Kirchen der Stadt das Festival der Kirchenmusik statt, und im Juli sind die Arenen der Römersiedlung von Cimiez Schauplatz eines Jazzfestivals. In Nizza gibt es eine Universität, eine Kunstschule und ein Zentrum für zeitgenössische Kunst (›Centre national d'Art Contemporain‹), das in Zusammenarbeit mit dem französischen Kulturministerium in einer Villa hoch über den Hügeln der Stadt eingerichtet wurde. 14% des städtischen Budgets investiert man jährlich in die Kultur – das ist selbst in Frankreich ein Rekord.

Nizza ist sicher nicht der ideale Ort für einen Badeurlaub an der Côte d'Azur, dazu sind die Kieselstrände an der Uferpromenade viel zu laut und ungemütlich. Aber die Stadt eignet sich hervorragend für ausgiebige Museumsbesuche, lange Spaziergänge durch die verwinkelte Altstadt und dreigängige Abendessen auf einer der Restaurant-Terrassen. Die des *vieux Nice* sind besonders zu empfehlen und nicht einmal sehr teuer – vorausgesetzt man meidet die Nepp-Lokale.

Promenade des Anglais

Die Promenade des Anglais, einstige Prachtstraße am Meer, ist noch immer Aushängeschild und Wahrzeichen, inzwischen aber auch eine der Hauptverkehrsachsen der Stadt. Sie beginnt ungefähr auf der Höhe des Flughafens und erstreckt sich bis zur Altstadt. Teils private, teils öffentliche Kieselstrände liegen an der Promenade. Anders als die elegante Croisette in Cannes ähnelt die 6 km lange Küstenstraße allerdings inzwischen mehr einer Stadtautobahn als einer Uferpromenade. Apartment-Blocks mit eintönigen Glasfronten wurden an die Stelle prachtvoller Belle Epoque-Bauten gesetzt. Selbst in den siebziger Jahren hat man hier noch wahllos abgerissen.

Die Promenade des Anglais stammt aus einer Epoche, in der Nizza als Altersheim betuchter Briten galt. Seit Beginn des 18. Jhs. kurierten englische Aristokraten sowie Schriftsteller und Künstler hier während der Wintermonate Asthma und Bronchitis

Nizza (Altstadt)
1 Cours Saleya: Blumen- und Gemüsemarkt
2 Ponchettes
3 Musée Dufy
4 Musée Mossa
5 Oper
6 Kirche St. François-de-Paule
7 Chapelle St. Suaire
8 Chapelle de la Miséricorde
9 Palais Lascaris
10 Schloßberg
11 Jüdischer Friedhof
12 Friedhof
13 Aussichtsterrasse Friedrich Nietzsche
14 Ruinen der Festung
15 Tour Bellanda mit Schiffahrtsmuseum
16 Aufzug zum Schloßberg
17 Kriegerdenkmal von 1928
18 Kathedrale Ste. Réparate
19 Ancienne Préfecture
20 Justizpalast
21 Fischmarkt
22 Museum für Weichtierkunde
23 Fußgängerzone
24 Promenade des Arts mit Theater und Museum für Moderne Kunst (Musée d'Art Moderne)
25 Abfahrt des Minizuges zur Stadtrundfahrt
26 Busbahnhof
27 Postamt

aus. Im Jahre 1763 kam auch der schottische Schriftsteller Tobias Smollet auf Anraten seiner Londoner Ärzte. Nachdem Smollet nach seiner Rückkehr ein Buch über die Côte d'Azur geschrieben hatte, folgten viele seinem Beispiel. Zu Beginn des 19. Jhs. erlebte Nizza einen bisher ungekannten Bauboom: Die Engländer legten die zunächst nur 2 m breite Küstenpromenade an, die 1844 ihren heutigen Namen erhielt – den ihrer Erfinder. Aus dieser Zeit stam-

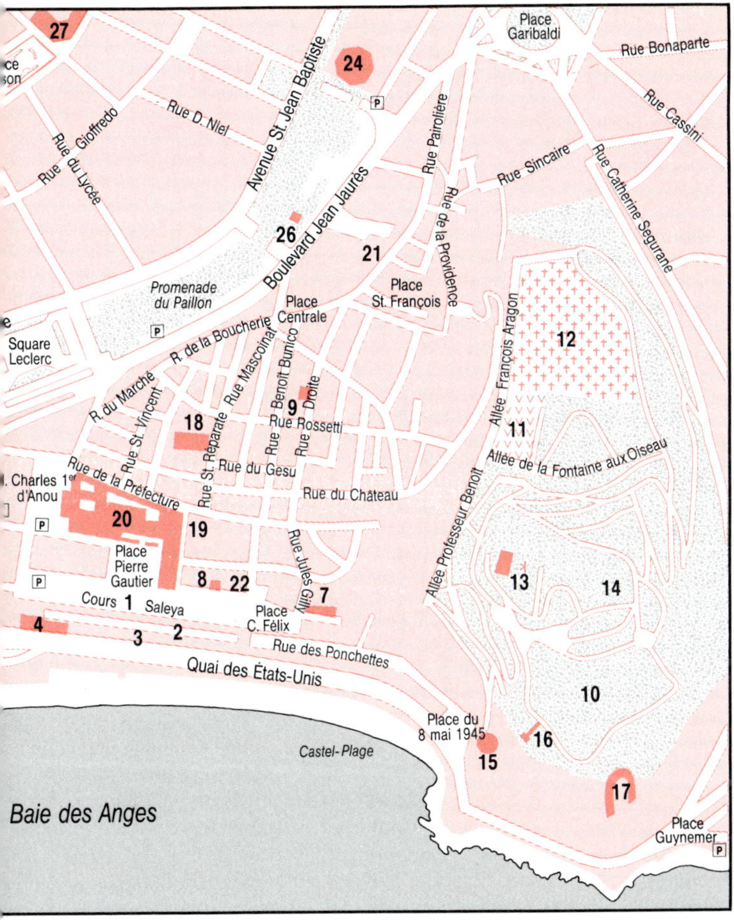

men die kleinen Villen am östlichen Abschnitt der Promenade, dem Quai des Etats Unis. Auch einige andere Bauten blieben bis heute erhalten, so zum Beispiel die N° 5, hinter deren Art Déco-Fassade der Festausschuß der Stadt tagt, die verspielte Belle Epoque-Villa mit der N° 105 und die N° 139, eine 1910 erbaute Villa im sogenannten Nudelstil *(style Nouille)*. Die Hotels Royal (N° 23), Westminster (N° 27) und West-End (N° 31) sind ebenfalls in

Das Hotel Negresco

Als das Hotel Negresco 1913 eröffnet wurde, sollen sieben gekrönte Staatsoberhäupter zugegen gewesen sein, darüber hinaus englische Lords und französische Marquisen, die Rockefellers und die Vanderbilts, kurzum die mondäne Gesellschaft der damaligen Zeit. Für Kellner Henry Negresco, der mit 15 Jahren seine Heimatstadt Bukarest verlassen hatte, um in Europa zu arbeiten, ging ein Traum in Erfüllung. Ein französischer Industrieller hatte sein Projekt, das beste und luxuriöseste Hotel an der Côte zu betreiben, unterstützt. Der fünfgeschossige Bau mit Eckturm kostete ein Vermögen, wobei ein Zehntel der Gesamtinvestitionen allein auf den Teppich im Salon Royal entfiel. Alles war vom Feinsten, und der Stil des Hauses gefiel. Im ersten Jahr machte der ehemalige Kellner Henry 800000 Francs Gewinn. Dann aber kam der Erste Weltkrieg, und das Negresco wurde zum Hospital umfunktioniert. Bei Kriegsende war Henry bankrott und krank. Er starb 1920 52jährig, ohne die besten Zeiten seines Hotels erlebt zu haben.

Das Negresco verfiel, bis die Nizzaer Familie Augier es 1957 aufkaufte und zu neuem Glanz erweckte. Die Augiers reduzierten die ursprünglich über 400 Zimmer und Suiten auf 150 und investierten erneut Millionen. Jeanne Augier, die in einem Penthouse auf dem Dach des Hotels wohnt, kümmert sich um die Ausstattung der Säle, Flure und Zimmer. Jede Etage ist dem Stil einer anderen Epoche nachempfunden, die zweite der Moderne, die dritte Louis-quinze, die vierte dem Empire und die fünfte dem Zeitgeschmack unter Napoleon III. Über das Hotel verteilt finden sich wertvolle Kunstgegenstände, die Madame im Laufe der Jahre zusammengetragen hat. Im Salon Royal hängt ein Kristallüster von einer Tonne Gewicht, von dem es nur ein weiteres Exemplar im Moskauer Kreml gibt. 1974 stellte der französische Staat das Negresco unter Denkmalschutz. In der Bar des Hotels saßen schon Ernest Hemingway, Scott Fitzgerald, Marlene Dietrich und Coco Chanel. Weitere berühmte Negresco-Gäste findet man auf dem Weg zur Hotelhalle an der rechten Wand: Hier hängen Fotos von Königin Elizabeth von England, den Stones, Orson Welles, Churchill und Sophia Loren. Gegenüber erinnert das Plakat zur Eröffnung im Jahre 1913 an eine Zeit, in der Monsieur Negresco sich nicht hätte träumen lassen, daß sein Hotel einmal als eines der letzten Grandhotels der Côte d'Azur überleben sollte.

Nizza: Fassade des Hotels Negresco

ehemaligen Belle Epoque-Residenzen untergebracht.

Die beiden Vorzeige-Paläste bleiben jedoch das berühmte **Hotel Negresco** mit seiner schon von weitem sichtbaren roten Kuppel und das Palais Masséna gleich nebenan, während das einstige Pendant zum Negresco, das Hotel Ruhl am Jardin Albert I., 1970 abgerissen und durch den einfallslosen Casino-Neubau ersetzt wurde. Das Negresco steht inzwischen unter Denkmalschutz und ist eine Sehenswürdigkeit, obwohl der Glanz dieses zu den letzten Grandhotels der Côte d'Azur zählenden Hauses bröckelt, spätestens seit ein deutscher Automobilhersteller in der grandiosen Kuppelhalle des Hotels sein neuestes Modell ausstellen durfte. Der Portier im napoleonischen Reiterkostüm gehört zu den meistfotografierten Männern der Stadt Nizza (s. S. 184).

Das benachbarte **Palais Masséna,** um 1900 als Stadtresidenz für den Prinzen von Essling (mit bürgerlichem Namen Victor Masséna) erbaut, ging 1918 in städtischen Besitz über. Der Prinz machte zur Bedingung, daß die Villa mit ihrem wunderschönen Rundbalkon zum Meer und einem großen Palmengarten als Museum der Öffentlichkeit zugänglich gemacht werde. Heute ist hier eine Gemäldesammlung der ›Nizzaer Schule der Primitiven‹ untergebracht. Einige Wohnräume können besichtigt werden (10–12 und 14–17 Uhr bzw. von Mai–Sept. 15–18 Uhr).

Das **Palais de la Méditerranée** liegt zwischen der Rue Royale und der Rue du Congrès. Es wurde 1929 im Auftrag des amerikanischen Millionärs Frank Jay Gould, Sohn des Eisenbahnerkönigs Jason Gould, als eine der luxuriösesten Spielbanken der Welt erbaut. 1989 sollte das Haus abgerissen werden, nachdem das Casino jahrelang leergestanden hatte und zunehmend verfallen war. Nach langem Ringen konnte Kulturminister Jack Lang sich durchsetzen und zumindest die Fassade unter Denkmalschutz stellen. Dahinter zieht nun eine kuwaitische Finanzholding ein Luxuseinkaufszentrum mit Hotelbetrieb hoch.

Die Altstadt

Die Altstadt ist das Schönste von Nizza. In ihren verwinkelten engen Gassen fühlt man sich nach Italien versetzt. Die Häuser haben dunkelrote und gelbe Fassaden, fast an jeder Ecke steht eine kleine Barockkirche oder Kapelle. Vor den Fensterläden hängen Wäscheleinen und Vogelkäfige. In Krämerläden werden die kleinen Nizzaer Oliven, Wein, frische Pasta und Gnocchis verkauft. Hier muß man *socca,* fladengroße, flache Pfannkuchen aus Kichererbsenmehl, und *pan bagnats,* mit Tomaten, Thunfisch oder anderen Zutaten gefüllte Weißbrottaschen, essen oder auf einer Café-Terrasse Cappucino trinken und die Sonne genießen.

Noch immer leben in der Altstadt neben Arabern und *pieds noirs* viele italienische Einwanderer: Die Namen auf den Klingelschildern enden oft auf o und i. Die italienische Vergangenheit Nizzas ist an jeder Ecke lebendig geblieben: Die Straßen und Plätze heißen Rosetti, Garibaldi oder Colonna d'Istria. Und die rechteckige **Place Masséna** erinnert an eine Piazza in Turin.

Herz der Altstadt ist der **Cours Saleya,** ein langgestrecktes Rechteck, auf dem jeden Vormittag außer montags der Blumen- und Gemüsemarkt von Nizza stattfindet. Hier werden nicht nur Schnittblumen, Orangen- und Zitronenbäumchen, Oleander und ganze Büsche von Thymian angeboten, hier findet man auch wahre Prachtexemplare an Artischocken und Zucchiniblüten, die *fleurs de courgettes,* die die Nizzaer Hausfrauen mit einer Kräuter-Hack-Mischung füllen.

Zur Meerseite hin wird der Cours Saleya von einer flachen Häuserzeile, den sogenannten **Ponchettes** begrenzt. Ursprünglich sollen in ihnen Werftbetriebe untergebracht gewesen sein. Später zogen Fischhandlungen, kleine Lebensmittelläden und eine Polizeiwache ein. Inzwischen werden die Händler immer mehr von Moderestaurants verdrängt. Aber noch gibt es hier *fromagerien,* in denen man die Butter mit einem Draht vom Block abschneidet und Eier einzeln in Zeitungspapier verpackt. Die flachen Dächer der Ponchettes konnte man früher begehen. Nach einer Seite blickte man aufs Meer, zur anderen auf den Markt. Heute sind sie offiziell gesperrt und nur noch an einer Stelle zugänglich: Ungefähr in der Mitte des Cours Saleya hat ein Fischrestaurant Tische und Stühle auf das Flachdach gestellt.

In den Ponchettes sind zwei kleine, aber sehenswerte Museen mit Werken von Nizzaer Malern untergebracht, das **Musée Raoul Dufy** und das **Musée Mossa** (Eingang an der Meerseite). Der von Cézanne beeinflußte Maler Dufy wurde 1877 in Le Havre geboren, verbrachte aber einen Großteil seines Lebens in Nizza. Das Museum zeigt seine Ölbilder und Aquarelle, viele mit Motiven der Stadt, sowie Zeichnungen und Stoffentwürfe für den Pariser Couturier Paul Poiret (Bus 38, Haltestelle Quai des Etats Unis;

Nizza: Blick auf die Dächer der Altstadt

10.30–12 und 14–18 Uhr, So vormittags und Mo geschlossen). An den Steinsäulen des Dufy-Museums sind noch eingeritzte Ziffern zu erkennen, die Nummern der Fischstände, an denen hier einst verkauft wurde.

Alexis Mossa und sein Sohn waren begeisterte Anhänger des Nizzaer Karnevals. Die Gemälde von Gustav-Adolf Mossa zeigen Karnevals- und Alltagsszenen, die an Bilder von Toulouse-Lautrec erinnern (Öffnungszeiten wie im Musée Dufy). Zwei Durchgänge – jeweils am oberen und unteren Ende des Cours Saleya – führen vom Quai des Etats Unis durch die Ponchettes in die Altstadt und auf den **Markt** zurück, der wohl der schönste der gesamten Côte d'Azur ist.

In der westlichen Verlängerung des Cours Saleya, der Rue St. François-de-Paule, finden sich zwischen der Oper und der **Eglise St. François-de-Paule** aus dem 18. Jh. wunderbar altmodische Läden, wie die Pâtisserie Auer und der Olivenölhändler Alziari, bei dem das Öl noch per Hand in kleine, viereckige Kanister abgefüllt wird. In diesem Teil der Altstadt stehen noch mehrere Stadtpalais aus dem 17. und 18. Jh., wie das Palais Hongrand (2, Rue St. François-de-Paule) und das Palais Héraud (15, Rue A. Mari). Ihre prächtigen Treppenhäuser sind jedermann zugänglich.

Am Cours Saleya sind zwei der schönsten Sakralbauten von Nizza zu sehen: die Barockkirche **St. Suaire** und die **Chapelle de la Miséricorde,** die leider fast immer geschlossen ist. Für eine Besichtigung muß man sich im **Palais Lascaris** in der Rue Droite anmelden. Dieses sehenswerte Stadtpalais aus dem 17. Jh., einst Sitz der Adelsfamilie Lascaris-Ventimiglia, ist in ein Museum umgewandelt worden. Das Wappen der Familie ziert noch das wunderschöne, offene Vestibül. Die Räume des aufwendig gestalteten Wohnhauses wurden inklusive der Deckenfresken in den sechziger Jahren renoviert. Im Erdgeschoß ist eine alte Apotheke von 1793 untergebracht, im dritten Stock ein Heimatmuseum (Busse 1 bis 6, 14, 16 und 17, Haltestelle Lycée; 9.30–12 und 14.30–18 Uhr, Mo und im Nov. geschlossen; Führungen jeweils um 15 Uhr).

Die Rue Droite liegt mitten im Gassenlabyrinth des *vieux Nice*. In diesem Teil der Altstadt sieht man Straßenstände mit frischer Pasta, Lavendelhonig und Oliven, Cous-Cous-Restaurants, Bars mit arabischer Musik und Cafés mit Glasvitrinen, in denen klebrige, kleine Kuchen liegen. Die Altstadt ist seit Jahrzehnten zur neuen Heimat für arabische Einwanderer, hauptsächlich aus den nordafrikanischen Maghreb-Staaten, geworden.

Über die Rue Rosetti führt ein Weg hinauf zum Schloßberg (ca. 20 Min.). Über steile Treppen und an künstlichen Wasserfällen vorbei kommt man zum zentralen Aussichtspunkt dieses 100 m hohen Hügels, der **Friedrich Nietzsche-Terrasse.** Sie wurde nach dem deutschen Philosophen benannt, der hier während seiner Aufenthalte in Nizza mit Vorliebe spazierenging. Von der Terrasse hat man einen herrlichen Blick über die roten Ziegeldächer der Altstadt, auf die goldenen Kuppeln der russischen Kathdrale und auf das tiefblaue Meer der sanft geschwungenen Baie des Anges. Die Festung, die einst auf dem Hügel stand, wurde 1706 auf Anordnung von Ludwig dem XIV. geschleift. Vom sogenannten ›**Château**‹ sind nur noch Ruinen zu sehen. Am äußersten Zipfel des Hügels steht die 1825 erbaute **Tour Bellanda,** in der heute ein Marinemuseum untergebracht ist, das Modelle von Segelbooten, Passagier- und Kriegsschiffen sowie Dokumente zur Schiffahrt und Fischerei in Nizza zeigt (10–12 und 14–17 Uhr, Juni–Sept. bis 19 Uhr, Di geschlossen). Beim Turm befindet sich ein **Aufzug,** mit dem man bequem auf den Schloßberg und wieder herunter zum Quai des Etats-Unis fahren kann.

Weitere Sehenswürdigkeiten in der Altstadt sind die Kathedrale Ste. Réparate aus dem 17. Jh. an der Place Rosetti, die ehemalige Präfektur (Ancienne Préfecture), einst Sitz der Herzöge von Savoyen und der Könige von Sardinien, die gleich neben dem pompösen Justizpalast liegt, der große Fischmarkt auf der Place St. François und – für Liebhaber – das Museum für Weichtierkunde am Cours Saleya (Musée de Malacologie mit Aquarium und Muschelsammlung, 10–12 und 14–19 Uhr, So und Mo geschlossen).

Die Neustadt

Die Neustadt von Nizza beginnt hinter dem Boulevard Jean Jaurès, der nördlichen Begrenzung der Altstadt. Eine Grenze zieht der Paillon bzw. sein überdachtes Flußbett. Denn nachdem der aus den Bergen kommende Fluß immer wieder über seine Ufer getreten war, entschied man 1860, ihn Stück für Stück verschwinden zu lassen und zu überbauen. Heute befinden sich an seiner Stelle Grünanlagen wie die Jardins Albert I., die sich bis zur Promenade des Anglais hinziehen, ein Parkhaus mit hängenden Gärten sowie die rechteckige **Place Masséna.** Der italienisch anmutende Platz mit seinen dunkelrot gestrichenen Stadthäusern bildet ziemlich genau den Übergang zwischen Alt- und Neustadt. In der Rue Masséna beginnt die wenig attraktive Fußgängerzone von Nizza mit ihren Modeboutiquen und Straßencafés, die später in die Rue de France übergeht. Den gesichtsloseren Teil von Nizza direkt hinter der Place Masséna durchzieht die

Avenue Jean Médicin als zentrale Verkehrsader, die den Namen des langjährigen Bürgermeisters der Stadt trägt. An dieser großen Ausfallstraße Richtung Norden reihen sich Banken, Kaufhäuser, Reisebüros und große Einkaufszentren wie das Nice Etoile aneinander. An der Verlängerung der Avenue steht die Gare du Sud, ein etwas heruntergekommener, aber dennoch schöner alter Bahnhof, von dem früher die sogenannten Pinienzapfenzüge ins Nizzaer Hinterland abfahren (s. S. 200).

Hält man sich von der Altstadt kommend an der Place Masséna rechts, so gelangt man über die Promenade du Paillon zum neuen Theater und zum 1990 eröffneten Museum für Moderne Kunst. Schon von weitem sieht man den kompakten Marmorblock des Theaters. Theater und Museum stehen auf einem roten Sockel und sind von Olivenbäumen und Wasserbecken umgeben, die mediterranes Ambiente nachempfinden sollen. Auf dem großen Marmorvorplatz, der Promenade des Arts, dreht sich ein Mobile von Calder sanft im Wind.

Nizza: Theater und Mobile von Calder

Das 1990 eröffnete **Museum für Moderne Kunst** (Musée d'Art Moderne et D'Art Contemporain) ist in einem Marmor-Eisen-Glas-Bau des Architekten Yves Bayard untergebracht. Noch unter Jacques Médicins Regie kaufte die Stadt für Millionen von Francs zeitgenössische Kunstwerke auf, und zwar sowohl Bilder von französischen Künstlern der Region wie Ben, Arman und Yves Klein als auch von Amerikanern wie Jasper Johns, Warhol und Lichtenstein. Das Museumsmobiliar entwarf Stardesigner Jean-Yves Wilmotte (Busse 3 bis 5, 7, 9, 10, 16, 17, 25, Haltestelle Promenade des Arts; 11–18 Uhr, Fr bis 22 Uhr, Di und feiertags geschlossen).

Allein der Blick vom Museumsdach über die Stadt und auf den Friedhof, dessen monumentale Marmorgräber sehenswert sind, lohnt den Besuch. Direkt unter dem Gebäude, dessen vier Marmorblöcke mit Eisenträgern verbunden sind und so einen Licht-

hof ergeben, verläuft die Route de Turin, die ›Straße nach Turin‹. Sie führt über die nahe **Place Garibaldi.** Dieser geometrische Platz mit ockerfarbenen Fassaden und Arkadengängen wurde im 18. Jh. angelegt, als die Monarchen von Piemont-Sardinien über die Grafschaft Nizza herrschten. Er ist nach einem prominenten Sohn der Stadt benannt: dem 1808 geborenen Freiheitskämpfer Giuseppe Garibaldi, der entschieden für die italienische Einigung eintrat, mit der Nizza dann allerdings an Frankreich zurückging. Das Reiterstandbild des Freiheitskämpfers thront heute über den Blumenrabatten der Place Garibaldi. Von hier ist es nicht mehr weit bis zum alten Hafen **Port Lympia,** in den 1751 die ersten Schiffe einliefen. Heute legen hier die Fähren nach Korsika ab.

Weitere Sehenswürdigkeiten in der Neustadt: die **russisch-orthodoxe Kirche** in der Nähe des Hauptbahnhofs. Der 1912 eingeweihte Kuppelbau geht auf die häufige Anwesenheit der Zarenfamilie im Nizza des ausgehenden 19. Jhs. zurück. Zar Alexander II. verbrachte in Nizza gerne die Wintermonate und starb hier auch überraschend. Bis heute gibt es in Nizza eine russische Gemeinde. Im Innern der Kirche, die den Grundriß eines griechischen Kreuzes hat, ist eine Sammlung russischer Ikonen zu sehen.

Weiter südlich, im ruhigen Wohnviertel Quartier des Baumettes, ist im ehemaligen Privatwohnsitz der russischen Prinzessin Kotschubey das **Museum der Schönen Künste** (Musée des Beaux Arts) untergebracht. Die Belle Epoque-Villa von 1925 mit Garten ist ebenso sehenswert wie das Museum selbst, in dessen Eingangshalle ein Jüngling von Rodin steht. Zu den Sammlungen gehören Gemälde von Fragonard, den Impressionisten Boudin, Degas, Monet und Sisley sowie Skulpturen von Rodin und Carpeaux. Ein Teil des Museums ist den Werken von Jules Chéret, einem Wegbereiter der modernen Plakatmalerei, gewidmet (33, Av. des Baumettes; Busse 3, 7, 12, 18, 22, Haltestelle François Grosso; Bus 38, Haltestelle Chéret; 10–12 und

14–17 Uhr, von Mai–Sept. 15–18 Uhr, Mo sowie feiertags geschlossen).

Das **Musée Terra Amata** liegt außerhalb des Stadtzentrums, und zwar genau an der Stelle, an der Archäologen Überreste einer vorgeschichtlichen Siedlung gefunden haben. Das prähistorische Museum zeigt Karten, Schaubilder und Rekonstruktionen, u. a. von der Grotte von Mont Boron (25 Bd. Carnot, Busse 1, 2, 7, 9, 10, 20, Haltestelle Port; 10–12 und 14–18 Uhr, Mo, feiertags und in der ersten Septemberhälfte geschlossen).

Ein Museum für naive Kunst, das **Musée International d'Art Naïf Anatole Jakovsky**, ist im Château Sainte-Hélène untergebracht, einer Villa der Jahrhundertwende, die einem Sohn des Casino-Direktors von Monte-Carlo, François Blanc, gehörte. (Av. Val-Marie, Buslinien 9, 10, 12, Haltestelle: Fabron; 10–12 und 14–17 Uhr, von Mai–Sept. bis 18 Uhr, Di und feiertags geschlossen).

Für Kinder ist der 1989 eröffnete **Parc des Miniatures** westlich der Stadt eine Attraktion. Auf dem 3 ha großen Gelände mit kleinen Seen, Wasserfällen und Brunnen wird anhand von über 300 Miniaturmodellen die 400 000jährige Geschichte der Stadt erzählt (Bd. Impératrice Eugénie; Buslinie 22, Haltestelle: Parc des Miniatures; 9.30–17.30 Uhr).

Auf dem 7 ha großen **Parc Floral de l'Arénas Phoenix** gegenüber vom Flughafen befinden sich ein Botanischer Garten, Vogelvolieren und das mit 7000 qm größte Gewächshaus Europas (405, Promenade des Anglais, Buslinien 9, 10, 24, 26, Haltestelle: Arénas; 10–17 Uhr, Mo geschlossen).

Cimiez

Cimiez liegt nördlich von Alt- und Neustadt auf einem Hügel hoch über der Stadt. Es ist nur mit dem Bus oder Auto zu erreichen, gehört aber zum Pflichtprogramm von Nizza-Besuchern. Hier befinden sich nicht nur eines der schönsten Museen der Stadt, das Musée Matisse, und die gut erhaltenen Ruinen einer Römersiedlung, hier stehen auch noch die luxuriösen Winterresidenzen des europäischen Hochadels. Während im unteren Teil Nizzas viele alte Gebäude abgerissen wurden, lassen die prachtvollen Villen mit großen Freitreppen, Wintergärten und Privatparks in Cimiez erahnen, wie Nizza im 19. Jh. aussah.

Unten am Boulevard de Cimiez, der den Hügel mit der Stadt verbindet und einst als breite Kutschenzufahrt für die königlichen Gäste angelegt wurde, sind mehrere Villen aus der Zeit zu sehen, als Nizza ›Winterhauptstadt Europas‹ war. In der im italienischen Stil errichteten **Villa El Paradisio** ist das Musikkonservatorium von Nizza untergebracht. Ganz in der

Nähe, genau auf halber Strecke von der Stadt nach Cimiez, liegt das **Musée Marc Chagall,** ein sehr moderner Bau und eines der wichtigsten Museen der Stadt (Av. du Docteur Ménard/Ecke Bd. Cimiez). Das Museum besitzt 17 große Ölgemälde des Künstlers zum Thema der biblischen Botschaft. Chagall hatte die Bilder ursprünglich für eine Kapelle in Vence gemalt. Durch Vermittlung von André Malraux kamen sie nach Nizza. Neben den Bildern der ›Message Biblique‹ sind Skulpturen, Glasfenster und ein großes Mosaik über dem Wasserbecken im Lichthof des Museums zu sehen, außerdem Skizzen, Gouachen und Lithographien (10–12 und 14–17.30 Uhr, von Juli–Sept. durchgehend von 10–19 Uhr; Di geschlossen).

Das prächtigste aller Palais, das vom Architekten Sebastien Biasini für Queen Victoria erbaute **Winterpalais Régina**, wurde 1897 auf dem Hügel eröffnet. Das Régina hat die schönste Fassade von Cimiez: mit einer Veranda aus Glas, Balkonen mit schmiedeeisernen Gittern und Türmchen auf dem Dach. Wie fast alle Winterresidenzen des europäischen Hochadels wurde das Palais in ein luxuriöses Apartmenthaus für betuchte Rentner und reiche Nizzaer Familien umgewandelt.

Unweit dieses Prunk-Palastes befinden sich die Überreste einer anderen bedeutsamen Epoche der Stadt: Im 3. Jh. n. Chr. sollen in Cemenelum (Cimiez) ungefähr 20000 Menschen gewohnt haben. Die Größe der entdeckten Thermen und Arenen lassen auf diese Zahl schließen. Obwohl man seit langem von einer römischen Siedlung auf dem Hügel wußte, wurde hier erst ab Ende des 19. Jhs. systematisch gegraben. 1985 entdeckte man dann sogar noch eine prähistorische Siedlung von etwa 3500 v. Chr.

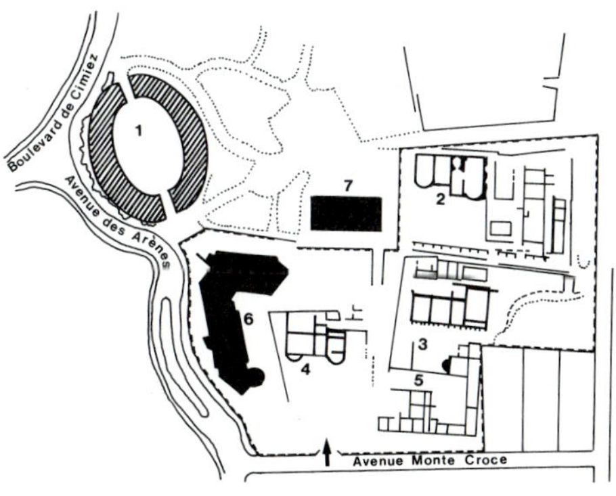

Cimiez
1 Arenen
2 Magistratsthermen
3 Männerthermen
4 Frauenthermen
5 Wohnviertel
6 Archäologisches Museum
7 Matisse-Museum

Die römischen Arenen, ein von Olivenbäumen umgebenes Oval, liegen in der Nähe des Régina auf dem höchsten Punkt von Cimiez. Mit 67 m Länge und 56 m Breite boten sie etwa 5000 Zuschauern Platz. Im Juli findet hier alljährlich das Jazzfestival von Nizza statt.

Die Thermen auf dem Gelände des Archäologiemuseums stammen aus dem 3. Jh. v. Chr. und gehören zu den besterhaltenen Überresten von Cemenelum. Sie sind in drei Bereiche unterteilt, die Magistratsthermen, die Männer- und die Frauenthermen. Diese sind jeweils mit zwei Heißwasser-, einem Warmwasser- und einem Kaltwasserbecken ausgestattet. Besonders sehenswert ist das Frigidarium der Magistratsthermen mit einer 16 m langen und 10 m hohen Wand. Auf dem Ausgrabungsgelände befindet sich auch das **Archäologische Museum.** In den modernen Räumen ist ausgestellt, was Archäologen auf dem Hügel von Cimiez fanden, aber auch Objekte aus dem griechischen Nikaia. Die Sammlung umfaßt Fundgegenstände von der Bronzezeit bis zum frühen Mittelalter (Av. Monte Croce; Busse 15, 17, 20, 22, Haltestelle: Arènes; 10–12 und 14–17 Uhr, Mai–Sept. bis 18 Uhr; So vormittags, Mo und im Nov. geschlossen).

Unbedingt sehenswert ist das **Matisse-Museum** in der ehemaligen Villa des Arènes (164, Av. des Arènes). Das im 17. Jh. erbaute Wohnhaus eines Konsuls aus Nizza wird seit 1991 einer vollständigen Renovierung unterzogen. Der Zeitpunkt der Wiedereröffnung ist noch ungewiß. Die Sammlung besteht aus Schenkungen von Matisse bzw. von der Familie oder der Frau des 1958 verstorbenen Künstlers. Sie umfaßt das nahezu vollständige bildhauerische Werk, darüber hinaus 130 Gravuren, 180 Zeichnungen, Skizzen und Druckgraphiken sowie 32 Ölgemälde und gibt einen hervorragenden Überblick über das Werk des Künstlers. Darunter sein erstes Ölbild, ein 1890 entstandenes Stilleben (Busverbindung s. o., Haltestelle Arènes).

Eine weitere Sehenswürdigkeit in Cimiez ist das **Franziskaner-Kloster** aus dem 16. Jh. Die neogotische Fassade entstand später. Zu den Kunstschätzen des Klosters gehören Altarbilder von Louis Bréa und eine Pieta von 1475. Das Museum vermittelt Einblicke in die Geschichte des Ordens (Place du Monastère; 10–12 und 15–18 Uhr; So und feiertags geschlossen). Vom Klostergarten hat man einen herrlichen Ausblick auf das Paillon-Tal.

Praktische Hinweise

Information: Office de Tourisme, Gare SNCF, Av. Thiers, 06000 Nizza, ✆ 93 87 07 07. Zweigstellen: beim Park Albert I., Av. Gustave V., ✆ 93 87 60 60; nahe dem Flughafen, Nice-Parking, ✆ 93 83 32 64.

Führungen durch die Altstadt ab Palais Lascaris (s. S. 188) Mi, Do, Sa und So um 10.15 Uhr.

Flugzeug: Der westlich der Stadt gelegene Aéroport International Nice–Côte d'Azur, ✆ 93 21 30 30, ist der einzige internationale Flughafen der Côte d'Azur. Es besteht ein Autobusservice zu den größten Städten der Küste, nach Monaco und an die italienische Riviera. Vom Terminal Aéroport 1 starten alle internationalen und nationalen Flüge außer nach Paris. Vom Aéroport 2 gibt es ausschließlich Flugverbindungen von und nach Paris (bis zu 20 Flüge täglich). Panoramaflüge mit Hubschraubern über die Bucht von Nizza, das Hinterland und entlang der Küste bietet: Nice Hélicoptères, 30, Av. Jean Médicin, ✆ 93 80 00 77.

Züge: Gare SNCF, Av. Thiers, ✆ 93 87 50 50. Der Superschnellzug TGV verbindet Nizza mit Paris in 7 Std. (2–3 × täglich). Neben den Zügen der staatlichen Eisenbahngesellschaft SNCF fahren ab Nizza die Züge der privaten Gesellschaft Chemins de Fer de Provence ins Hinterland. Auskünfte: 4, Rue Alfred Bíned, ✆ 93 82 10 17.

Busse: regelmäßige Busverbindungen mit allen größeren Orten der Côte d'Azur. Busbahnhof Nizza: Gare Routière, Promenade du Paillon, ✆ 93 80 08 70. Mehrere private Reisebusunternehmen bieten Fahrten zu Orten der Küste und ins Hinterland an. Auskünfte: Phocéens Cars, 2, Pl. Masséna, ✆ 93 85 66 61; Santa Azur, 11, Av. Jean Médicin, ✆ 93 85 46 81; Sun Riviéra Tours, 14, Rue François Guisol, ✆ 93 55 24 00. Auch die städtischen Busbetriebe fahren diese Orte an, allerdings ohne Führung. Auskunft: Gare Routière, Esplanade du Paillon, ✆ 93 85 61 81.

Busverkehr in Nizza: Alle Sehenswürdigkeiten der Stadt sind mit Bussen zu erreichen (Busplan im Office du Tourisme). Die Verkehrsbetriebe bieten ein *Billet touristique* (1 Tag gültig) und eine *Carte touristique* an (7 Tage gültig); man kann sie in den Büros der städtischen Busbetriebe T. N. kaufen: 10, Av. Felix Faure, und im Büro Bus Masséna/Parc Autos, Place Masséna.

Fährverbindungen bestehen mit Korsika (Ajaccio, Bastia,

Nizza: Szene an der Promenade des Anglais

Der Casinokrieg

Die großen Zeiten der Casinos an der Côte gehören der Vergangenheit an. Vorbei sind die Zeiten, in denen Zelda Fitzgerald im hochgezogenen Rock auf den Spieltischen Charleston tanzte; vorbei sind die Zeiten, in denen Françoise Sagan barfuß aus dem Casino von Monte-Carlo ging und sich vom Portier ihre Ente vorfahren ließ, nachdem sie gegen König Farouk beim Baccarat gewonnen hatte.

Viele Casinos mußten in den vergangenen Jahren schließen. Spieler, die an einem Abend 100 000 DM ›riskieren‹, gibt es kaum noch. Im Palm Beach in Cannes spielen an Tisch N° 29 zwar noch ein paar Scheichs gelangweilt um große Summen. Der dazugehörige Kitzel bleibt jedoch aus, denn was haben sie schon zu verlieren?

Im Casino von Monte Carlo bestimmen schlecht angezogene Touristen und Yuppies mit Fliege und Budapesterschuhen das Bild. Die Baccarat-Tische sind fast ausschließlich von Italienern besetzt, die 60% der Kundschaft stellen. Um große Summen wird nur unter Ausschluß der Öffentlichkeit gespielt, im ›Super-Privé‹, einem mit rotem Leder ausgeschlagenen, sehr intimen Salon. Inzwischen wird das große Geschäft überall mit den ›machines à sous‹ gemacht, den einarmigen Banditen.

Der Untergang der Casinos an der Côte d'Azur wurde durch den berüchtigten ›Guerre des Casinos‹ in den siebziger Jahren beschleunigt. Es war Jean-Dominique Fratoni, der den Krieg initiierte. Anfang der siebziger Jahre besaß Fratoni, von Freunden auch kurz Jean-Do

Calvi, Porto Vecchio). Hafenmeisterei/Capitainerie du Port: 2, Quai d'Entrecasteaux, ✆ 93 89 50 85. Tagesausflüge nach Korsika: SNCM, Gare Maritime, Quai du Commerce, ✆ 93 89 89 89. Täglich Boote nach Monaco, zu den Iles de Lérins vor Cannes und nach St. Tropez; Auskunft: Bateaux Gallus 80, 24, Quai Lunel, ✆ 93 55 33 33.

Anreise mit dem Auto: über die Autobahn A 8 (Ausfahrt Nizza) oder über die Küstenstraße N 98 bzw. N 7; aus dem Hinterland kommend, über die N 202.

Leihwagen: Avis, 2, Av. des Phocéens, ✆ 93 80 63 52, sowie Place de la Gare de Nice, ✆ 93 87 90 11. Budget: im Flughafen, ✆ 93 21 36 50, und Rue de Belgique, ✆ 93 16 24 16. Europcar: im Flughafen, ✆ 93 21 36 44; 6, Av. de Suède, ✆ 93 88 64 04, und 89, Rue de France, ✆ 93 87 08 53. Hertz: im Flughafen, ✆ 93 21 36 72, und 12, Av. de Suède, ✆ 93 87 11 87.

genannt, mit dem Casino-Club und dem Ruhl von Nizza ein kleines Imperium, das er ausbauen wollte. Also gab er den Startschuß für die Generalattacke auf die Konkurrenz. Innerhalb von wenigen Monaten räumten von Jean-Do beauftragte Spielertrupps in den Etablissements ab, und zwar immer nach dem gleichen Prinzip: Beim Spiel mit gefälschten Karten sprengten die Fratoni-Freunde die Bank, und die Casinos wurden in letzter Minute von Fratoni gerettet. So kam dieser in den Besitz der Casinos von Menton und Ste. Maxime. Das Casino von Beaulieu führten inzwischen Freunde von Fratoni. In Cannes saß indessen sein Erzfeind Lucien Barrière, dem mit solchen Methoden nicht beizukommen war. Blieb als einziger noch zu erobernder Spielpalast das ›Palais de la Méditerranée‹ in Nizza , das die hartnäckige und eigenwillige Madame Le Roux führte. Um auch dieses Casino an sich zu reißen, erkaufte sich Fratoni die Stimme ihrer Tochter, Agnès Le Roux, die 1977 bei der Entscheidung über den Verkauf des Palais gegen die Familie stimmte. Wenige Monate danach verschwand sie spurlos und wurde später für tot erklärt, obwohl man nie ihre Leiche fand. Fratoni übernahm das Casino, mußte aber schon ein Jahr später wegen eines 10-Millionen-Francs-Defizits schließen. 1979 wurde auch der Betrieb des Ruhl auf Weisung des Innenministers eingestellt: Im viertgrößten Casino Frankreichs waren Mafia- und Drogengelder im großen Stil reingewaschen worden. Menton und Beaulieu schlossen aus denselben Gründen. Fratoni flüchtete in die Schweiz. Aber noch immer zieht der einstige Casino-König die Fäden: Er läßt Sohn und Schwiegersohn das verbliebene Fratoni-Imperium führen, das Ruhl in Nizza.

Hotels der Kategorie L und III: Beau Rivage (L), 24, Rue St. François-de-Paule, ✆ 93808070: Luxushotel mit Privatstrand, Blick auf die Promenade des Anglais. Hôtel Negresco (L), 37, Promenade des Anglais, ✆ 93883951: s. S. 104; die Zimmer halten nicht immer, was die Preise versprechen. West-End (III–L), 31, Promenade des Anglais, ✆ 93887991: neben dem Negresco, aber etwas günstiger. La Pérouse (III), 11, Quai Rauba-Capeu, ✆ 93623463: angenehmes Hotel unterhalb des Schloßhügels; Zimmer mit Meerblick; Loggia oder Terrasse. Altea Masséna (II–III), 58, Rue Gioffredo, ✆ 93854925: modernes Haus, 200 m vom Meer entfernt.

Mittelklassehotels: Petit Palais (II-III), 10, Av. E.-Bieckert, ✆ 93621911: prachtvoller Belle Epoque-Bau im Grünen, im Stadtteil Cimiez. Vendôme (II), 26, Rue Pastorelli, ✆ 93620077: mit Garten, in einem ehemaligen Stadtpalais. Hôtel Brice (II), 44, Rue du Mal-Joffre, ✆ 93881414: provenzalisch möbliert, Wintergarten; zentrale Lage.

Napoléon (II), 6, Rue Grimaldi, ✆ 93 87 70 07: geräumige Zimmer; in der Nähe des Ruhl-Casinos. Victoria (II), 33, Bd. V. Hugo, ✆ 93 88 39 60: renovierte Zimmer, teilweise mit Blick auf einen kleinen Park.

Preisgünstigere Hotels: Hôtel des Anges (I), 1, Place Masséna, ✆ 93 82 12 28: preisgünstiges Hotel im Zentrum. Côte d'Azur (I), 57, Bd. Gambetta, ✆ 93 96 10 10: renoviertes Hotel in Bahnhofsnähe. Georges (I), 3, Rue H.-Cordier, ✆ 93 86 23 41: familiäres Haus mit Frühstücksterrasse. Hôtel de la Mer (I), 4, Place Masséna, ✆ 93 92 09 10: einfaches Hotel mit leicht muffigen Zimmern.

Camping: Terry–Lingostière, 768, Route de Grenoble.

Restaurants der Kategorie L und III: Chanteclerc (L), 37, Promenade des Anglais, ✆ 93 88 39 51: holzgetäfeltes Hotelrestaurant des Negresco, Spezialitäten: Artischocken- und Langustinen-Ravioli. Boccaccio (III), 7, Rue Masséna, ✆ 93 87 71 76: bekannt für Meeresfrüchte und Fischgerichte. L'Ane Rouge (III), 7, Quai des Deux-Emmanuel, ✆ 93 89 49 63: Fischgerichte in einem eleganten Saal, überteuert. L'Esquinade (III), 5, Quai des Deux-Emmanuel, ✆ 93 89 59 36: Treffpunkt des *Tout-Nice*. Le Florian (II–III), 22, Rue A.-Karr, ✆ 93 88 86 60: hier kocht der vielgelobte Claude Gillon; günstiges Mittagsmenü. La Toque Blanche (II–III), 40, Rue de la Buffa, ✆ 93 88 38 18: kleines Lokal mit pastellfarbenen Wänden und Spitzentischdecken; sehr gute Küche.

... Kategorie II: Ville de Siena (II), 10, Rue St. Vincent, ✆ 93 80 12 45: Minestrone und Maccheroni auf einer Terrasse in der Altstadt. Prince de Prusse (II), Pl. du Jésus, ✆ 93 80 75 11: etwas für denjenigen, der Heimweh nach deutschem Bier, Sauerkraut und Schweinebraten hat. La Rotonde (II), Hôtel Negresco, 37, Promenade des Anglais, ✆ 93 88 39 51: das zweite Restaurant des Hotel Negresco, mit Kitsch-Dekor. Barale (I–II), 39, Rue Beaumont, ✆ 93 89 17 94: *socca, salade niçoise,* Ravioli und andere Nizzaer Spezialitäten in einem gemütlichen Lokal. Le Bistrot d'Antoine (I–II), 25, Bd. V.-Hugo, ✆ 93 88 49 75: klein, aber fein mit Terrasse; relativ preisgünstig. Café Léost (I–II), 12, Rue St. François-de-Paule, ✆ 93 80 87 60: moderne Brasserie, nicht weit von der Cours Saleya, sehr à la mode; günstiges Mittagsmenü. Au Chapon Fin (I–II), 1, Rue du Moulin, ✆ 93 80 56 92: Spezialitäten der Nizzaer Küche zu akzeptablen Preisen. La Mérenda (I–II), 4, Rue de la Terrasse: empfehlenswertes kleines Bistro in einer Seitenstraße der Altstadt, in dem man für gefüllte Sardinen und Zucchiniblüten Schlange steht. Le Café de Turin (I–II), Place Garibaldi, ✆ 93 62 29 52: altes Café mit hervorragend zubereiteten Meeresfrüchten.

Restaurants/Cafés der Kategorie I: Acchiardo (I), 38, Rue Droite, ✆ 93 85 51 16: die ›Kantine‹ der Altstadt, Nizzaer Spezialitäten. La Casbah (I), 3, Rue Dr. Balestre, ✆ 93 85 58 81: hervorragende ›Cous-Cous‹. Mireille (I), 19, Bd. Raimbaldi, ✆ 93 85 27 23: hier gibt es nur ein Einheitsgericht: Paëlla. Spaghettissimo (I), 3, Cours Saleya, ✆ 93 80 95 07: Antipasti und Pasta in einem gemütlichen Lokal mit Terrasse in der Altstadt. Brasserie des Ponchettes (I), Cours Saleya: eines der wenigen ›normalen‹ Cafés am Cours Saleya. Spezialität ist *socca,* hauchdünn geschnittenes Rindfleisch mit Olivenöl. Le Grand Café des Arts (I), Musée d'Art Moderne, Promenade des Arts, ✆ 93805858: Salate, Hamburger, Pizza und Pasta im Museum für Moderne Kunst. Nissa Socca (I), 5, Rue Ste. Réparate, ✆ 93801835: eine Institution in Nizza mit *socca* und *pissaladière* auf der Karte, sehr günstig.

Restaurants außerhalb der Stadt: Auberge de Bellet (II–III), in Saint-Romans-de-Bellet, Route de Colomars, ✆ 93378384: mitten im berühmten Weinbaugebiet ›Le Bellet‹ oberhalb der Stadt, regionale Küche. Rôtisserie de Saint-Pancrace (II–III) in Saint-Pancrace, Route de Pessicart, ✆ 93844369: mit einer Terrasse unter Platanen; regionale Küche und hervorragend sortierter Weinkeller. Au Rendez Vous des Amis (I–II), Aire Saint-Michel, ✆ 93844966: familiäre, preisgünstige Küche in einem Gartenlokal am Rande der Stadt.

Einkaufen: Galeries Lafayette, Place Masséna: klassisches, gutsortiertes Kaufhaus, in dem viele Designerlabels zu finden sind; große Parfümerieabteilung. Nice Etoile, 24, Av. Jean Médicin: das große Einkaufszentrum von Nizza mit Geschäften und Boutiquen aller Art und Tiefgarage im Haus. In der Rue Alphonse Karr, der Rue Paradis und der Rue Masséna findet man zahlreiche Nobelgeschäfte für Prêt-à-Porter, Designermarken und Schuhe. Village Ségurane, Rue Antoine Gauthier, Rue Ségurane und Rue Philibert bilden mit 80 Antiquitäten- und Trödelläden das Antiquitätenviertel von Nizza (nahe dem Hafen).

Lebensmittel: Alziari, 14, Rue St. François-de-Paule: schöner alter Laden mit Oliven aus dem Faß, Lavendelhonig, Anchovis und dem besten Olivenöl der Stadt. Pâtisserie Auer, 7, Rue St. François-de-Paule: In dem altmodischen Laden mit Marmortheke und Stuck gibt es Konfitüren, Trüffel und Schokolade vom Feinsten. Spezialität sind *fruits confits.* Caves Caprioghlio, 16, Rue de la Préfecture: über 20000 Flaschen in einem wunderbaren Weinkeller. Jean Rosso, 6, Rue Droite: Ravioli, Gnocchi und frische Pasta. Chez Pierre, Place Rossetti: Hier soll es das mit Abstand beste *pan bagnat* (gefüllte Weißbrottaschen) von Nizza geben.

Märkte: Der schönste und bekannteste Markt von Nizza findet jeden Morgen außer montags von 6–13.30 Uhr auf dem Cours Saleya statt: Hier gibt es Blumen, aber auch Obst, Gemüse, frische Kräuter, Fische. Fischmarkt auf der Place St. François in der Altstadt täglich außer montags. Le Marché de la Buffa, Rue de la Buffa, jeden Morgen außer montags bis 13 Uhr: überdachter Markt, auf dem es Käse, frische Pasta, Charcuterie, Fisch, Fleisch, Obst und Gemüse gibt. Marché Malausséna, im oberen Teil der Av. Malausséna, täglich außer montags von früh morgens bis 9.30 Uhr, der günstigste Markt in Nizza.

Banken: Das zentrale Wechselbüro (Bureau d'Echange Provençale) vor dem Hauptbahnhof, Av. Thiers, hat als einziges in Nizza von 7 Uhr morgens bis Mitternacht geöffnet. Banque Populaire im Flughafengebäude, Aérogare 1. Crédit Commercial de France, 66, Av. Jean Médicin, Société Générale, 8, Av. Jean Médicin. Bureau d'Echange Halevy, 1, Rue Halevy (in der Fußgängerzone).

Eine Fahrt mit dem Pinienzapfenzug und der Tende-Bahn

Von Nizza führen zwei Eisenbahnlinien in das gebirgige Voralpenland. Der *train des pignes,* der Pinienzapfenzug, fährt im Sommer viermal täglich aus der Stadt heraus über grüne Wiesen und weite Täler in die Berge nach Digne. Seinen Namen verdankt dieser Zug seinem Tempo: Früher schnaufte die alte Dampflok so langsam die steilen Berge hinauf, daß die Fahrgäste unterwegs Pinienzapfen sammeln konnten und den Heizer so mit Nachschub versorgten.

Aus der Dampflok ist inzwischen ein Dieseltriebwagen – leider nicht mehr holzgetäfelt – mit 50 Plätzen geworden. Aber noch immer schlängelt sich der Zug auf Schmalspurschienen in das Hinterland von Nizza hoch – an Flüssen entlang, über Brücken und durch etliche Tunnel. Für die 150 km lange Strecke nach Digne braucht er drei Stunden.

Eine Fahrt mit dem Pinienzapfenzug ist eine Reise in eine vergangene Zeit. Der Zug stellt für viele isoliert liegende Dörfer die wichtigste Verbindung zur Außenwelt dar. Teilweise werden die Schranken noch per Hand heruntergelassen. 1951 sollte der Zugbetrieb auf dieser Strecke eingestellt werden. Die private Eisenbahngesellschaft ›Chemins de Fer de Provence‹ rettete den Pinienzapfenzug und befährt seit 1980 an bestimmten Sonntagen zwischen Mai und Oktober sogar mit der historischen Dampflok die 20 km lange Strecke von Puget nach Annot.

Im Rahmen eines Tagesausfluges lohnt es sich kaum, bis nach Digne zu fahren. Orte wie Touët-sur-Var, ein malerisches Dorf auf einem Felsvorsprung, Entrevaux mit mittelalterlichen Wehrmauern, Zugbrücken und einer Festung hoch oben auf dem Felsen oder Annot, ein 700 m hoch gelegenes Dorf auf halbem Weg zwischen Nizza und Digne, bieten sich zum Aussteigen an. Sie sind auch gute Ausgangspunkte für Wanderungen in die Umgebung.

Vier Züge fahren pro Tag von Nizza nach Digne: um 6.10, 8.55, 12.35 und 17 Uhr (evtl. Fahrplanänderungen). Von Mai bis Oktober werden an vielen Sonntagen die alten Dampfloks auf einem Teilabschnitt der Strecke eingesetzt. Auskünfte bei ›Chemins de Fer de Provence‹, 4, Rue Alfred Bined, ✆ 93 82 10 17.

Der zweite Zug, die Tende-Bahn, fährt von Nizza über L'Escarène und Sospel durch das Roya-Tal nach Breil-sur-Roya und in das mittelalterliche Dorf Saorge. Letzter Ort auf französischer Seite ist Tende an der italienischen Grenze. Endstation des Zuges ist Coni, bzw. Cuneo in Italien. Wer nicht die gleiche Strecke zurücknehmen will, kann ein Rundticket lö-

Landschaft an der Strecke des Pinienzapfenzuges

sen und über Ventimiglia und die Küstenstrecke nach Nizza zurückkehren. Für eine solche Tour sollte man jedoch mehr als einen Tag einkalkulieren.

Der rot-gelbe Triebwagen der Tende-Bahn schlängelt sich über Serpentinen in die Voralpen hinauf, fährt über Viadukte und durch Tunnel. Der Betrieb der 1928 eingeweihten Strecke mußte nach dem Zweiten Weltkrieg eingestellt werden. Ein Großteil der Gleisanlagen war zerstört, französische Partisanen hatten Brücken gesprengt. Erst rund 40 Jahre später wurde die Verbindung Nizza-Tende-Coni wieder aufgenommen.

Landschaftlich ist die Fahrt mindestens so reizvoll wie eine Tour mit dem *train des pignes*. Die Bahnhöfe an der Strecke sind größer und prächtiger als an der nach Digne. Besonders imposant ist der von St. Dalmas-de-Tende, das einst Grenzstation nach Italien war. Im benachbarten La Brigue liegt die Wallfahrtskirche Notre-Dame-des-Fontaines mit Fresken des italienischen Malers Canavesio. Beide Orte sind neben Tende gute Ausgangspunkte für Gebirgstouren.

Die Tende-Bahn fährt ab Nizza-Hauptbahnhof, und zwar mehrmals täglich: 7.53, 8.55, 12.15, 16.42, 17.47 und 18.33 Uhr (evtl. Fahrplanänderungen). Auskünfte bei der SNCF: ✆ 93 87 50 50. Reservierungen unter ✆ 93 88 89 93. Die Fahrt bis Tende dauert knapp 2 Std.

Villefranche-sur-Mer

Der ehemalige Fischerort (7000 Einwohner) ist durch eine Steilklippe von Nizza getrennt, die mit dem gegenüber liegenden Cap Ferrat eine der schönsten Buchten der Küste begrenzt. Villefranche, daher der Name, war früher ein Freihafen. Bis zum Austritt Frankreichs aus der NATO diente der Fischerort den Amerikanern als Marinebasis.

Von Nizza kommend, fährt man zuerst am Yachthafen von Villefranche vorbei und durch den neueren, nicht besonders hübschen Ortsteil. Unterhalb davon liegt die Altstadt mit dem Fischerhafen und dem von Restaurants und Cafés gesäumten Quai Courbet. Am Rande des alten Zentrums erhebt sich am Meer die Mitte des 16. Jhs. errichtete mächtige **Zitadelle** von Villefranche, in der bis 1965 Militäreinheiten untergebracht waren.

Heute befinden sich in der ehemaligen Militärfestung ein Theater und Museen. Im **Musée d'Art et d'Histoire de la Citadelle** sind Bilder des Künstlerehepaares Henri Goetz und Christine Boumeester sowie einige wenige Werke ihrer Freunde Picasso, Picabia, Miró und Hartung zu sehen. In der **Fondation-Musée Volti** werden Werke des zeitgenössischen Bildhauers Volti gezeigt (Öffnungszeiten: 10–12 und 14–17, von Mai–Sept. 15–19 Uhr; Di und So vormittags sowie – außer der Fondation – im Nov. geschlossen).

Der Fischerhafen mit seinen bunten, italienisch anmutenden Fassaden und die dahinter liegende Altstadt mit der vollkommen überdachten, kuriosen Rue Obscure, die unter Häuserzeilen hindurchführt, sind der hübscheste Teil von Villefranche. Am Quai Courbet steht auch die ehemalige **Fischerkapelle St. Pierre,** die Jean Cocteau in den fünfziger Jahren ausmalte. Heute kann man die kleine Kapelle, die lange Zeit nur noch als Lagerraum für Fischernetze diente, gegen Eintritt besichtigen (9–12 und 14–18, im Sommer 15–19 Uhr; 15. Nov. – 15. Dez. geschlossen). Neben der Kapelle befindet sich eine Galerie, in der man Original-Lithographien von Jean Cocteau kaufen kann. Direkt gegenüber liegt das Hôtel Welcome, in dem Cocteau mehrere Monate verbrachte.

Information: Office de Tourisme, Jardin François-Binon, 06230 Villefranche, ∅ 93 01 73 68.

Anreise: Villefranche ist an das Bahnnetz angeschlossen. Regelmäßige Busverbindungen bestehen von Nizza und Monte Carlo. Anfahrt mit dem Auto von Nizza sowie von Monaco über die N 98 (6 bzw. 15 km).

Unterkunft: Bahia (III), Av. Albert 1er, ∅ 93 01 32 32: eines

Villefranche-sur-Mer

der besten Hotels von Villefranche mit schönem Pool. Welcome Hôtel (II–III), 1, Quai Courbet, ✆ 93767693: direkt am Hafen, mit Blick auf das Cap Ferrat. Provençal (I–II), 4, Av. Maréchal Joffre, ✆ 93017142: familiäres Mittelklassehotel. St. Estève (I), Rue Duhamel, ✆ 93017259: im Zentrum.

Restaurants: Le Massoury (III), Av. Léopold II., ✆ 93010366: Restaurant in einer Villa der Jahrhundertwende über der Bucht von Villefranche. Le Saint Pierre (II–III), 1, Quai Courbet, ✆ 93767693: Restaurant des Hotels Welcome; Fischgerichte. La Mère Germaine (II–III), Quai Courbet, ✆ 93017139: eine Institution in Villefranche; mit einer Terrasse am alten Fischerhafen; hervorragende Fischgerichte, teuer. Langoustine's (I–II), 10, Rue du May, ✆ 93019186: in der Altstadt; französische Küche von einer Engländerin.

Cap Ferrat

Überfliegt man St. Jean-Cap-Ferrat, so sieht man von oben lauter blaue Flecken: die Swimming-Pools der prächtigen Villen von Cap Ferrat. Die Grundstücke auf der Halbinsel zwischen Villefranche und Beaulieu sind heute kaum mehr bezahlbar. Einst hatten Cary Grant, der Schriftsteller William Somerset Maugham mit seiner Villa Mauresque und der belgische König Leopold II. hier ihre Feriendomizile. Bis ins 19. Jh. war das Cap Ferrat mit seinen steil ins Meer abfallenden Küstenhängen kaum bewohnt. Heute ist es ein Refugium für Millionäre.

Für den Normaltouristen gibt es nur wenige zugängliche Stellen. Die **Plage du Passable** gegenüber von Villefranche ist neben der **Plage Paloma** an der Ostseite des Caps der einzige öffentliche Strand.

Ein kleiner **Zoo** liegt in der Nähe der Villa Les Cèdres, die dem belgischen König Leopold II. gehörte (Bd. Gén. de Gaulle, 9.30–18.30, Okt.–April bis 17.30).

Die bedeutendste Sehenswürdigkeit der Halbinsel ist die **Fondation Ephrussi de Rothschild** (am Anfang der Halbinsel links der Hauptstraße). Sie ist in einer rosafarbenen, venezianischen Villa untergebracht, die die Schwester von Edouard de Rothschild 1912 in einem 7 ha großen Park bauen ließ. Die Baronin vermachte dem französischen Staat nach ihrem Tode das Anwesen mit dem gesamten Inventar, darunter Bilder von Boucher und Fragonard, Louis-quatorze-, Louis-quinze-Möbel, Tapisserien aus Aubusson und eine wertvolle Porzellansammlung. Heute ist die Fondation de Rothschild ein Museum. Von dem symmetrisch angelegten, französischen Garten hat man einen wunderschönen

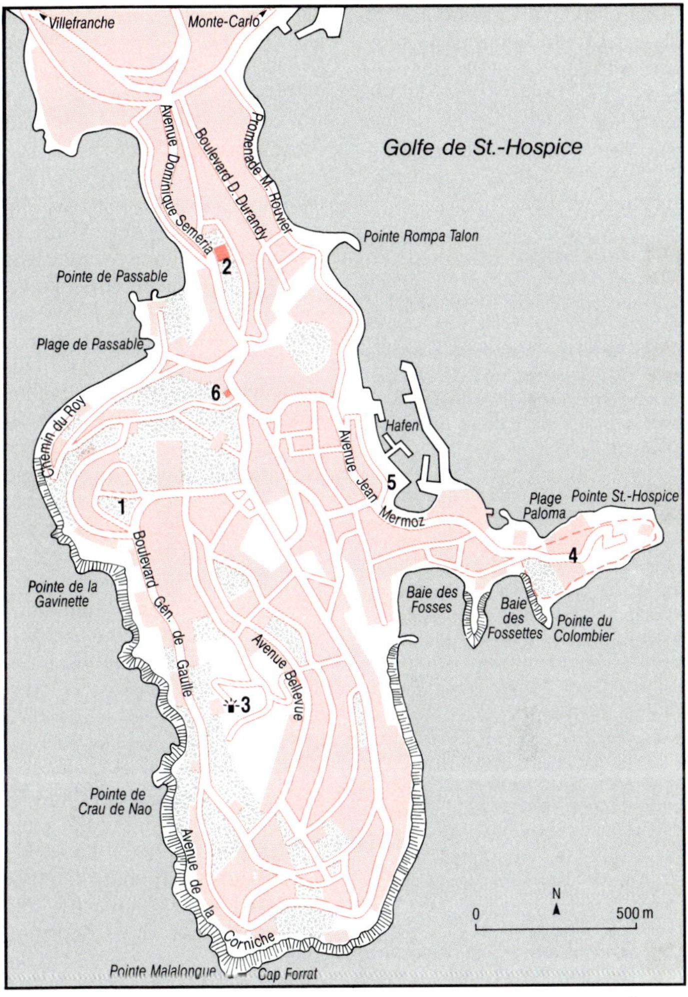

Cap Ferrat 1 Zoo 2 Fondation Ephrussi de Rothschild 3 Leuchtturm 4 Wanderweg Pointe St. Hospice 5 Busbahnhof 6 Office de Tourisme

◁ Blick auf Cap Ferrat

Ausblick auf das Cap und das tiefblaue Meer (Museum und Gärten von Juli–Aug. 15–19 Uhr, von Sept.–Juni 14–18 Uhr, Gärten auch von 9–12 Uhr; Di und im Nov. geschlossen. Die Besichtigung des Museums ist nur unter Führung möglich).

Information: Office de Tourisme, 59, Av. D.-Séméria, 06290 St. Jean-Cap Ferrat, ✆ 93 01 36 86.

Anreise: Mit dem Auto von Nizza 10 km und von Menton 23 km über die Küstenstraße N 98. Busse von Nizza, Villefranche und aus Richtung Menton.

Hotels: Grand Hôtel (L), Bd. du Gén. de Gaulle, ✆ 93 76 00 21: Luxushotel in einmaliger Lage mit tropischem Garten, der bis ans Meer reicht. La Voile d'Or (III–L), Port de Plaisance, ✆ 93 01 13 13: elegantes großes Gebäude oberhalb des Hafens. Belle Aurore (II–III), Av. Denis-Séméria, ✆ 93 76 04 59: Haus mit Pool im Grünen; Restaurant. Clair Logis (II), Allée des Brises, ✆ 93 01 31 01: hübsches Hotel in einer ehemaligen Villa, mit Garten. Brise-Marine (I–II), 58, Av. J.-Mermoz, ✆ 93 76 04 36: angenehmes Haus in Hafennähe; Restaurant. La Bastide (I), Av. Albert 1er, ✆ 93 76 06 78; sehr einfaches Hotel am Hafen.

Restaurants: Luxusrestaurants im Grand Hôtel und im La Voile d'Or. Le Sloop (II–III), Port de Plaisance, ✆ 93 01 48 63: teuer; am Yachthafen. Les Hirondelles (II–III), 36, Av. J. Mermoz, ✆ 93 76 04 04: provenzalische Küche des Familienbetriebes Venturino; nicht billig. La Frégate (I), Av. Denis-Séméria, ✆ 93 01 30 88: regionale Gerichte in einem kleinen Garten hinter dem Haus; auch Zimmervermietung.

Beaulieu-sur-Mer

Beaulieu hat eine bewegte Vergangenheit: Hier trafen sich zu Beginn des Jahrhunderts russische Prinzen und reiche Amerikaner. Im 1880 eröffneten La Réserve, einem der ersten großen Luxushotels der Côte d'Azur, fand sich die mondäne Gesellschaft täglich zum Mittagessen ein. Sissi, Kaiserin von Österreich, besuchte den Ort ebenso wie Gordon Bennett, Besitzer des ›New York Herald‹, der sich zu einem Förderer von Beaulieu entwickelte. Inzwischen sind diese großen Zeiten vorbei. Übrig geblieben sind die alten Grandhotels **La Réserve** und **Métropole** auf Traumgrundstücken über dem Meer. Ein anderes Relikt vergangener Tage ist inzwischen in ein Museum verwandelt worden: die **Villa Kérylos,** die sich der reiche Archäologe Theodor Reinach nach dem Vorbild einer antiken griechischen Villa zu Beginn dieses Jahrhunderts bauen ließ. 2500 qm Wohnfläche, darunter ein aufwendiges Badezimmer aus Carrara-Marmor, und der Garten können heute besichtigt werden (an der Baie des Fourmis auf dem östlichen Vorsprung der Bucht, Juli–Aug. 15–19 Uhr, Sept.–Juni 14–18 Uhr, Mo und im Nov. geschlossen). Das direkt am

Meer gelegene **Belle Epoque-Casino** mußte in der Vergangenheit immer wieder wegen undurchsichtiger Finanzgeschäfte schließen.

Information: Office de Tourisme, Place G. Clémenceau, 06310 Beaulieu-s.-Mer, ✆ 93 01 02 21.

Anreise: Mit dem Auto von Nizza 10 km und von Menton 20 km über die N 98.

Hotels: Métropole (L), Bd. Maréchal Leclerc, ✆ 93 01 00 08: renovierte Villa der Jahrhundertwende mit geschmackvollen Zimmern und Privatstrand; Haus der Relais et Châteaux-Kette. La Réserve (L), 5, Bd. Maréchal Leclerc, ✆ 93 01 00 01: einst eines der exklusivsten Häuser der Küste mit dem Charme vergangener Zeiten; Blick auf das Meer. Comté de Nice (II), 25, Bd. Marinoni, ✆ 93 01 19 70: gutes Mittelklassehotel im Zentrum. Le Havre Bleu (I), Bd. Maréchal Joffre, ✆ 93 01 01 40: empfehlenswertes Haus, das renoviert wurde.

Restaurants: Métropole, im gleichnamigen Hotel: traditionelle Küche und *Nouvelle Cuisine.* La Réserve, s. o.: Renaissance-Speisesaal mit silbernen Kerzenleuchtern und venezianischen Spiegeln; Blick auf das Meer, Terrasse. African Queen (I–II), Port de Plaisance, ✆ 93 01 10 85: Pizza und Pasta auf einer der bestbesuchten Restaurantterrassen von Beaulieu gegenüber dem Yachthafen. La Pignatelle (I–II), 10, Rue Quincenet, ✆ 93 01 03 37: kleines Lokal mit Patio, günstige Menüs.

Unterhaltung: Casino, Av. Blundell Maple; 15–3 Uhr.

Èze

Auf einem 427 m hohen Felsen über dem Meer gelegenes Dorf, von dem sich ein herrlicher Ausblick auf die Côte d'Azur bietet. Steile Treppen und Gassen führen in das mittelalterliche *village perché* hinauf, im Sommer Ziel zahlreicher Touristen. In Èze soll sich bereits im 6. Jh. v. Chr. eine Fluchtburg befunden haben, bevor es im Mittelalter zur Festung ausgebaut wurde. Die Stelle der früheren Wehranlagen von Èze nimmt heute der **Jardin exotique** ein, ein steiniger Kakteengarten. Von hier hat man einen einzigartigen Blick über die Dächer des Dorfes und auf die Küste (1. Juni – 15. Okt. 8–20 Uhr, 16. Okt. – 31. Mai 9–17 Uhr).

Information: Office de Tourisme, im Rathaus *(Mairie),* 06360 Èze, ✆ 93 41 03 03.

Anreise: mit dem Auto 12 km von Nizza und 18 km von Menton, jeweils über die Moyenne Corniche, die mittlere Küstenstraße. Busverbindung ab Nizza.

Hotels: In Èze selbst gibt es nur Luxushotels: Château de la Chèvre d'Or (L), Rue du Barri, ✆ 93 41 12 12: wunderschönes Hotel in Traumlage über der Bucht. Château Eza (L), ✆ 93 41 12 24: sechs Zimmer, zwei Suiten und ein kleines Apartment in mittelalterlicher Umgebung hoch über der Bucht. Preisgünstig, aber außerhalb des Ortes gelegen: Hermitage du Col d'Èze, 2,5 km nordöstlich über

Èze

die D 46, und Grande Corniche, ✆ 39 41 00 68: unscheinbares 14-Zimmer-Haus (beide Kategorie I).

Camping: Nationale 7, Les Rosmarins, Grande Corniche.

Restaurants: Château de la Chèvre d'Or (L): Restaurant des gleichnamigen Hotels mit Terrasse, traumhafter Ausblick; Spezialität: *Rougets grillés au vin de Bellet rouge;* teuer. Château Eza (L), ✆ 93 41 12 24: hervorragende Küche, etwas günstiger als das Chèvre d'Or, Terrasse mit Meerblick. Richard Borfiga (II–III), Pl. de Gaulle, ✆ 93 41 05 23: unterhalb des Dorfes, sehr gute Küche. Le Grill du Château (II), La Taverne, Rue du Barri, ✆ 93 41 00 17: die günstigere Zweigstelle des Chèvre d'Or, einfache Gerichte auf einer hübschen Terrasse.

Monaco/Monte Carlo

Auf den ersten Blick liegt kein fürstlicher Glanz über dem Fürstentum: Monaco sieht aus wie eine Dauer-Baustelle und scheint in Abgasen zu ersticken. Eine Umgehungsstraße durchschneidet das merkwürdige Konglomerat von Hochhaus-Türmen und Belle Epoque-Villen. In der Innenstadt steckt man ständig im Stau. Einen Parkplatz zu finden ist so gut wie aussichtslos.

Monaco bietet keine herausragenden kulturhistorischen Sehenswürdigkeiten. Trotzdem ist es eines der gefragtesten Reiseziele an der Côte d'Azur: 3 Mio. Besucher besichtigen jeden Sommer den Zwergstaat. Die meisten bleiben nicht länger als einen Tag. Der Tourismus ist vor Spielbankgewinnen und Steuergeldern zur wichtigsten Einnahmequelle des modernen Stadtstaates von Fürst Rainier III. geworden. Und das Fürstentum gleicht immer mehr einem großen Freilichtmuseum.

Monaco hat eine lange Geschichte. Griechen und Römer siedelten sich hier an. Ab 1297 wurde Monaco von den Grimaldis regiert. Seit 1731 stammen die Fürsten jedoch aus dem Geschlecht der Goyon de Matignon, führen aber weiter den Namen Grimaldi. 1911 wurde Monaco zur konstitutionellen Monarchie erklärt. 1962 bekam es eine neue Verfassung. Der Fürst ernennt den Staatsminister und drei Regierungsberater und kann das Monaco-Parlament *Conseil National* auflösen, dessen 18 Mitglieder über alle Gesetze abstimmen. Die französisch-monegassischen Abkommen vom Mai 1963 regelten nach Jahren der Krise endgültig das Zusammenleben beider Staaten.

Monaco besteht aus den zusammengewachsenen Gemeinden Monaco-Ville mit der Altstadt und dem Fürstenpalast sowie den Regierungsgebäuden auf dem Felsen südlich des Hafens, Monte Carlo mit Casino, Grandhotels und Stränden nördlich des Hafens, La Condamine rund um den Hafen zwischen Monaco und Monte Carlo und dem neuen Viertel Fontvieille, dessen Terrain man durch Aufschüttung gewann. Touristischer Hauptanziehungspunkt ist der 60 m aus dem Meer ragende Felsen, auf dem Monaco-Ville liegt.

Hier steht der kastenartige, ursprünglich aus dem 13. Jh. stammende **Fürstenpalast Monacos** (Palais Princier), vor dem jeden Tag um 11.55 Uhr das vielbestaunte Schauspiel der Wachablösung stattfindet. Im neuen Südflügel des Palastes befinden sich die Privatgemächer der fürstlichen

Steuerparadies Monaco

Das Steuerparadies Monaco ist 3,2 km lang und 190,4 ha groß, es hat ca. 30000 Einwohner – darunter nur 4500 ›echte Monegassen‹ – und über 30 große Banken. An keinem Ort der Welt stehen sie so eng beieinander wie hier. In dem kleinsten Staat Europas – abgesehen vom Vatikanstaat – rollen 360 Rolls Royce über die einwandfrei geteerten Straßen. 3920 Millionäre und ein rundes Dutzend gutverdienender Tennis-Profis, wie Boris Becker, Ion Tiriac, Guillermo Vilas, Mats Wilander und Michael Westphal, wohnen offiziell in den Hochhaus-Luxusapartments an der exklusiven Bucht.

Monaco besitzt eine eigene Währung mit dem Konterfei von Fürst Rainier II., eigene Briefmarken und sogar eigene Briefkästen: Sie sind hier weiß und nicht wie in Frankreich gelb. Von Bedeutung ist Monacos Steuergesetzgebung, die das Fürstentum bei Großverdienern so beliebt macht. Kein Finanzamt kann Verdienste von Nicht-Franzosen in Monaco kontrollieren. Dividenden, Tantiemen, Bankzinsen und Mieteinnahmen sind steuerfrei, Einkommenssteuer gibt es nicht. Die Staatseinnahmen setzen sich aus Umsatz- und Gewinnsteuern, Zollgebühren und Briefmarken sowie dem Gewinn des Spielcasinos zusammen.

Trotzdem ist Monaco nicht mehr das Steuerparadies, das es einmal war. Mit dem von Frankreich erzwungenen Wirtschaftsabkommen vom 18. Mai 1963 wurden die Steuersätze an die französischen angepaßt. In Monaco lebende französische Staatsbürger oder hier ansässige französische Firmen müssen sich den französischen Gesetzen unterwerfen. Frankreich kontrolliert auch den Zuzug von Wahlmonegassen in das Fürstentum. Längst nicht alle Anträge auf Einbürgerung werden genehmigt. Heute sind es vor allem Freiberufler – Schriftsteller, Schauspieler, Sportler –, die von dem Steuerparadies profitieren können.

Die Steuervorteile haben in der Stadt auf dem Felsen einen wahren Bauboom ausgelöst. Wunderschöne Belle Epoque-Villen wurden rücksichtslos abgerissen, um mit Hochhaustürmen so viel steuerfreien Wohnraum wie möglich zu schaffen. Anfang der sechziger Jahre ließ Fürst Rainier III., der Monaco zum modernen Stadtstaat ausbaute, 22 ha des Meeres mit Sand aufschütten und durch einen Deich sichern. Auf dieser hinzugewonnen Fläche steht heute das modernste Industrieviertel der Stadt, Fontvieille, in dem vor allem sogenannte ›saubere Unternehmen‹ mit umweltfreundlicher Produktion angesiedelt wurden, darunter der amerikanische Kosmetik-Konzern Lancaster. Inzwischen ist Monaco neben Nizza das wichtigste Wirtschaftszentrum der Region. Und natürlich ist das Fürstentum nach wie vor der gesellschaftliche Mittelpunkt der Côte. Reiche amerikanische Erbinnen kennen triftigere Gründe als Steuerprivilegien, um hier zu wohnen: »Nur in Monaco kann man schon ab Mittag seine schönsten Abendkleider und kostbaren Schmuck tragen«, gestand vor kurzem eine von ihnen.

Blick über den Hafen von Monaco

Familie, die selbstverständlich nicht zugänglich sind. In einem anderen Teil sind Salons, eine Hauskapelle, der prächtige Thronsaal und zahlreiche Baldachin-Betten zu sehen. Das angeschlossene napoleonische Museum zeigt Sammlungen der Palastarchive zur Geschichte des Fürstentums (Münzen, Briefe und Urkunden) und napoleonische Erinnerungsstücke (Place du Palais, Juni–Sept. 9.30–18.30 Uhr, vom 1.–22. Okt. 10–17 Uhr. Das Musée des Souvenirs Napoléoniens ist außerdem vom 6. Dez. – 31. Mai täglich außer Mo von 10.30–12.30 und von 14–17 Uhr geöffnet).

Die Fürstenfamilie ist fester Bestandteil der Vermarktung von Monaco geworden: In einem Kinosaal im Parkhaus des Stadtfelsens wird stündlich mit der 35-minütigen **›Monte-Carlo-Story‹** und mit Bildern von den Prinzessinnen eine Einführung in die ›Geschichte der Dynastie‹ gegeben (Terrasses du Parking des Pêcheurs, März–Nov. täglich 10.30-17.30, 20. Dez. – Febr. 10.30–11.30 und 14.30–17.30 Uhr).

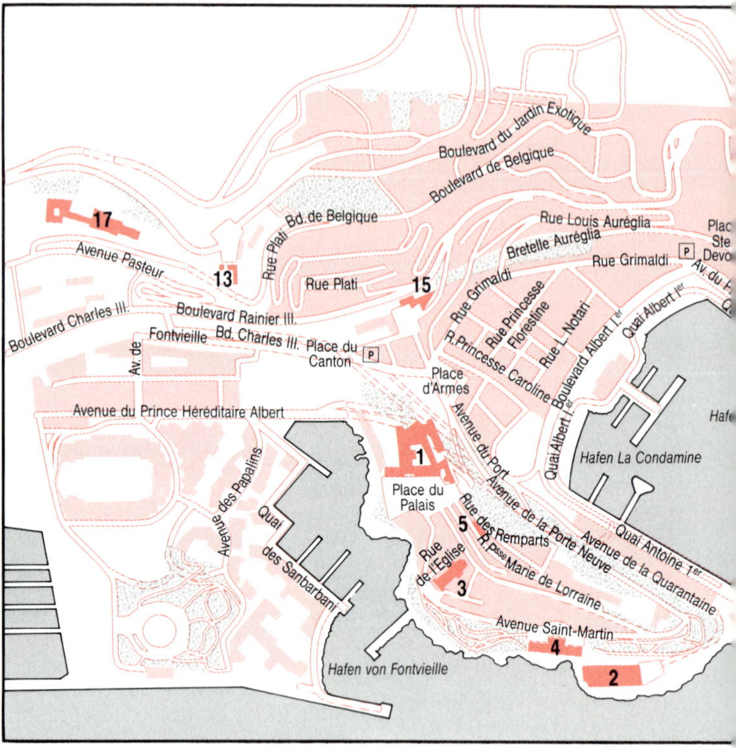

Monaco 1 Fürstenpalast mit Napoleonischem Museum 2 Monte Carlo-Story 3 Kathedrale 4 Ozeanographisches Museum 5 Wachsfigurenkabinett 6 Casino 7 Oper 8 Hôtel de Paris 9 Café de Paris 10 Galérie du Sporting 11 Puppen- und Automatenmuseum 12 Kirche St. Charles 13 Botanischer Garten mit prähistorischem Museum 14 Kongreßzentrum 15 SNCF-Bahnhof 16 Post 17 Krankenhaus 18 Office de Tourisme

In der Ende des 19. Jhs. im neoromanischen Stil errichteten **Kathedrale** von Monaco-Ville sind schon lange nicht mehr die Altarbilder von Louis Bréa die Hauptattraktion, sondern das Grab der 1982 tödlich verunglückten Fürstin Gracia Patricia.

Gleich nebenan liegt das **Ozeanographische Museum** (Musée Océanographique), ein riesiges Meereskunde-Museum, das Hob-

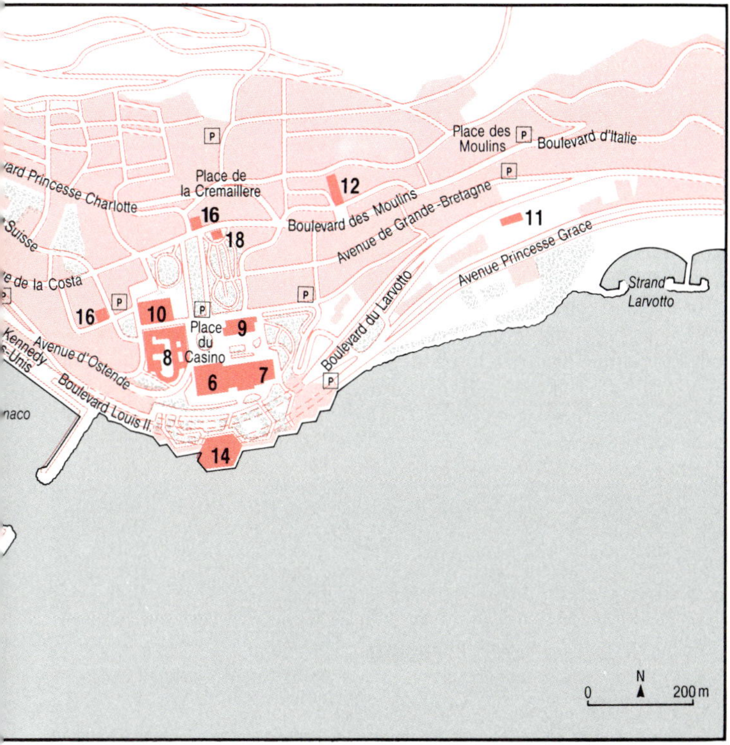

by-Wissenschaftler Prinz Albert I. 1910 eröffnete. Zu sehen sind hier Wal- und Haifischskelette, riesige Aquarien mit Meeresfischen und Filme von Frankreichs Profi-Ozeanologen Jacques-Yves Cousteau (Av. St. Martin, im Juli/August täglich 9–21 Uhr, Juni und Sept. täglich 9–19 Uhr, Okt.–Mai 9.30–19 Uhr).

Im **Wachsfigurenkabinett** gibt es die Prinzessinnen Caroline und Stéphanie zum Anfassen in historischen Kostümen (Historial des Princes de Monaco/Musée de Cires, 27, Rue Basse, Feb.–Okt. 9.30–19 Uhr, Nov.–Jan. 10.30–17 Uhr).

In Monte Carlo steht ein weiteres Wahrzeichen des Fürstentums: das **Casino,** 1878 von Charles Garnier errichtet, dem Architekten der Pariser Oper. Die verschwenderisch eingerichteten Räume des Belle Epoque-Baus, einst der gehobenen Gesellschaft vorbehalten, sind heute jedem zugänglich – allerdings nicht Touristen in Shorts. Sie werden von den livrierten Portiers höflich, aber bestimmt zurückgewiesen (Place du Casino, Salons Ordinaires täglich ab 12, Salons Privés ab 15 Uhr, Einlaß ab 21 Jahren).

Im selben Gebäude befindet sich die **Oper** von Monte Carlo, die meist kurz ›Salle Garnier‹ genannt wird. Sie ist eine verkleinerte Nachbildung der Opéra de Paris und hat regelmäßig hervorragende Ballettaufführungen auf dem Programm. Von der Terrasse hinter dem Casino bietet sich ein schöner Ausblick auf den Felsen von Monaco und das Meer. Auf dem Platz vor dem Casino steht das **Hôtel de Paris,** einst eine der luxuriösesten Herbergen Europas. Gegenüber liegt das 1865 eröffnete und zum wiederholten Male renovierte **Café de Paris.** Boris Bekker soll hier manchmal auf der Terrasse sitzen – allerdings mit Perücke und Sonnenbrille.

Ein Stück weiter oben, an der palmengesäumten Place du Casino, in der Rue des Beaux-Arts, kann man bei Louis Vuitton, Dior, Yves Saint Laurent und Cartier al-

Monte Carlo: Casino

les kaufen, was man für einen Casinobesuch braucht.

Sehenswert in Monte Carlo sind außerdem das **Puppen- und Spielautomatenmuseum** in einer nah am Meer gelegenen Villa des Casino-Architekten (Musée National – Poupées et Automates d'Autrefois, 15. Juni – 15. Sept. 10–18.30 Uhr, 16. Sept. – 14. Juni 10–12.15 und 14.30–18.30 Uhr) und die **L'Eglise St. Charles,** ein Renaissance-Bau von 1883 mit einem 30 m hohen Campanile.

Im berühmten **Jardin Exotique** Monacos wächst eine Vielzahl exotischer Pflanzen, darunter Riesenkakteen und afrikanische Bäume. Vom Garten, zu dem auch das Musée d'Anthropologie Préhistorique (prähistorisches Museum) mit Funden von Höhlen-Menschen gehört, blickt man auf Monaco (Bd. du Jardin Exotique, 9–19 Uhr, Okt.–April bis 18 Uhr).

Information: Office de Tourisme, 2 a, Bd. des Moulins, Monte Carlo, 98030 Monaco, ✆ 93308701.

Anreise mit dem Auto: über die Küstenstraße N 98 oder die Autobahn A 8 (Ausfahrt Monaco/Monte Carlo).

Busse: regelmäßige Verbindungen Nizza-Monaco und Menton-Monaco.

Züge: Verbindungen bis Bahnhof Monaco/Monte Carlo von mehreren Küstenorten.

Flugzeug: Flughafen Nizza/Côte d'Azur (22 km). Hubschrauber: Héli-Air-Monaco, Héliport de Fontvieille, ✆ 93308088, fliegt zu allen Landungsplätzen der Côte d'Azur; außerdem Panorama-Flüge.

Stadtverkehr: Es empfiehlt sich, in der Stadt den Wagen stehenzulassen und Busse zu benutzen. Etwa alle 10 Min. befahren Busse die Strecken Saint-Roman/Rocher de Monaco, Jardin Exotique/Rocher de Monaco, Gare SNCF/Larvotto Plages und Rocher de Monaco/Parking touristique de Fontvieille.

Leihwagen: Agency Car Rental (mit Chauffeur), 17, Bd. Albert 1er, ✆ 93506155; Avis, 9, Av. d'Ostende, ✆ 93301753; Europcar Monaco, 47, Av. de Grande-Bretagne, ✆ 93507495; Hertz, 27, Bd. Albert 1er, ✆ 93507960.

Hotels: Hermitage (L), Square Beaumarchais, ✆ 93506731: Belle Epoque-Palast auf dem Stadtfelsen; Barock-Speisesaal und großes Schwimmbad. Hôtel de Paris (L), Place du Casino, ✆ 93508080: das beste Hotel am Ort, 1865 eröffnet; Empire-Speisesaal, zwei Restaurants, Schwimmbad. Loews (L), Av. des Spélugues, ✆ 93506500: mehr als ein Hotel; mit hauseigenem Casino, Cabaret, Restaurants und Boutiquenstraßen. Mirabeau (L), 1–3, Av. Princesse Grace, ✆ 93254545: in einem Hochhaus direkt am Meer gelegen; Zimmer mit Terrasse, Schwimmbad. Monte Carlo Beach Hôtel (L), Av. du Bord de Mer, St. Roman, 06190 Roquebrune-Cap Martin, ✆ 93782140: zwischen Cap Martin und Monte Carlo gelegenes Luxushotel am Meer, mit Schwimmbad. Beach Plaza (III–L), 22,

Der Grand Prix

Seit 1929 herrscht einmal im Jahr in Monte Carlo der Ausnahmezustand. Stahlzäune werden aufgestellt, Gruben gegraben, Fenster vernagelt, Fangnetze gespannt. Über 100000 Menschen belagern vier Tage lang die Stadt und verwandeln das Fürstentum in einen Rummelplatz. Sie trampeln Grünflächen nieder, reißen Büsche heraus und ziehen grölend durch die Straßen. Wenn der Großvater von Fürst Rainier 1929 geahnt hätte, was die Menschenmassen mittlerweile anrichten, hätte er wohl kaum den ersten Startschuß für das spektakulärste Autorennen der Welt, den Grand Prix von Monaco, gegeben.

Nach der Fußballweltmeisterschaft und den Olympischen Spielen handelt es sich um das drittgrößte Sportereignis der Welt. Über 900 Mio. Zuschauer starren weltweit in die Bildschirme, wenn die Rennwagen in Monaco ihre 78 Runden drehen. Wer selbst dabeisein will, auf einem der 40000 Tribünenplätze, muß tief in die Tasche greifen. Eine Eintrittskarte ist nicht unter 300 DM zu haben. Ein Wochenende im Hôtel de Paris, das schon ein Jahr im voraus ausgebucht ist, kostet gar rund 4000 DM, ein Menü mit Blick auf die Rennstrecke kaum unter 700 DM.

Viele Fans begeben sich mit Chianti-Flaschen im Rucksack auf den Felsen unter dem Fürstenpalast und sehen die Flitzer in Matchboxgröße vorbeidonnern. Die Monegassen ertragen die Invasion der Anhänger des Rennsports mit Gelassenheit. Fast eine Woche lang leben sie mit dem Gestank von verbranntem Gummi und Benzin. Doch zieht mancher einen beträchtlichen Gewinn aus dem Grand Prix-Wochenende: Wer eine Terrasse mit Aussicht hat, vermietet sie für einige tausend Mark, wer einen Laden besitzt, verdreifacht die Preise.

Die Zeiten haben sich geändert. Früher konnte man die Fahrer nach dem Rennen in der Chatham Bar treffen. Heute sieht man hier allenfalls die Mechaniker und Service-Leute in verschmierten Overalls und zerschlissenen Jeans, während sich die Stars der Szene im Casino vergnügen.

Wer einen Blick auf die Ben Hurs von heute erhaschen will, muß am Renntag schon in der Nähe der Boxen stehen. Die Motorhelden rasen in feuerfesten Anzügen über die Strecke; alles was man von ihnen normalerweise sieht, ist ein Helm. Ziel aller Fahrer ist es,

einmal in Monaco zu gewinnen. Der Spaß an der Sache spielt keine zentrale Rolle mehr. »Mir wird ständig schlecht und schwindelig«, sagt der Österreicher Gerhard Berger. »Ich sehe nur Strecke, Drehzahlmesser, Leitplanken. Immer und immer wieder. In Monaco bekomme ich schon am Start Platzangst«. Eines Tages, so prophezeien die Experten, werde es auf dem verwinkelten Straßenkurs von Monaco den ›Super-Gau der Formel 1‹ geben. Im langen Tunnel am Hafen erreichen die Boliden fast 300 Stundenkilometer. Um das Schlimmste zu verhindern, sind über 80 Ärzte mit 40 Wiederbelebungsgeräten und 30 Krankenwagen auf dem Kurs. Im Hafen wartet sogar ein Rettungsboot mit Taucherbesatzung, seit 1955 Alberto Ascari samt Rennwagen aus der Kurve vor dem Yachthafen ins Meer flog.

Aber gerade wegen des unvergleichlichen Risikos treten die Fans jedes Jahr wieder ihre Wallfahrt nach Monte Carlo an, obwohl sie von dem Spektakel nur wenig sehen. Kaum brummt ein Wagen heran, ist er auch schon hinter der nächsten Kurve verschwunden. Deshalb gleicht die Haupttribüne einem Schauraum der High Tech-Industrie: Zuschauer-Profis bringen tragbare Fernseher oder zumindest ein Radio mit. Zur unverzichtbaren Ausrüstung gehören ferner eine Stoppuhr sowie untertassengroße Lärmschützer auf den Ohren.

Wer seinen Freunden am Grand Prix-Wochenende etwas Besonderes bieten will, gibt auf einer Yacht oder in einem Penthouse eine Party. Livrierte Ober muß man sich dann allerdings mitbringen: Die Monegassen sind restlos ausgebucht.

von Christian Gerhard

Av. Princesse Grace, ✆ 93309880: neuerer Hotelpalast am Meer mit Privatstrand und drei Schwimmbädern. Balmoral (II–III), 12, Av. de la Costa, ✆ 93506237: älteres Hotel in Hafennähe. Louvre (II), Bd. des Moulins, ✆ 93506525: die preiswertere Alternative. Alexandra (II), 35, Bd. Princesse Charlotte, ✆ 93506313: Mittelklasse-Hotel unweit vom Casino. Olympia (I), in Beausoleil, 17bis, Bd. Gén. Leclerc, ✆ 93781270: günstiges Hotel außerhalb der Stadt.

Kongreßzentrum: Centre de Congrès Auditorium de Monte-Carlo, Bd. Louis II., Monte Carlo, ✆ 93509300.

Centre de Rencontres International, Av. d'Ostende, Monte-Carlo, ✆ 93503444.

Restaurants: Le Louis XV (L), Pl. du Casino, ✆ 93508080: eines der besten Restaurants Frankreichs im prunkvollen Speisesaal des Hôtel de Paris, sündhaft teuer. Rampoldi (III), 3, Av. des Spélugues, ✆ 93307065: ein Klassiker in Monte Carlo; Terrasse. Café de Paris (II), Place du Casino, ✆ 93505775: *Brasserie* im traditionellen Café de Paris, Pavillon mit Glasdach; große Terrasse. Le Pinocchio (II), 30, Rue Comte-F.-Gastaldi, ✆ 93309620: Trattoria mit Terrasse in der Altstadt. Le Saint Benoit (II), 10ter, Av. Costa, ✆ 93250234: schöner Blick auf Hafen und Felsen; große Terrasse. Polpetta (I–II), 2, Rue Paradis, ✆ 93506784: italienische Küche. Chez Gianni (I–II), 39, Av. Princesse Grace, ✆ 93304633: italienische Küche. Roger Vergé Café (I–II), Galerie du Sporting d'Hiver, Place du Casino, ✆ 93258612: Luxus-Snacks und kleine Küche des großen Kochs Vergé im getäfelten Speisesaal der Nobel-Einkaufsgalerie ›Sporting‹.

Nachtleben: Diskothek Jimmy'z, Place du Casino (geöffnet von Sept.–Juni). Jimmy'z de la Mer, Av. Princesse Grace, ebenfalls eine Diskothek (geöffnet im Juli und August). Casino de Monte Carlo, Place du Casino, ✆ 93506931 (Roulette, amerikanisches Roulette, Black-Jack u. a.). SBM/Loew's Casino, Av. des Spélugues, ✆ 93506500 (Amerikanisches Roulette, Black Jack u. a.). Monte Carlo Sporting Club, Av. Princesse Grace, nur im Juli und August geöffnet (Roulette, 30/40 u. a.).

Veranstaltungssäle: Salle des Etoiles, Monte Carlo Sporting Club, Av. Princesse Grace, ✆ 93307171 (im Sommer Konzerte, Ballett- und Theateraufführungen). Salle Garnier, Casino de Monte Carlo, ✆ 93507654 (Oper, Ballett und Konzerte).

Schwimmbäder und Strände: Stade Nautique Rainier III., Quai Albert 1er; geheiztes Freibad mit Meerwasser (Mai–Okt.). Monte Carlo Beach, Route du Beach: privater Strand und Pool mit geheiztem Meerwasser (April–Okt.). Monte Carlo Sea Club, Av. Princesse Grace: Badezentrum mit Meerwasserpool und Privatstrand, Zugang nur mit Saisonkarte (Mai–Sept.). Centre Nautique Prince Héréditaire Albert du Stade Louis II., Fontvieille: geheiztes Süßwasserhallenbad (Sept.–Juli). La Plage du Larvotto, Av. Princesse Grace: von Mai–Sept. geöffneter Strand.

Bootsverleih: Monte Carlo Yachting, 5, Rue Baron de St. Suzanne, ✆ 93253633. Monaco Boat Service, Agence Riva, 8, Quai Antoine, ✆ 93301160.

Wassersport: Monte Carlo Beach (Wasserski), Route du Beach, ✆

93782140. Ski Vol, Plage du Larvotto, ✆ 93508645 (Paragliding).

Banken: Crédit Foncier de Monaco, Aile Gauche de Casino, ✆ 93300030 (täglich geöffnet). American Express Voyages, 35, Bd. Princesse Charlotte, ✆ 93257445. Compagnie Monégasque de Change, Parking des Pêcheurs, Monaco-Ville, ✆ 93250250 (täglich geöffnet). Wechselstube im Bahnhof, Av. Prince Pierre, ✆ 93307400 (täglich).

Menton und sein Hinterland

Menton

In der Grenzstadt Menton glaubt man, schon in Italien zu sein: In der Altstadt über dem Hafen hängt Wäsche auf den kleinen, schmiedeeisernen Balkonen. Die Häuser haben dunkelgelbe und rote Fassadenanstriche.

Menton, 1157 vom Grafen von Ventimiglia an eine genuesische Familie abgetreten, kam im 14. Jh. in den Besitz der Grimaldis und gehörte jahrhundertelang zum Fürstentum Monaco. 1848 wurde es für kurze Zeit zur freien Stadt unter sardischem Schutz. 1861 trat Monaco Menton an Frankreich ab. Bis zum 19. Jh. war der letzte Ort auf der französischen Seite der Küste ein mehr oder weniger unbedeutender Fischerhafen. Dann entdeckten kranke, reiche Engländer die wohltuende Wirkung des milden Klimas von Menton. Sie machten es zu ihrer neuen Winterresidenz, und die europäische Aristokratie folgte ihnen. Von 1870 bis 1913 erlebte Menton einen unerwarteten Boom: Villen und luxuriöse Hotels wurden gebaut. In der Avenue Boyer und der Rue Partouneaux stehen heute noch manche der prachtvollen Belle Epoque-Bauten. Auch die Villa Isola Bella der Schriftstellerin Katherine Mansfield gibt es noch (Chemin Valaya im Stadtviertel Garavan).

Nach dem Krieg wurden die ehemaligen Luxushotels teilweise in Apartmenthäuser umgewandelt, andere – v. a. an der Strandpromenade – riß man ab und ersetzte sie durch Neubauten. Insgesamt blieb nur wenig von den alten Zeiten in Menton übrig: Der Ort mit dem mildesten Klima der Küste (Jahresdurchschnittstemperatur 16 °C) ist heute ein Rentnerrefugium. In vielen der alten Prachtbauten wurden Erholungsheime für Senioren untergebracht. Menton hat an Nachtleben, Restaurants und Hotels im Vergleich zu anderen Orten nur wenig zu bieten. Aber es ist eine der schönsten Städte der Côte d'Azur. Für einen Badeurlaub eignet sich Menton mit seinen kleinen Kieselstränden weniger. Dafür ist es ein guter Ausgangspunkt

Blick auf Menton ▷

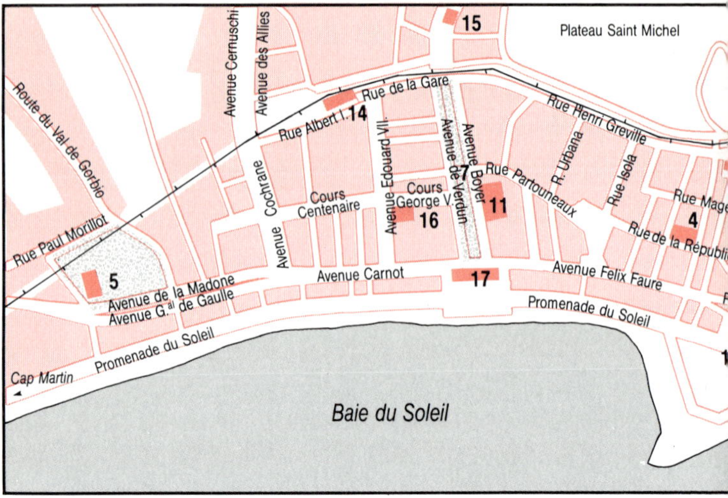

Menton 1 Friedhof 2 Kirche St. Michel 3 Jean Cocteau-Museum 4 Trausaal im Rathaus (Salle des Mariages) 5 Palais Carnolès 6 Musée Municipal 7 Jardins Biovès 8 Jardin des Colombières 9 Olivenhain Le Pian 10 Jardin Exotique (Botanischer Garten) 11 Office de Tourisme im Palais de l'Europe 12 Zweigstelle des Office de Tourisme 13 Markthalle 14 SNCF-Bahnhof 15 Busbahnhof 16 Post 17 Casino

für Ausflüge ins Hinterland, nach Monaco, Nizza und ins nahe Italien.

Sehenswürdigkeiten

Die **Altstadt** von Menton befindet sich auf einem Hügel über dem Fischerhafen: Über steile Treppen und enge Hausdurchgänge geht man hinauf bis zum terrassenartig angelegten **Friedhof** hoch über dem Meer. Hier liegt u. a. die gehobene Gesellschaft begraben, die um die Jahrhundertwende den Winter in Menton verbrachte. Die vier Friedhofsterrassen wurden verschiedenen Religionen zugeteilt. Die Grabsteine tragen englische, deutsche und auch russische Inschriften. Der Friedhof nimmt die Stelle der einstigen mittelalterlichen Festung von Menton ein. Vom Parkplatz hinter dem Friedhof hat man einen wunderschönen Ausblick über die Bucht, auf den Hafen und die Dächer der Altstadt.

Weiter unten in der Altstadt (über die Rue de l'Ancien Château und die Rue Mattoni) liegt die italienisch anmutende Barockkirche

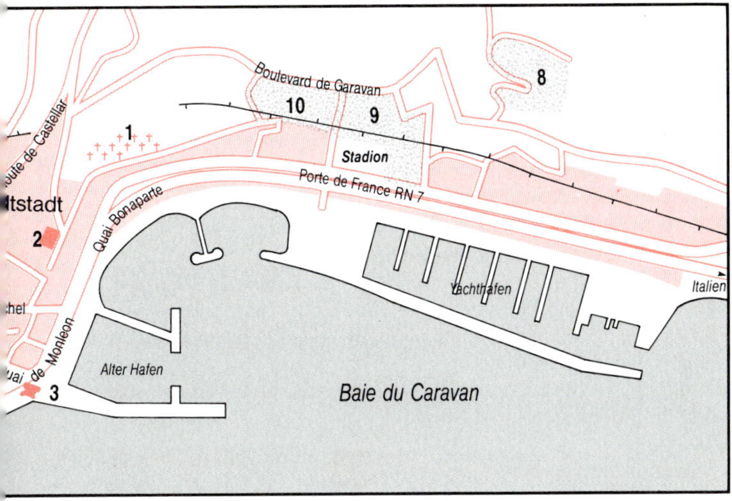

St. Michel (17. Jh.) mit ockerfarbener Fassade. Auf dem Vorplatz der Kirche, dem Parvis St. Michel, findet jedes Jahr im Juli ein Kammermusik-Festival statt. Gleich nebenan steht eine weitere Kirche: die **Eglise de la Conception** mit barocker Fassade und einer sehr schönen Marienstatue aus dem 16. Jh. im Innern.

Unterhalb der Altstadt, in der Nähe der alten Hafenmole, befindet sich das **Musée Jean Cocteau,** das in einem kleinen Fort aus dem 17. Jh. untergebracht ist. Von den Ausstellungsräumen, die Cocteau persönlich einrichtete, geben schießschartengroße Fensterschlitze den Blick auf das tiefblaue Meer frei. Hier sind Bilder, Zeichnungen, Fotografien und Briefe von Cocteau ausgestellt (Quai Napoléon III.; 10–12 und 14–18 Uhr, im Winter bis 17.30 Uhr, Mo, Di und im Nov. geschlossen).

Der Dichter, Maler, Theaterautor und Regisseur Jean Cocteau gestaltete in den fünfziger Jahren auch den Trausaal, die **Salle des Mariages,** im Rathaus von Menton. Die Wandfresken an der Stirnseite stellen ein junges Paar dar, an der rechten Wand eine Hochzeitsszene und an der linken Orpheus mit Zentauren. Auch die Möbel und Lampen entwarf Cocteau (9–12 und 13.30–17 Uhr; Sa, So und feiertags geschlossen).

Ein weiteres Museum ist in der ehemaligen Sommerresidenz der Prinzen von Monaco, im **Palais Carnolès,** untergebracht. In dem denkmalgeschützten Palast von 1717 sind neben flämischen, holländischen sowie italienischen

Werken des 14.–16. Jhs. auch Bilder von Dufy, Camoin und Picabia zu sehen. Bis 1961 bewohnte ein Amerikaner die Villa, der dann aber zwangsenteignet wurde: Bei Umbauarbeiten hatte er u. a. eine wunderschöne Freitreppe zum Garten zerstört (Öffnungszeiten wie Musée Cocteau).

Das **Musée Municipal/Musée Préhistorique** besitzt eine prähistorische und eine heimatkundliche Abteilung mit Möbeln, Werkzeugen, Haushaltsgeräten und alten Trachten (Rue Loredan-Larchey, Öffnungszeiten wie Musée Cocteau).

Menton hat mehrere schöne Parkanlagen: Die bekanntesten sind die **Jardins Biovès** zwischen Casino und Bahnhof mitten im Zentrum. Zur Zeit der *Fête du Citron* im Februar werden sie mit Zitronenmosaiken geschmückt. Der **Jardin des Colombières** liegt im oberen Teil von Garavan, dem Viertel zwischen Altstadt und italienischer Grenze. Der traumhafte Park mit Zypressen, Pinien, kleinen Pavillons, Bassins, Treppenaufgängen und einer Villa wurde zu Beginn dieses Jahrhunderts vom Architekten und Maler Ferdinand Bac angelegt. Das heute auf angenehme Art vernachlässigte Anwesen befindet sich immer noch in Privatbesitz. Um Eintritt zu bezahlen, muß man an einer kleinen Glocke vor der Villa klingeln (9–12 und 14–18 Uhr).

Ebenfalls sehenswert sind der Olivenhain **Le Pian** mit über 600 Olivenbäumen, die teilweise über 400 Jahre alt sind (im Sommer finden hier Konzerte statt), sowie der **Jardin Botanique Exotique** in Garavan. Dieser botanische Garten mit Villa war einst Wohnsitz von Miss Campbell. Heute stehen auf den 11 ha tropische Pflanzen (10–12 und 15–18 Uhr, Di geschlossen).

Dar **Palais de l'Europe,** 1909 zunächst als Spielcasino erbaut, ist jetzt Veranstaltungszentrum der Stadt. Hier findet u. a. die *Biennale de la Peinture* statt.

Information: Office de Tourisme, Palais de l'Europe, Av. Boyer, 06500 Menton, ✆ 93 57 57 00; Zweigstellen: Gare Routière, Esplanade du Careï, ✆ 93 28 43 27, sowie Parking-Pinède du Bastion, ✆ 93 28 26 27.

Verkehr: Anreise mit dem Auto über die Autobahn A 8 bis Ausfahrt Menton oder über eine der drei *Corniches* von Nizza bis nach Menton; aus Italien kommend, über die Autobahn A 10 oder die Küstenstraße N 1.

Züge von und nach verschiedenen Küstenorten; Bahnhof Menton: Place de la Gare (Auskunft: ✆ 93 87 50 50).

Mit dem Bus regelmäßige Verbindungen entlang der Küste bis zur Gare Routière, Esplanade du Careï (✆ 93 35 93 60); Busverbindungen ins Hinterland: nach St. Agnès und Castellar: Autocars Breuleux, 38, Promenade du Mar. Leclerc, ✆ 93 35 73 51; nach Gorbio: Autocars Pastor, ✆ 93 35 94 90; nach Sospel: Autocars Rey, ✆ 93 04 01 24.

Leihwagen: Avis, 9, Rue Victor Hugo, ✆ 93355098; Europcar, 9, Av. Thiers, ✆ 93282180; Inter-rent, 5, Rue de la République, ✆ 93280101.

Hotels: L'Aiglon (III), 7, Av. de la Madone, ✆ 93575555: in einem ehemaligen Stadthaus, 50 m vom Meer entfernt. Les Colombières (III), Bd. Garavan, ✆ 93357190: nur sechs Zimmer in der Villa von Ferdinand Bac in den traumhaften Jardins des Colombières; kein Hotel im üblichen Sinne. Chambord (II), 6, Av. Boyer, ✆ 93359419: Mittelklassehaus in Casino-Nähe. Hôtel du Parc (II), 11, Av. de Verdun, und 29, Av. Carnot, ✆ 93576666: Hotel mit kleinem Park. Orly (I–II), 27, Porte de France, ✆ 93356081: Zimmer mit Balkon direkt an der Strandpromenade. L'Ermitage (I), 1080, Promenade du Soleil, ✆ 93357723: einfaches Hotel direkt an der Küstenstraße. Pin Doré (I), 16, Av. F. Faure, ✆ 93283100: angenehmes Haus mit Garten und Meerblick. Le Globe (I), 21, Av. Verdun, ✆ 93357303: einfaches Haus am Jardin Biovès, nicht ganz ruhig.

Camping: Saint Michel, Route de Castellar.

Restaurants: Chez Mireille-l'-Ermitage (II), 1080, Promenade du Soleil, ✆ 93357723: Fischrestaurant an der Strandpromenade. L'Oursin (II), 3, Rue Trenca, ✆ 93283362: Meeresfrüchte und Paëlla auf einer Terrasse nahe dem Meer. L'Occitan (I–II), 5, Rue Piéta (hinter der Place St. Michel), ✆ 93416776: Spezialitäten aus dem Südwesten Frankreichs. Pizzeria Pino & Roberto (I), 19, Place du Cap, ✆ 93572983: einfache Pizzeria in der Altstadt.

In der Altstadt von Menton

Märkte: Halles Municipales, Quai Monléon, Rue de Marins (in einer schönen alten Markthalle von 1890), und Marché du Careï, Esplanade du Careï.

Banken: an der Av. Félix Faure und Av. Boyer; Wechselstube *(Change):* 59, Porte de France, ✆ 93359266 (auch sonn- und feiertags geöffnet).

Roquebrune

Schönes altes Dorf mit verschachtelten Häusern, überdachten Gassen und engen Treppen, oberhalb von Menton gelegen. Die Reste der mittelalterlichen Burganlage von Roquebrune können besichtigt werden. Vom Donjon, dem ehemaligen Wohnturm der Anlage, blickt man auf Dorf und Küste (Mai–Sept. 9–12 und 14–19 Uhr, Okt.–April 10–12 und 14–17 Uhr; Fr und im Nov. geschlossen).

Zu Roquebrune gehört das **Cap Martin** an der Küste, eine Halbinsel mit Villen und Pinienhainen, deren Ruhe und Abgeschiedenheit schon Churchill und Le Corbusier zu schätzen wußten. Noch immer ist das Cap Martin ein exklusives Feriendomizil. Von der Spitze des Caps (Parkplatz an der Av. Winston Churchill) führt ein schöner Fußweg nach Monte Carlo Beach (den Schildern ›Sentier Touristique/Promenade Le Corbusier‹ folgen). Hin und zurück geht man ungefähr 3 Std.

Gasse im Roquebrune

Information: Office de Tourisme, 20, Av. P.-Doumer, 06190 Roquebrune, ✆ 93 35 62 87.

Anreise: Busse ab Menton und Nizza (5 bzw. 26 km).

Hotels: Vista Palace (L), Grande-Corniche, ✆ 93 35 01 50: luxuriöser Hotelkasten außerhalb des Dorfes. Les Deux Frères (II), ✆ 93 28 99 00: sehr schönes kleines Hotel in den Räumen der ehemaligen Dorfschule, Zimmer teilweise mit Blick auf das Meer; im selben Haus gibt es ein hübsches Restaurant mit Terrasse.

Camping: La Toraca, 14, Av. Gén. Leclerc. Fleur de Mai, 67, Vallée de Gorbio.

Restaurants: Le Vistaero (L), Vista Palace Hotel, Grande-Corniche, ✆ 93 35 01 50: Panorama-Speisesaal mit Blick auf Monaco; hervorragende Küche. Le Roquebrune (III), 100, Corniche-Inférieure, ✆ 93 35 00 16: außerhalb des Dorfes an der unteren Küstenstraße, klassische Karte, kleine Terrasse. La Dame Jeanne (II), Ch. de Ste. Lucie, ✆ 93 35 10 20: eine der besten Adressen von Roquebrune, atemberaubender Blick auf Monaco; Spezialität: mit Mangold gefüllte, hausgemachte Ravioli (auf Vorbestellung). Le Grand Inquisiteur (II), 18, Rue du Château, ✆ 93 35 05 37: rustikales Restaurant in einem ehemaligen Ziegenstall mitten im Dorf.

Peille

Anreise: Busse ab Menton und Nizza (24 km von Menton).

Peille

Altes Dorf mit Kopfsteinpflastergassen und idyllischen kleinen Plätzen mit Brunnen. Die verschachtelten Häuser sehen von weitem wie eine Festung aus. Der Ort hat ein liebevoll eingerichtetes Heimatmuseum mit alten Werkzeugen, Haushaltsgeräten und Fotos, die vorher auf den Dachböden des Dorfes lagen. Fast jeder Bewohner von Peille stiftete etwas aus seinem Familienbesitz (Musée du Terroir, Place de l'Arma, Mi, Sa, So 14.30–18.30 Uhr).

Information: Office de Tourisme, im Rathaus *(Mairie)*, 06440 Peille, ✆ 93 79 90 32.

Peillon

Peillon ist ein sehenswertes *village perché* im Hinterland. In der Chapelle des Pénitents Blancs sind gut erhaltene Deckenmalereien aus dem 15. Jh. zu sehen.

Information: Office de Tourisme, im Rathaus *(Mairie)*, 06440 Peillon/L'Escarène, ✆ 93 79 91 04.

Anreise: Busse von Menton und Nizza (33 bzw. 19 km).

Hotel/Restaurant: Auberge de la Madone (I–II), ✆ 93 79 91 17: provenzalische Küche. In dem ländlichen Gasthaus werden auch 19 Zimmer vermietet.

Camping: La Laune, Chemin des Prés, Moulin de Peillon.

Lucéram

Terrassenförmig angelegter 550-Einwohner-Ort im Bergland hinter Menton, 889 m hoch gelegen. In der Kirche aus dem 15. Jh. gibt es sechs sehenswerte Altarbilder, darunter einige von Louis Bréa, dem bekanntesten Vertreter der Schule von Nizza.

Information: Office de Tourisme, im Rathaus *(Mairie)*, 06440 Lucéram, ✆ 93 79 51 83.

Anreise: Busse von Menton und Nizza (24 km nordwestlich von Nizza).

Hotel/Restaurant: La Méditerranée (I), Pl. Adrien-Barralis, ✆ 93 79 51 54: an einem kleinen Platz unterhalb des Dorfes, Kaninchen und Wildschwein zu niedrigen Preisen; weitere Spezialitäten: *Raviolis niçoises* und *Gigot des Alpes*.

Sospel

Der von Bergen umschlossene Ort Sospel (2000 Einwohner) liegt an dem kleinen Fluß Béverá, über den eine restaurierte Wehrbrücke aus dem Mittelalter führt. Die barocke Kirche aus dem 17. Jh. hat einen hübschen, arkadengesäumten Vorplatz. Im ältesten Haus am Platz (Palais Ricci) wohnte einst Papst Pius VII. auf der Durchreise. Sospel ist ein guter Ausgangspunkt für Wanderungen am Col de Brouis.

Information: Office de Tourisme, im Rathaus *(Mairie)*, 06380 Sospel, ✆ 93 04 00 26.

Anreise: Busse von Nizza und Menton (22 km nordöstlich von Menton).

Hotels/Restaurants: Hôtel des Etrangers (I), 7, Bd. de Verdun, ✆ 93 04 00 09: kleines, modernes Haus am Ortsrand an der Straße nach Turin, mit einem Patron, der die Gegend gut kennt; hausgemachte Cannelloni. Auberge Provençale (I), Route Col de Castillon, ✆ 93 04 00 31: Küche der Region; auch Zimmer.

Tende

816 m hoch im Hinterland der Seealpen gelegener Ort mit einer hübschen Altstadt, teilweise noch mit Häusern aus dem 15. Jh. Tende ist ebenfalls ein guter Ausgangspunkt für Wanderungen in die Umgebung. Der Ort ist Endstation der Eisenbahnlinie Nizza-Tende, die sich von Nizza über Viadukte, durch Tunnel und Täler ins bergige Hinterland hochschlängelt (s. S. 200 f.).

Anreise: 57 km nördlich von Menton. Busverbindung.

Praktische Reiseinformationen

Informationsstellen

Um Prospektmaterial und spezielle Auskünfte (z. B. zu Privatunterkünften etc.) über einen bestimmten Ort oder eine Gegend zu erhalten, sollte man die entsprechenden *Offices de Tourisme* anschreiben. Allgemeines Informationsmaterial über die Côte d'Azur verschicken auch die französischen Fremdenverkehrsämter:

in Deutschland: Kaiserstr. 12a, 6000 Frankfurt, ✆ 069/7560830; Berliner Allee 26, 4000 Düsseldorf, ✆ 0211/80375.

in Österreich: Walfischgasse, 1, 1010 Wien, ✆ 222/3128 50.

in der Schweiz: Bahnhofstr. 16, 8001 Zürich, ✆ 01/2113085.

Einreise- und Zollbestimmungen

Als Einreisepapiere werden lediglich der gültige Personalausweis bzw. der Reisepaß benötigt. Mitgebrachte Haustiere müssen mindestens drei Monate alt und nachweislich gegen Tollwut geimpft sein. Diese Impfung darf nicht länger als ein Jahr zurückliegen. Weitere Auskünfte erteilt der deutsche Tierschutzverband in Bonn (✆ 0228/631264). Beim Zoll gelten die üblichen EG-Bestimmungen, Merkblätter sind bei allen Zollämtern erhältlich.

Klima und Reisezeit

In den Sommermonaten kann es an der Côte sehr heiß werden, besonders im Juli und August. Der Juni und September sind angenehmer und immer noch warm genug, um sich sonnen und baden zu können. Aber auch in diesen Monaten sollte man nicht erwarten, allein an der Côte d'Azur zu sein. Mit etwas Glück ist der Oktober noch sehr schön, bei gutem Wetter kann man selbst dann noch im Meer baden. Der Februar und März sind die regenreichsten Monate an der Küste. Kenner schwören auf den Winter und das Frühjahr an der Côte d'Azur – nicht umsonst kamen die Engländer im vergangenen Jahrhundert ausschließlich zu dieser Jahreszeit hierher; denn das Klima ist dann nach wie vor mild (Jahresdurchschnittstemperatur von Menton: 16 °C). In diesen Monaten kann man ohne Gedränge durch die Museen ziehen, die Küste abfahren, ohne im Stau steckenzubleiben, und Orte wie St. Tropez von einer anderen Seite kennenlernen. Der große Nachteil: viele Restaurants und Hotels schließen im Winter. Das betrifft jedoch nicht Nizza und Cannes. Die ersten Touristenströme kommen erst gegen Ostern, flachen aber nach zwei Wochen noch einmal ab.

Gesundheitsvorsorge

Am besten besorgt man sich von der Krankenkasse in Deutschland einen sogenannten Anspruchsberechtigungsschein, der entsprechend dem EG-Sozialversicherungsabkommen ärztliche Leistungen im Ausland abdeckt. Dazu gibt es ein Merkblatt in französischer Sprache für den behandelnden Arzt. Hat man einen solchen Berechtigungsschein nicht dabei, oder besteht der Arzt auf Barzahlung, so erstatten die Krankenkassen die Arztrechnungen im nachhinein. Arzt- wie Apothekenrechnungen daher immer sorgfältig aufbewahren. Bei der Abrechnung richten sich die Krankenkassen allerdings nach den deutschen Sätzen. Höhere Kosten werden nicht erstattet. Für diesen Fall können bei Krankenkassen, bei Versicherungsmaklern, beim ADAC oder bei Reisebüros Zusatzversicherungen abgeschlossen werden.

Anreise

... mit dem Flugzeug

Zentraler Flughafen für die Côte d'Azur ist Nizza. Die Fluggesellschaften Air France, Lufthansa, Swiss Air und Austrian Airlines fliegen von allen größeren deutschen Städten, von Zürich und von Wien nach Nizza. Der Flughafen Toulon/Hyères dient nur dem innerfranzösischen Flugverkehr. Flüge nach Nizza kosteten mit dem Lufthansa-Flieg & Spar-Tarif (Hin- und Rückflug) im Herbst 1992 von Berlin 982,– DM, von Hamburg 906,– DM und von Frankfurt 771,– DM. Flüge von Paris nach Nizza gibt es hin und zurück ab ca. 300,– DM.

... mit dem Zug

Die meisten Städte der Côte d'Azur sind mit dem Zug erreichbar. Der Hochgeschwindigkeitszug TGV fährt von Paris die Orte Marseille, Toulon, Cannes, Antibes und Nizza an. Von Paris nach Marseille braucht er dazu 5, von Paris nach Nizza 7 Std. (einfacher Fahrpreis Paris–Nizza, Stand Herbst 1992: 443,– FF). Der TGV fährt auch aus Richtung Genf an die Côte d'Azur (Marseille und Nizza). Autoreisezüge verkehren von Düsseldorf, Köln und Frankfurt direkt nach Fréjus/St. Raphaël. Der Nachtzug von Frankfurt nach Nizza kostete im Frühjahr 1991 rund 300,– DM. Auskünfte bei der Bundesbahn und der Generalvertretung der Französischen Eisenbahnen: SNCF, Rüsterstraße 11, 6000 Frankfurt/M., ✆ 069/728444. Die SNCF bietet mehrere interessante Fahrpreisvergünstigungen an: für Jugendliche unter 26 Jahren das *Carré Jeune* (halber Tarif) und für über 60-Jährige die *Carte Vermeil* (ebenfalls halber Fahrpreis auf Langstrekken).

... mit dem Bus

Busverbindungen von Deutschland an die Côte d'Azur gibt es nur im Zusammenhang mit Pauschalarrangements. Auskünfte erteilen die Reisebüros.

... mit dem Auto

Man erreicht die Côte d'Azur sowohl über Autobahnen wie über Landstraßen. Parallel zur Küste verläuft die Autobahn A 8. Zwischen Cannes und Menton wurde sie sehr nah ans Meer gebaut, so daß alle Küstenorte an diesem Abschnitt über die Autobahn in kürzester Zeit zu erreichen sind. Weiter westlich liegt das Estérel- bzw. Mauren-Massiv zwischen Autobahn und Küste.

Die östliche Route zur A 8 führt, aus Österreich, der südöstlichen Schweiz und Bayern kommend, über den Brenner durch Italien, über die A 22 bis Verona, über die A 4 bis Brescia, über die A 21 über Cremona und Piacenza bis nach Alessandria und dann über die A 7 bis Genua, von dort weiter auf der Küstenautobahn A 10 bis zur Grenze Ventimiglia–Menton.

Aus Deutschland kommend, gibt es verschiedene Möglichkeiten der Anreise: von Lindau über Zürich, Bern und Fribourg nach Genf; von dort nach Lyon und dann über die *Autoroute de Soleil* Richtung Süden. Oder von Karlsruhe Richtung Mulhouse/Basel und zur östlichen Côte d'Azur über Bern, Lausanne, Martigny sowie durch den St. Bernhard-Tunnel über Turin und Savona und weiter über die Küstenautobahn; zur westlichen Côte d'Azur von Basel über Besançon und Lyon über die Autobahn Richtung Toulon. Für Reisende aus West bzw. Norddeutschland bietet sich auch die Autobahn Koblenz–Trier–Metz–Nancy–Dijon an, die dann an die Autobahn ab Lyon Richtung Süden anschließt.

Die *Autoroute du Soleil* (A 7) verbindet Paris mit Marseille. Dort besteht Anschluß an die Küstenautobahn. Die Benutzung der französischen Autobahnen ist gebührenpflichtig. Bezahlt wird an den *Péage*-Stellen: Entweder zieht man bei der Auffahrt eine Magnetkarte, mit der bei Verlassen der Autobahn die zu entrichtende Gebühr berechnet wird, oder man zahlt in kürzeren Abständen an den *Péage*-Stellen auf der Autobahn selbst (in der Schlange ›*automatique*‹ nur anstellen bei passendem Kleingeld, bei ›*monnaie*‹ wird am Schalter gewechselt).

Die Anfahrt über Landstraßen ist zwar billiger und meistens landschaftlich reizvoller, dauert aber wesentlich länger. Die schönste Strecke führt von Grenoble nach Cannes über die *Route Napoléon*.

Über die Route Napoléon in den Süden

Napoléon brauchte bei seiner Rückkehr aus der Verbannung auf Elba genau sieben Tage für die Strecke von Cannes nach Grenoble, die heute seinen Namen trägt. Er wählte trotz des andauernden Winters die Alpenroute für seinen Weg nach Paris, um ein Zusammentreffen mit der royalistisch gesinnten Bevölkerung der Provence zu vermeiden.

Der Verbannte und seine 1000 Mann starke Truppe landeten am 1. März 1815 gegen 17 Uhr in Golfe-Juan. Am Strand von Cannes schlugen sie ihr Zeltlager auf. Eine Parallelstraße der Croisette, die Rue Bivouac-Napoléon, verdankt diesem Ereignis ihren Namen. Von Cannes zog das Bataillon nach Grasse und Séranon. Am 3. März aß Napoleon in der Sous-Préfecture von Castellane zu Mittag – ein Schild in der Rue Nationale erinnert noch heute daran. Am 4. März verbrachte er eine unruhige Nacht im Château Maliijai hinter Digne und wartete auf Nachrichten aus Sisteron, dessen Zitadelle eine der schwierigsten Passagen auf seinem Weg nach Paris darstellte. Seine Männer konnten sie jedoch ohne Schwierigkeiten einnehmen. Am 5. März bereitete ihm die Bevölkerung von Gap einen überraschend herzlichen Empfang, und am 7. März überwand Napoleon auch das größte Hindernis auf seinem Marsch zur Macht: Die royalistischen Truppen, auf die er bei Laffrey vor Grenoble traf, stellten sich nach kurzem Zögern auf seine Seite. Noch am gleichen Abend zog er unter »Vive l'Empereur«-Rufen in Grenoble ein.

Die *Route Napoléon* (N 85) entspricht genau dem Weg, den der Verbannte 1815 zurücklegte, um den Thron zurückzuerobern. Die 331 km lange Strecke führt – in umgekehrter Richtung – von Grenoble über Gap, Sisteron, Digne, Barrême, Castellane und Grasse nach Cannes und gehört zu den schönsten, aber auch kurvenreichsten Landstraßen Frankreichs. Man sollte sich daher genügend Zeit nehmen, am besten sogar eine Übernachtung einkalkulieren, um die *Route Napoléon* in Ruhe genießen zu können. Orte wie Sisteron und Castellane bieten sich für einen Zwischenstopp an.

Die gesamte Strecke ist mit einem Adler, der auf einem großen N sitzt, beschildert. Der schönste Abschnitt der *Route Napoléon* ist die Strecke zwischen Digne und Grasse. Das letzte Teilstück von Grasse nach Cannes ist landschaftlich weniger reizvoll und stark befahren. Wer nicht nach Cannes fahren muß, sollte hinter Grasse auf die Autobahn (A 8) wechseln. Sehenswerte Orte an der Route Napoléon sind insbesondere Sisteron und Castellane.

Sisteron: Der 7000-Einwohner-Ort ist an einen Felsen gebaut und liegt auf der Grenze zwischen dem Dauphiné und der Provence. Im August 1944 bombardierten die Amerikaner Sisteron, um den Rückzug der deutschen Besatzer zu beschleunigen. 300 Menschen starben unter den Bomben, Teile der Altstadt wurden zerstört. Sehenswert sind die Reste der ehemaligen Wehrmauern aus dem 14. Jh., eine Kathedrale aus dem 12. Jh., die Altstadt von Sisteron mit ihren mittelalterlichen Gassen und die oben auf dem Felsen gelegene Zitadelle. Hotels: Grand Hôtel du Cours (I), Place de l'Eglise, ✆ 92 61 04 51; Tivoli (I), Place Tivoli, ✆ 92 61 15 16. Restaurant: Becs Fins (I), 16, Rue Saunerie, ✆ 92 61 12 04.

Castellane: Hübscher 1400-Einwohner-Ort, der von einem 184 m hohen Kreidefelsen überragt wird, auf dem die Kapelle Notre-Dame-du-Roc steht. Außerdem ist die romanische Kirche St. Victor sehenswert. Vom Ort führen zwei Spazierwege auf den Felsen: Der erste geht links hinter der Kirche den steilen Berg hoch (ausgeschildert), der zweite verläuft vom *Office de Tourisme* zum Bd. St. Michel, von dort dann die erste Straße rechts hoch (jeweils 1 Std. hin und zurück). Hinter Castellane beginnt die Schlucht von Verdon. Hotel-Restaurants: Novel Hôtel Commerce (I), Place de l'Eglise, ✆ 92 83 61 00, am Kirchplatz. Grand Hôtel du Levant (I), Place Sauvaire, ✆ 92 83 60 05.

... mit dem Zug

Die meisten Orte der Côte d'Azur sind an das Eisenbahnnetz angeschlossen. Nur zwischen St. Raphaël und Toulon fährt der Zug durch das Landesinnere. Im östlichen Teil der Küste besteht eine Verbindung von Ventimiglia/Menton nach St. Raphaël über Monaco, Nizza, Antibes, Juan-les-Pins, Cannes und viele kleinere Orte. Die Fahrzeit von Ventimiglia nach St. Raphaël beträgt 2 Std., mit dem *train rapide* 1½ Std. Im Sommer verkehren die Züge fast stündlich. Weitere Verbindungen: zwischen St. Raphaël und Toulon (durch das Landesinnere) sowie Toulon und Marseille.

... mit dem Bus

Alle größeren, aber auch die kleineren Orte an der Küste werden von Bussen angefahren. Eine durchgehende Busverbindung parallel zur Küste (mit mehrmaligem Umsteigen) besteht von Toulon über St. Raphaël nach Cannes und von dort über Nizza und Monte Carlo weiter nach Menton. Viele Busse fahren auch ins nahe Hinterland. Genaue Auskünfte über Verbindungen erhalten Sie jeweils im *Office de Tourisme*. Busbahnhof heißt *Gare routière*.

... mit dem Auto

Über die im Hinterland verlaufende Autobahn A 8 sind alle Orte der Côte d'Azur gut zu erreichen. Die kurvige Küstenstraße ist in der Regel zeitraubender. Landschaftlich sehr reizvolle Routen sind die sogenannten *Corniches* (s. S. 13 f.). Schön ist auch die *Corniche des Maures* zwischen Le Lavandou und Croix-Valmer.

Die Höchstgeschwindigkeit beträgt auf Autobahnen 130 km/h, auf Landstraßen 90 km/h (auf vierspurigen Strecken 110 km/h) und in Ortschaften 60 km/h.

Benzin ist in Frankreich erheblich teurer als in Deutschland. Normalbenzin heißt *essence*, Super *super* und Diesel *gazole*. Mittlerweile gibt es an der Küste genügend Zapfsäulen mit bleifreiem Benzin (*essence sans plomb* bzw. *super sans plomb*), in kleineren Orten oder im Hinterland sind sie jedoch noch selten. Der ADAC in München verschickt Listen mit den Adressen bleifreier Tankstellen in Frankreich: ADAC, Am Westpark 8, 8000 München 70, ✆ 089/767670.

... mit dem Leihwagen

In allen größeren Orten der Küste kann man Leihwagen *(voitures de location)* mieten und schon vor der Anreise reservieren lassen. In Nizza befinden sich direkt am Flughafen Avis-, Hertz- und Europcar-Schalter. Autos der großen Leihwagenfirmen können an unterschiedlichen Orten angemietet und abgegeben werden.

Unterkunft und Essen

Hotels

Zwischen den mit ein bis vier Sternen klassifizierten Hotels können innerhalb der jeweiligen Kategorie beträchtliche Qualitätsunterschiede auftreten. An der Côte d'Azur ein Hotelzimmer unter 300,– FF zu finden grenzt an ein Kunststück. Nach oben sind den Preisen jedoch keine Grenzen gesetzt. Im Hinterland sind die Unterkünfte im allgemeinen preisgünstiger.

Die in diesem Reiseführer aufgeführten Hotels wurden vier Preiskategorien zugeordnet. Die Preise beziehen sich jeweils auf ein Doppelzimmer ohne Frühstück (in Frankreich wird das Frühstück grundsätzlich extra berechnet, man ist aber nicht verpflichtet, im Hotel zu frühstücken):

Kategorie I:	bis 300,– FF
Kategorie II:	bis 500,– FF
Kategorie III:	bis 700,– FF
L (= Luxus):	über 700,– FF

Während der Hauptsaison wird man ohne vorherige Reservierung kaum ein Zimmer bekommen. Und auch in der Nebensaison sind Hotels bestimmter Preisklassen wegen der zahlreichen Kongresse an der Côte d'Azur oft vollkommen ausgebucht. Eine Reservierung ist also immer anzuraten, wobei viele Hotels als Sicherheit die Bezahlung einer ersten Übernachtung per Scheck verlangen. In größeren Hotels reicht meist die schriftliche Reservierungsbestätigung per Fax oder die Angabe der Kreditkartennummer.

In den einzelnen Orten kann man sich bei den *Offices de Tourisme* darüber informieren, in welchen Hotels Zimmer frei sind, und sie sofort reservieren lassen (teilweise gegen geringe Gebühren). Doppelzimmer sind nicht unbedingt teurer als Einzelzimmer.

Privatunterkünfte

In fast allen *Offices de Tourisme* kann man Listen über Privatunterkünfte bekommen, oft eine empfehlenswerte Alternative zu Billighotels. Die Angebote reichen von

Einzelzimmern bis zu Ferienhäusern. Ferienhäuser und -wohnungen vermitteln: *Gîtes de France*, 55, Promenade des Anglais, 06000 Nice, ✆ 93443939, Telex: Tourica 461341 F, Öffnungszeiten: von 9–12 und von 14–16.30 Uhr. Diese Organisation bietet Häuser und Wohnungen verschiedener Kategorien an, teilweise zu überraschend niedrigen Preisen, allerdings meist nicht direkt an der Küste gelegen. Die Mindestmietdauer beträgt eine Woche. Bei der Reservierung werden 30% der Mietsumme angezahlt. Die *Gîtes de France* verschicken auf Anfrage ein Verzeichnis ihrer Angebote.

Jugendherbergen

Jugendherbergen gibt es an der Côte d'Azur in Casis (außerhalb), Fréjus, Menton, Nizza, St. Raphaël und Tende, außerdem in Marseille. Man sollte möglichst vorab reservieren (mit schriftlicher Voranmeldung). Vor Ort reicht ein deutscher Jugendherbergsausweis aus. Auskunft und Reservierungen für ganz Frankreich bei: Fédération Unie des Auberges de Jeunesse, 6, Rue Mesnil, 75116 Paris, ✆ 0033/45051314.

Camping

An der Küste gibt es zahlreiche Campingplätze; ganz billig sind sie allerdings nicht. Der französische Campingverband teilt die Plätze in Kategorien von ein bis vier Sternen ein. Die der höchsten Kategorie haben Swimming-Pools und Tennisplätze. Wildcampen ist verboten und wird mit Strafen belegt.

Eine Liste der Campingplätze bekommt man bei folgenden Adressen: ADAC, Am Westpark 8, 8000 München 70, ✆ 089/767670; Deutscher Camping Club, Mandlstr. 28, 8000 München 40, ✆ 089/334021; FFCC (Fédération Française de Camping et Caravaning), 78, Rue de Rivoli, 75004 Paris, ✆ 00331/42728408; Touring Club de France, 6–8, Rue Firmin-Gillot, 75736 Paris-Cédex 15, ✆ 00331/42659070.

Die Küche der Côte

An der gesamten Küste kann man hervorragende Fischgerichte essen, darüber hinaus Meeresfrüchte, Muscheln und Schalentiere. Unbedingt probieren sollten Sie auch Gerichte der regionalen, provenzalischen Küche:

Aïgo boulido: Brühe, die stundenlang mit Knoblauch und Salbei köcheln muß.

Aïoli: Eine Knoblauchmayonnaise, die man zu kalten Gerichten reicht.

Bouillabaisse: Die berühmte Fischsuppe aus verschiedenen

Fischen, Tomaten und Zwiebeln, Lauch, Olivenöl, Pfeffer, Salz und Knoblauch. Die Bouillabaisse ißt man mit Croûtons (gerösteten Weißbrotwürfeln) und Rouille, das ist eine Knoblauch-Paprika-Mayonnaise.

Brandade de murue: Gehackter Stockfisch mit Olivenöl und Knoblauch.

Pan bagnat: Eine Spezialität aus Nizza. Runde, kleine Weißbrottaschen, die mit Knoblauch eingerieben und mit Olivenöl beträufelt werden. Danach füllt man das Ganze mit Tomaten, Thunfisch und Anchovi.

L'Estocaficada: Stockfisch mit Kartoffeln, Tomaten, Zucchini und schwarzen Oliven. Gericht aus Nizza.

Fassum: Mit Kräutern und Fleisch gefüllter Kohl, der in einem Netz acht Stunden lang in einer Brühe köcheln muß. Spezialität in Grasse.

Fleurs de courgettes farcies: gefüllte Zucchiniblüten.

Pissaladiera/pissaladière: Eine Art Zwiebelkuchen mit schwarzen Oliven und Anchovi-Filets.

Soupe au pistou: Gemüsesuppe mit frischem Basilikum, Olivenöl und Knoblauch.

Ratatouille: Gemüseeintopf mit Auberginen, Zucchini, Paprika, Tomaten, Zwiebeln, Knoblauch und natürlich Olivenöl.

Salade niçoise: Salat mit Kartoffeln, grünen Bohnen, Tomaten, Thunfisch, Oliven, Ei und Anchovis.

Socca: Runde, dünne Fladen aus Kichererbsenmehl.

Tourta de Bléa: Mit Mangold gefüllte Teigtaschen.

Restaurants

In keinem anderen Landstrich Frankreichs wurden so viele Restaurants mit Michelin-Sternen und Gault et Millau-Mützen, den Auszeichnungen der beiden führenden französischen Gastronomie-Guides, ausgezeichnet wie an der Côte d'Azur. In guten Restaurants hat das Essen allerdings auch seinen Preis. Wesentlich günstiger sind meist die Mittagsmenüs (während der Woche). Viele Restaurants bieten verschiedene Menüs mit zwei bis drei Gängen an. Darüber hinaus kann man *à la carte* frei wählen, was immer teurer ist. Nur eine Vorspeise oder nur ein Hauptgericht zu bestellen kommt in Frankreich einem Frevel gleich.

Die Öffnungszeiten variieren, manche Lokale schließen sonntags, manche am Wochenanfang, andere machen gleich zwei Tage in der Woche zu. Viele Restaurants in ausgesprochenen Badeorten schließen im Winter für einige Monate. In den bekannten Gourmet-Restaurants sollte man in jedem Fall einen Tisch reservieren lassen. Es ist üblich, im Restaurant zu warten, bis man einen Tisch zugewiesen bekommt. Alles andere gilt als unhöflich.

Die in diesem Reiseführer angegebenen Restaurants wurden in folgende Preiskategorien eingeteilt (Preise jeweils pro Person und incl. Wein):

Kategorie I: bis 150,– FF
Kategorie II: bis 250,– FF
Kategorie III: bis 450,– FF
L (Luxus): alles über 450,– FF

Bars, Cafés, Crêperien

Zwischen Bars und Cafés gibt es in Frankreich kaum Unterschiede, und sie haben weder etwas mit Nachtlokalen noch mit Sahnetorten zu tun. In der Bar oder im Café an der Ecke trinkt man einen Kir, einen Pastis oder ein Glas Wein. Oft kann man kleine Gerichte, wie *salade niçoise, croque Monsieur* oder ein *plat du jour* bekommen – und natürlich Kaffee (*café noir* = Espresso, *café crème* oder *café au lait* = Milchkaffee). Häufig verkaufen diese Eckbars/Cafés auch Zigaretten, Briefmarken und Telefonkarten. Die Öffnungszeiten sind unterschiedlich: Manche Bars und Cafés schließen schon um 20 Uhr, andere um 22 oder 24 Uhr. Die Preise können je nach dem Platz variieren. Am billigsten ist es im Stehen am Tresen (= *zinc*), am teuersten draußen auf der Terrasse.

Crêperien sind eine gute und preiswerte Lösung, um den ›kleinen‹ Hunger zu stillen. Die dünnen *crêpes* sind entweder salzig – dann heißen sie *galettes* und sind wie Pizza mit Tomaten, Schinken, Thunfisch, Käse und anderen Dingen gefüllt bzw. belegt – oder süß wie der *crêpe au chocolat.*

Die Weine der Côte

Im Gebiet der Côte d'Azur gibt es vier verschiedene Anbauzonen: Im äußersten Westen werden die roten Bandol-Weine und die Weißweine von Cassis angebaut; das größte Anbaugebiet der Küste sind die Côtes de Provence (rot, weiß, rosé); und schließlich gibt es das Mini-Anbaugebiet Bellet (Weiß- und Rotwein), das oberhalb von Nizza liegt.

Direkt bei den Winzern zu kaufen ist meist günstiger. Es empfiehlt sich, vorher anzurufen, um Öffnungszeiten und eventuelle Kellerbesuche *(visites des caves)* zu erfragen bzw. abzusprechen. Auch die Kooperativen vertreiben gute Weine, meist noch preisgünstiger als die Winzer. Weingüter und Kooperativen nach Anbaugebieten:

Bandol:
Château des Baumelles, Thiery Grand, 83270 St. Cyr-sur-Mer, ✆ 94264659.

Les Maîtres Vignerons du Beausset, Route Nationale 8, Le Beausset, ✆ 94987017.

Domaine de Frégate, Comte Jean de Pissy, Route de Bandol, Route Nationale 559, 83270 St.-Cyr-sur-Mer, ✆ 94261702.

Küche und Köche

Die Küche des Südens – das ist eine einzige Hommage an das Meer, an die Sonne, an Italien, an Thymian, Basilikum und Rosmarin. Die Gerichte des Südens – das sind *bouillabaisse,* Stockfisch und gefüllte Sardinen, *ratatouille* und *pissaladière,* Gnocchi und Ravioli, *soupe au pistou* und *pan bagnat.* Olivenöl und Knoblauch sind nicht nur Zutaten, ohne sie nimmt hier kein Koch den Löffel in die Hand.

Man kann an der Côte d'Azur sehr gut, aber auch sehr schlecht essen. Angesichts der Fast Food-Läden und Pizzerien mag man an manchen Orten den Glauben an die französische Küche verlieren. Trotzdem: es gibt sie noch. Gerade in den letzten Jahren haben junge Köche wieder zu einer regionalen Küche zurückgefunden und tischen nach Ausflügen in die *Nouvelle Cuisine* nun Kutteln, Mangold und Knoblauchsupppen auf.

An der ›Blauen Küste‹ liegen weltbekannte Restaurants, wie z. B. das **Louis XV** im Hôtel de Paris von Monte Carlo, ein goldener Rokoko-Palast mit der italienisch inspirierten Küche von Alain Ducasse. Das Louis XV wurde als erstes französisches Hotelrestaurant von Michelin mit drei Sternen, der höchsten Weihe, die ein Koch in seinem Leben erreichen kann, ausgezeichnet (s. S. 218).

Die Restaurantterrasse des **Château de la Chèvre d'Or** im Felsendorf Èze (10 km von Monaco entfernt) gehört zu den schönsten Orten für ein unvergeßliches Abendessen; 400 m über dem Meeresspiegel, mit Blick auf das Meer und die flimmernde Küstenstraße (s. S. 208).

In Nizza gibt es gleich mehrere Haute-Cuisine-Tempel mit regionaler Küche und viel Fisch auf der Karte: das Hotelrestaurant **Chanteclerc** des berühmten Negresco, das **Florian** mit hervorragenden Bellet-Weinen und das kleine **Toque Blanche**, die günstige Variante unter den Großen. Nizzaer Spezialitäten zu erschwinglicheren Preisen erhält man im Mini-Bistro **La Merenda** in der Altstadt, bei **Barale** in einem Saal mit mechanischem Klavier und bei **La Nissarda.**

Im berühmten **Colombe d'Or** in St. Paul-de-Vence im Hinterland von Nizza ißt man in einem wunderschönen Speisesaal mit großen

Kaminen, einem alten Steinfußboden und Bildern von Picasso, Braque und Matisse an den Wänden (s. S. 162). Weiter westlich, in der Parfumhauptstadt Grasse, kocht **Maître Bosq** in einem winzigen, einfachen Lokal der Altstadt noch den *fassum grassois* (s. S. 155). Von den alten Holzbalken an der Decke hängen Knoblauch und Thymian herab, und an den Wänden blinkt eine ganze Batterie von Kupfertöpfen.

Mougins hinter Cannes ist wahrscheinlich das Dorf mit der größten Restaurantdichte Frankreichs. Ein Lokal reiht sich hier an das andere, darunter gleich zwei von Starkoch Roger Vergé: **L'Amandier de Mougins** im Dorf selbst und die **Moulin de Mougins** unterhalb des Ortes (s. S. 150), beides Treffpunkte betuchter Gäste aus Cannes. Günstiger sind das **Bistrot de Mougins** direkt am Dorfplatz und die **Ferme de Mougins** in fast ländlicher Umgebung. Weitere gastronomische Klassiker der Côte: die **Bonne Auberge** von Michel Rostang in Antibes mit zwei Michelin-Sternen (s. S. 172), **Le Bacon** am Cap d'Antibes, in dem es die beste *bouillabaisse* der Küste geben soll (s. S. 169), und die **Auberge de l'Estérel** mit dem talentierten Jungkoch Christian Plumail in Juan-les-Pins (s. S. 167).

In Cannes heißt der mit vier Gault et Millau-Mützen gekrönte Koch-König Jacques Chibois. Seit 1981 bringt er im Hotelrestaurant des **Gray d'Albion** die ›Sonne der Provence‹ auf den Teller, wie Kritiker schwärmen (s. S. 141). Eine weitere Institution der Festivalstadt, inzwischen allerdings auch von Touristen entdeckt, ist **La Mère Besson,** ein kleines Lokal, das mit gefülltem Hasen und Aïoli berühmt wurde (s. S. 142).

Auf der anderen Seite der Küste, in St. Tropez, kann man mit entsprechendem Budget im **Chabichou** (Michel Rochedy), dem Restaurant des berühmten Byblos-Hotels, im **Mas de Chastelas,** einem umgebauten Bauernhof an der alten Nationalstraße D 61, und im Hotelrestaurant **L'Olivier** mit wunderschönem Garten hervorragend essen (s. S. 106). Auf den Terrassen von **La Verdoyante** bei Gassin und der **Ferme Ladouceur** bei Ramatuelle sitzt man auch nicht schlecht – und wesentlich preisgünstiger. Beide Restaurants liegen mitten im Weinanbaugebiet der Halbinsel.

Weiter westlich, in der Nähe von Le Lavandou – bisher als kulinarische Wüste verschrien – hat die verwöhnte Prominenten-Clique von St. Tropez einen neuen Treffpunkt gefunden, der nun jeden Sommer regelmäßig im Motorboot angesteuert wird: **Les Roches,** Restaurant eines Traumhotels direkt am Meer (s. S. 94).

Domaine de Pibarnon, Comte Henri de Saint-Victor, 83740 La Cadière-d'Azur, ✆ 94901273.

Cassis:

Château de Fontblanche, Jean-Jacques Bontoux-Bodin, Route de Carnoux, 13260 Cassis, ✆ 42010011.

Ferme Blanche, François Paret, 13260 Cassis, ✆ 42010074.

Clos d'Alibizzi, François Dumon, Ferme Saint-Vincent, 13260 Cassis, ✆ 42011143.

Clos Ste-Madeleine, Sack- Zafiropulo, Av. du Revestel, 13260 Cassis, ✆ 42017028.

Côtes de Provence:

Domaine de l'Angueiroun, Louis Lorne, Quartier Verrerie RN 98, 83230 Bormes-les-Mimosas, ✆ 94711139.

Château Barbeyrolles, Régine Sumeire, Gassin, 83990 St. Tropez, ✆ 94563358.

Domaine de Bertaud, Yves Lemaître, Gassin, 83990 St. Tropez, ✆ 94561683.

Domaine de Cazal, Michel et Jeanine Garnier, 3eme Borrels, 83400 Hyères, ✆ 94656820.

Cave des Vignerons de Cogolin, Rue Marceau, 83310 Cogolin, ✆ 94544054.

Coopérative des Vignerons de Collobrières, Route de Pierrefeu, 83610 Collobrières, ✆ 94480726.

Domaine Les Louzes, Marius Brun, 83360 Grimaud, ✆ 94433512.

Domaine de Curebeasse, Jean et Jérôme Paquette, Route de Bagnols, 83600 Fréjus, ✆ 94521017.

Château des Garcinières, Louis Valentin, 83310 Cogolin, ✆ 94560285.

Coopérative de Grimaud, Rte. Nationale, 83360 Grimaud, ✆ 94432014.

Domaine de l'Ile, Sébastien Leber, 83400 Porquerolles, ✆ 94583160.

Domaine de la Courtade, Richard Auther, 83400 Porquerolles, ✆ 94583144.

Château de Léroube, M. Egelsen-Lebel, 83230 Bormes-les-Mimosas, ✆ 94548003.

Domaine la Malherbe, Mme. Ferrari, Rte. du Fort-de-Brégançon, 83230 Bormes-les-Mimosas, ✆ 94648011.

Domaine de la Mauvanne, Jean-Pierre Faraudo, Simone Berriau, Les Salins d'Hyères, 83410 Hyères, ✆ 94664025.

Château Minuty, M. Matton-Farnet, Gassin, 83990 St. Tropez, ✆ 94561209.

Clos Mireille, Domaines Ott, Rte. de Bregançon, 83250 La Londe-les-Maures, ✆ 94668026.

Commanderie de Peyrassol, Yves et Françoise Rigord, 83340 Flassans-Le Luc, ✆ 94697102.

Cave de Ramatuelle, Route de la Croix-Valmer, 83350 Ramatuelle, ✆ 94792360.

Domaine de la Rouillère, René Roman, 83990 Gassin, ✆ 94792026.

Coopérative de Saint-Tropez, Cave Coopérative de St. Tropez, Av. Paul Roussel, Ecke Rue du Temple, 83390 St. Tropez, ✆ 94 97 01 60.

Maîtres vignerons de St. Tropez, Carrefour de la Foux, Gassin, 83390 St. Tropez, ✆ 94 56 32 04.

Bellet:

Château de Bellet, Ghilain de Charnacé, Route de Saquier, Saint-Roman-de-Bellet, 06200 Nizza, ✆ 93 37 81 57.

Château de Crémat, Charles Bagnis, 442, Chemin de Crémat, 06200 Nizza, ✆ 93 37 80 30.

Urlaubsaktivitäten

Wandern

Die Côte d'Azur, v. a. das Hinterland, eignet sich hervorragend zum Wandern. Auskünfte und Wanderkarten bei: Comité Départemental de Randonné Pédestre, 2, Rue Deloye, 06000 Nizza; Mercantour Alticoop, 3–4, Rue Caroline, 06100 Nizza (Wandern im Nationalpark Mercantour im Hinterland von Nizza und Menton); Fédération Française de la Montagne, 15, Av. Jean-Médicin, 06000 Nizza (Bergwandern); Club Alpin Français, 14, Av. Mirabeau, 06000 Nizza (Bergsteigen).

Tauchen

An vielen Stellen der Küste kann man schnorcheln und tauchen. Als Tauchgebiet besonders interessant und noch nicht sehr überlaufen ist Cassis.

Tauchschulen und -clubs

Club Plongée de Cannes, 46, Rue de G.-Clémenceau, 06408 Cannes.

C.E.R.M.A., 11, Av. de la Viguerie, 13260 Cassis.

Centre Cassidain de Plongée, 12, Rue Térèse–Rastit, 13260 Cassis.

Plongée International Club, Port de Cannes Marina/Le France, Bâtiment D, 06210 Mandelieu-la-Napoule.

Club Nautique Menton, 1, Av. Félix-Faure, 06500 Menton.

Club Nautique l'Estérel, Port de la Rague, 06590 Théoule-sur-Mer.

Golf

Wie es sich für ein exklusives Urlaubsgebiet gehört, ist die Côte d'Azur mit Golfplätzen gut bestückt – und es kommen ständig neue hinzu (in manchen Clubs kann man auch als Nicht-Mitglied spielen; jedoch eher während der Woche als am Wochenende).

Mandelieu bei Cannes: sehr schöner Platz unter Pinien, ✆ 93495539. Mougins (im Hinterland von Cannes): edler Club, in den man am Wochenende von einem Mitglied eingeladen werden muß, ✆ 93757913. Valbonne (im Hinterland von Cannes): einfacher Neun-Loch-Platz, ✆ 93420008. Biot (im Hinterland von Cannes): sehr kleiner Platz, gut für Anfänger geeignet, ✆ 93650848. Mont Agel (bei Monte Carlo): schwieriger 18-Loch-Platz, Blick auf die Bucht von Monaco, ✆ 93410911. Valescure (bei Fréjus): kleiner Platz am Rande des Estérel-Massivs, ✆ 94521658. L'Estérel (ebenfalls in Valescure): sehr schöner neuerer Platz, ✆ 94824660. Beauvallon (zwischen Ste. Maxime und St. Tropez): kleiner Neun-Loch-Platz, das Richtige für Anfänger, ✆ 94961698.

Drachenfliegen

Drachenfliegen ist nur in bestimmten Regionen und Orten der Côte d'Azur erlaubt. Viele davon liegen im Nizzaer Hinterland, wie das kleine St. André-des-Alpes, alljährlicher Austragungsort von Meisterschaften im Drachenfliegen.

Auskünfte bei der Fédération Française de Vol Libre, 54bis, Rue de la Buffa, 06000 Nizza.

Radfahren

Radfahren ist an der Côte d'Azur ein eher mühsames Unterfangen. Die Küstenstraße ist im Sommer meist so verstopft, daß man nur Auspuffgase einatmet, und für die steilen und kurvigen Straßen im Hinterland braucht man schon eine sehr gute Kondition. Für Unentwegte gibt es in einzelnen Orten dennoch einen Fahrradverleih.

Sprachführer

Konversation im Alltag:

bonjour	guten Tag
au revoir	auf Wiedersehen
merci beaucoup	vielen Dank
excusez-moi, s'il vous-plaît	Entschuldigung
à plus tard/à tout à l'heure	bis später/bis gleich
Comment ça va?	Wie geht's?

Ca va/ça va bien	Es geht/es geht gut
Quelle heure est-il, s. v. p.?	Wie spät ist es?
Est-ce-qu'il vous reste encore une chambre?	Haben Sie noch ein Zimmer?
... avec deux lits séparés/avec un grand lit	mit zwei getrennten Betten/mit einem französischen Bett
... avec salle de bain	... mit Bad
... avec l'eau chaude	... mit fließend heißem Wasser
... avec un lit supplémentaire	... mit Zusatzbett (für Kinder)
Ca coûte combien?	Wieviel kostet es?
C'est trop cher	Das ist zu teuer
C'est bon/d'accord	einverstanden
Où est ...	wo ist ...?
... la pharmacie	... die Apotheke
... l'hôpital	... das Krankenhaus
... le garage	... die Werkstatt
... l'hôtel	... das Hotel
... la plage	... der Strand
à gauche/à droite	links/rechts
toujours tout droit	immer geradeaus
Je voudrais réserver une table pour deux personnes ce soir à vingt heures.	Ich würde gerne einen Tisch für heute abend um 20 Uhr reservieren.
Est-ce que vous avez encore une table pour deux personnes?	Haben Sie noch einen Tisch für zwei Personen?
C'est délicieux.	Es schmeckt ganz hervorragend.
L'addition, s. v. p.	Die Rechnung, bitte.

... im Restaurant:

à point	halb durchgebraten
agneau	Lamm
aigre/aigre-doux	sauer/süß-sauer
aiguillettes	Fleisch in Streifen geschnitten
ail	Knoblauch
amer	bitter
amuse-gueule	Mini-Vorspeisen als kleine Appetithappen
andouillettes	Würste mit Innereien
asperges	Spargel
assitte du pêcheur	gemischte Fischplatte
bar	See- oder Wolfsbarsch
beurre	Butter

bien cuit	gut durchgebraten
bifteck	Steak
blanc de volaille	Geflügelbrust
blanquette	Ragout aus Kalb, Lamm, Huhn oder Fisch mit cremiger Sauce
bœuf	Rind
boissons	Getränke
boudin	Blutwurst
boulettes	Fleischbouletten
brioche	feines, süßes Hefegebäck
brochet	Hecht
brochette	Spieß
café-crème	Milchkaffee
canard	Ente
carafe d'eau	Karaffe Wasser
cassoulet	Eintopf aus weißen Bohnen, Fleisch und Wurst
cèpes	Steinpilze
cerises	Kirschen
cervelle	Hirn
chanterelles	Pfifferlinge
charcuterie	Wurst, Schinken Pasteten etc.
chèvre	Ziegenkäse
chou-fleur	Blumenkohl
choucroute	Sauerkraut
cidre	Apfelwein
confit	Ente, Gans oder Schwein im eigenen Fett
coq (au vin)	Hahn (in Rotwein)
coquillages	Schalentiere
coquilles St. Jacques	Jakobsmuscheln
côte d'agneau	Lammkotelett
courgettes	Zucchini
crème chantilly	Schlagsahne
crème fraîche	dicke, saure Sahne
croque Monsieur	Sandwich mit Schinken und Käse überbacken
croque Madame	das gleiche mit einem Spiegelei
crudités	Rohkostsalat
dégustation	probieren (Weinprobe)
déjeuner	Mittagessen
demi	kleines Bier

demi-bouteille de vin	halbe Flasche Wein
dinde	Pute
dîner	Abendessen
eau-de-vie	klarer Obstschnaps
entrée	Vorspeise, erster Gang
épices	Gewürze
épinards	Spinat
escalope	Schnitzel
escargot	Weinbergschnecke
farci	gefüllt
feuilleté	in Blätterteig
foie	Leber
foie gras (d'oie)	Gänseleberpastete
forestière	mit Pilzen garniert
fourchette	Gabel
fraises	Erdbeeren
framboises	Himbeeren
frisée aux lardons	Friséesalat mit Speckwürfeln
fruits de mer	Meeresfrüchte
gâteau	Kuchen
gigot d'agneau	Lammkeule
glace	Eis
cuisses de grenouille	Froschschenkel
grillades	gegrilltes Fleisch
haricots verts	grüne Bohnen
homard	Hummer
hors d'œuvre	Vorspeise
huile d'olive	Olivenöl
huîtres	Austern
infusion	Kräutertee
jambon cru/cuit	Schinken roh/gekocht
kir	Aperitif aus Johannisbeerlikör und Weißwein
lait	Milch
lapin	Kaninchen
lard	Speck
légumes	Gemüse
lotte	Seeteufel (Mittelmeerfisch)
magret de canard	Enten oder Gänsebrust
menthe	Pfefferminze
miel	Honig
moules marinières	Miesmuscheln

moutarde	Senf
mouton	Hammel
nouilles	Nudeln
œuf au plat	Spiegelei
oignon	Zwiebel
pain	Brot
en papillotte	in Alufolie gegart
pâté	Pastete
pâtes fraîches	frische Pasta
pâtisserie	Kuchen, feines Gebäck
paupiettes	Rouladen
peau	Haut bzw. Kruste
pêche	Pfirsich
persil	Petersilie
petit déjeuner	Frühstück
petit pois	Erbsen
plat du jour	Tagesgericht
poire	Birne
poivre	Pfeffer
pomme	Apfel
pommes de terres	Kartoffeln
potage	Suppe
pot au feu	Fleisch- und Gemüseeintopf
poulet rôti	Brathuhn
profiterolles	mit Vanilleeis gefüllte Windbeutel in Schokoladensauce
provençale	provenzalisch (mit Knoblauch und Tomaten)
quenelles	Klöße aus Fleisch, Geflügel oder Fisch
quiche Lorraine	Käsekuchen mit Speck
raie	Rochen
ris d'agneau	Lammbries
ris de veau	Kalbsbries
riz	Reis
rognons	Nieren
rougets	Rotbarben (kleine Fische)
saignant	blutig (nicht durchgebraten)
saucisson	Wurst (luftgetrocknet)
saumon	Lachs
sel	Salz
sorbet	Eis aus frischen Früchten und Saft

soufflé	Auflauf (süß oder salzig)
sucre	Zucker
tapenade	Paste aus schwarzen Oliven, Sardellen, Kapern und Olivenöl
tarte tatin	heiße Apfeltorte
tartine	Butterbrot
tendre	zart
tiède	lauwarm
tripes	Kutteln
truffes	Trüffel
truite	Forelle
turbot	Steinbutt
Vacherin	Käse in Zylinderform
venaison	Wildbret
viande	Fleisch
vinaigre	Essig
volaille	Geflügel
yaourt	Yoghurt

... in der Apotheke:

J'ai mal à la tête	Ich habe Kopfschmerzen
... à l'éstomac	... Magenschmerzen
... aux dents	... Zahnschmerzen
J'ai un coup de soleil	Ich habe einen Sonnenbrand
... une allergie solaire	... eine Sonnenallergie
Je voudrais acheter	Ich möchte gerne kaufen
... une protection solaire	... Sonnenschutzmittel
... comprimés contre la diarrhée	... Durchfalltabletten
... des sparadraps	... Pflaster
... des pansements	... Verbandszeug
... des préservatifs	... Präservative
... des somnifères	... Schlaftabletten
Ça me fait mal ici	Hier tut es mir weh

... am Strand:

Il fait très chaud aujourd'hui	Es ist sehr heiß heute
L'eau est bonne	Das Meer ist sehr angenehm
Je voudrais louer un transat et un parasol	Ich möchte gerne einen Liegestuhl und einen Sonnenschirm mieten
Je voudrais une glace	Ich möchte ein Eis
Moi, j'ai attrappé un coup de soleil	Ich habe einen Sonnenbrand

Zahlen

0	zéro	18	dix-huit
1	un	19	dix-neuf
2	deux	20	vingt
3	trois	21	vingt et un
4	quatre	22	vingt-deux
5	cinq	30	trente
6	six	40	quarante
7	sept	50	cinquante
8	huit	60	soixante
9	neuf	70	soixante-dix
10	dix	71	soixante et onze
11	onze	72	soixante-douze, . . .,
12	douze	80	quatre-vingts
13	treize	90	quatre-vingt-dix
14	quatorze	100	cent
15	quinze	101	cent un
16	seize	1000	mille
17	dix-sept	2000	deux mille

Ein kleiner, handlicher Sprachführer erschien in der Kauderwelsch-Reihe: G. Kalmbach, Französisch (nicht nur) für Globetrotter, Bielefeld 1990.

Praktische Informationen von A–Z

Apotheken

Apotheken sind an einem grünen Kreuz zu erkennen. Sie haben normalerweise von 8–12.30 und dann wieder von 15–19 Uhr geöffnet.

In jeder Apotheke zeigt eine Tafel an, welche Notapotheke *(Pharmacie de Nuit)* zuständig ist. Apotheker können auch mit Adressen von Fachärzten bzw. Kliniken weiterhelfen.

Auskunftsbüros

In fast jedem Ort gibt es mittlerweile ein *Office de Tourisme* oder ein *Syndicat d'Initiative,* das jeweils Informationsmaterial über den Ort, aber auch über die Küste insgesamt sowie Stadtpläne und Listen mit Privatunterkünften bereithält. In diesen Auskunftsbüros können Sie sich auch über Bus- und Zugverbindungen an der Küste informieren.

Diebstahl

Wie in allen gut besuchten Urlaubsorten empfiehlt es sich, Handtaschen im Auge zu behalten und im Restaurant nicht über die Stuhllehne zu hängen, kein Gepäck sichtbar im Auto zurückzulassen, Autoradios möglichst mitzunehmen und größere Mengen von Bargeld sowie wertvollen Schmuck, Schecks und wichtige Papiere im Hotelsafe zu deponieren. Reisebüros und Versicherungsgesellschaften bieten Reisegepäckversicherungen an, mit denen man sich gegen größere Schäden durch Diebstahl absichern kann.

Im Falle eines Diebstahls muß der Verlust auf jeden Fall bei der Polizei gemeldet werden. Bestehen Sie darauf, daß man Ihnen hier eine Kopie der Diebstahlsmeldung aushändigt, die Sie dann an Ihre Versicherung weiterreichen.

Diplomatische Vertretungen an der Côte d'Azur

Deutsche Konsulate: 22, Rue Notre-Dame, 06000 Nizza, ✆ 93 62 22 26, Mo–Fr 9–12 Uhr; 2, Rue des Girofflées, 98000 Monte Carlo, ✆ 93 30 19 49.

Österreichisches Konsulat, 19, Av. d'Ostende, 98000 Monte Carlo, ✆ 93 30 08 08.

Schweizer Konsulat, 4, Av. Georges Clémenceau, 06000 Nizza, ✆ 93 88 85 09; Mo–Fr 8.30–11 Uhr.

Einkaufen

In Frankreich gibt es keine geregelten Ladenschlußzeiten. Kaufhäuser und größere Geschäfte schließen meist gegen 19 Uhr. Viele kleinere Einzelhandelsläden sind aber länger geöffnet, von Arabern geführte Lebensmittelläden sogar oft bis Mitternacht. Im Süden schließen die meisten kleineren Geschäfte mittags und öffnen erst wieder um 15 bzw. 16 Uhr. Der Samstag ist ein normaler Geschäftstag. Auch am Sonntagvormittag kann man in Bäckereien, Gemüseläden, bei Fleischern und in anderen kleinen Geschäften einkaufen. Dafür steht man montags oft vor verschlossenen Türen. Märkte sind an der Côte d'Azur der schönste Ort, um einzukaufen. In allen Orten finden sie regelmäßig statt, meist an zwei Tagen in der Woche, in größeren Städten wie Nizza oder Cannes sogar täglich. Neben den Wochenmärkten gibt es spezielle Fisch-, Blumen- und Trödelmärkte *(brocante).*

Feiertage

1. Januar (Neujahrstag); Ostermontag; 1. Mai (Tag der Arbeit);

8. Mai (Kapitulation, Ende des Zweiten Weltkrieges); Christi Himmelfahrt; Pfingstmontag; 14. Juli (Nationalfeiertag); 15. August (Mariä Himmelfahrt); 1. November (Allerheiligen); 11. November (Waffenstillstand gegen Ende des Ersten Weltkriegs); 25. Dezember.

Feste

Januar: am 25. 1. Fest der Sainte Dévote in Monaco (religiöses Fest zu Ehren der Schutzheiligen der fürstlichen Familie).

Februar: zwei Wochen vor Faschingsdienstag großes Karnevalsfest in Nizza; zur Karnevalszeit Mimosenfest in Cannes und Zitronenfest in Menton.

März/April: Am Karfreitag Prozession in Roquebrune (Beginn 21 Uhr).

Mai: Rosenfest in Grasse; vom 16.–18. 5. Bravade in St. Tropez (s. S. 104); außerdem in St. Tropez: Off Shore-Rennen (Schnellbootwettfahren).

Juni: am 15. 6. Spanier-Bravade in St. Tropez.

Juli: Die ›Nächte der Lérins‹ auf der Insel Ste. Marguerite vor Cannes (Theater-, Opernaufführungen und Konzerte); Musikfestspiele in Grasse; Jazzfestival und *Les Temps Musicaux* (klassische Musiktage) in Ramatuelle; *Fête de la Sainte-Anne* in St. Tropez; in der zweiten Julihälfte Jazzfestival in Antibes/Juan-les-Pins; von Juli bis August musikalische Nächte im Olivenhain Pian in Menton.

August: am 5. 8. Passionsprozession in Roquebrune; während der ersten Augusthälfte ›Gérard Philippe‹-Theaterfestival in Ramatuelle; Kammermusikfestspiele mit Freiluftkonzerten in Menton (vor der Eglise St. Michel in der Altstadt).

September: *Fête des Baguettes* in Peille (im Hinterland), ein traditionelles Dorffest, das an vergangene Riten der Brautwerbung im Dorf erinnert; Ende September/ Anfang Oktober: Segelregatta ›La Nioulargue‹ in St. Tropez.

Dezember: Zirkusfestival in Monaco.

FKK

Das Nudistenzentrum der Côte d'Azur liegt auf der Insel Lévant vor Hyères. ›Oben ohne‹ ist überall üblich.

Fotografieren

In den Fotogeschäften der Küste werden Sie alles finden, was Sie zum Fotografieren brauchen. Die beste Auswahl hat die FNAC im Einkaufszentrum Etoile an der Av. Jean Médicin in Nizza. Günstiger ist es jedoch, sich vorher in Deutschland mit Filmen einzudecken.

Geld und Geldwechsel

Die meisten Banken in Frankreich sind von Montag bis Freitag von 9–16.30 Uhr geöffnet und schließen mittags eine Stunde. Es gibt jedoch keine einheitlichen Geschäftszeiten. Manche Banken haben montags geschlossen. Nicht in jeder Bank kann man Geld tauschen. Achten Sie auf das Schild ›*Change*‹, wenn Sie Geld wechseln oder Euro- bzw. Traveller-Schecks einlösen wollen. In großen Städten gibt es genügend Banken mit Wechselschaltern und auch am Wochenende geöffnete Wechselstuben (meist in Bahnhöfen). In kleineren Orten im Hinterland sieht es anders aus. Es empfiehlt sich also, bei Reisen in das Landesinnere ausreichend Bargeld dabeizuhaben.

Mit einem Postsparbuch kann man auch in den französischen Postämtern (P.T.T.), die mit dem deutschen Posthornsymbol gekennzeichnet sind, Geld abheben.

In Cannes, Nizza und Monte Carlo gibt es Geldautomaten, die mit der Euroscheckkarte benutzt werden können. Euroschecks werden in Frankreich in Geschäften, Restaurants und kleineren Hotels nur selten angenommen. Kreditkarten sind hingegen sehr verbreitet. An Tankstellen, den *Péage*-Stellen der Autobahnen, in Supermärkten, in Restaurants und Hotels kann man mit der Plastikkarte bezahlen. (Wechselkurs August 1992: 100 FF ≙ 29,65 DM)

Gesundheit

Über Apotheken und Zeitungen erfahren Sie die Adressen von ärztlichen Notdiensten und Krankenhäusern. Die französischen Krankenhäuser besitzen europäischen Standard. Die besten ärztlichen Versorgungszentren befinden sich in Nizza und Marseille.

Museen

An der Côte d'Azur gibt es zahlreiche hervorragende Sammlungen moderner Kunst (s. auch S. 57 ff.). Allein Nizza hat 17 Museen (Eintritt frei). Die meisten Museen sind von 10–12 Uhr und von 15–18 Uhr geöffnet. Montags und dienstags sind viele von ihnen geschlossen.

Nachtleben

Die Möglichkeiten, sich an der Côte zu amüsieren, sind vielfältig. Fast jeder größere Ort hat eine Diskothek. Generell geht man in

Frankreich sehr spät aus. Das heißt, vor 23 Uhr ist es in den Diskotheken leer. In der Regel ist Eintritt zu zahlen (um die 100 Francs). In den Edel-Diskos der Côte müssen Besucher erst den prüfenden Blicken der Türsteher standhalten, bevor sie eingelassen werden.

Auch die Casinos haben bis spät in die Nächt geöffnet. Hier wird für den Einlaß in die Spielsalons ein korrektes Outfit erwartet, das bedeutet für Herren Krawatte und Jackett. Ersteres kann man notfalls an der Casino-Garderobe ausleihen.

Notrufnummern

Polizei ✆ 17. Feuerwehr ✆ 18. Ärztlicher Notdienst: im Département Var ✆ 94499191, im Département Alpes-Maritimes ✆ 93925555.

Polizei

Selbst im kleinsten Dorf gibt es eine *Station* oder *Poste de Police,* bei der Diebstähle etc. zu melden sind. Der nationale Polizeinotruf lautet ✆ 17.

Post

Öffnungszeiten der Postämter (P.T.T.): 9–12 und 15–18 Uhr, in größeren Orten teilweise auch durchgehend geöffnet; samstags 9–12 Uhr. Eine Postkarte kostet 2,– FF, ein Brief 2,20 FF Porto (innerhalb der EG-Länder). Die Portogebühren in Monaco entsprechen den französischen, doch besitzt der Zwergstaat eigene Briefmarken.

Souvenirs

Die Côte d'Azur ist nicht unbedingt ein Urlaubsgebiet, in dem man besonders günstig einkaufen kann. Zu empfehlen sind der Einkauf von Wein sowie Olivenöl, Parfum, Lavendel für die Wäsche, Pfeifen (in Cogolin) und sogenannten *jarriers,* Tonkrügen, die man einst für Olivenöl benutzt hat.

Strom

220 Volt Wechselstrom. Schukostecker passen oft nicht; daher ist es ratsam, einen Adapter mitzunehmen.

Tabacs

In Frankreich gibt es keine Zigarettenautomaten. Die kleinen Tabakläden, die *tabacs,* sind an einem roten Symbol in Form einer Rhombe zu erkennen. In den *tabacs* kann man neben Zigaretten, Zigarren usw. auch oft Zeitungen und Zeitschriften kaufen, in jedem Fall aber die Telefonkarten der Post *(télécartes)* sowie Briefmarken. Oft sind *tabacs* an Cafés angegliedert.

Telefon

Die öffentlichen Telefone funktionieren nur noch teilweise mit Kleingeld. Zunehmend wird auf das System der *télécartes* umgestiegen, Magnetkarten, die für eine bestimmte Zahl von Einheiten benutzbar sind. Man erhält die *télécartes* an jedem Postschalter, aber auch in den *tabacs*. Die Karten gibt es a 50 oder 120 Einheiten. Man steckt die *télécarte* in einen Schlitz im Automaten, schließt die Klappe darüber und wählt. Um ins Ausland zu telefonieren, muß man die 19 wählen und nach Ertönen eines tiefen Brummtons die 49 für Deutschland, die 43 für Österreich und die 41 für die Schweiz, gefolgt von der entsprechenden Ortsvorwahl ohne Null; zum Schluß die Rufnummer des Teilnehmers. In den Telefonkabinen, die mit einem Glockenaufkleber gekennzeichnet sind, kann man sich zurückrufen lassen.

Seit einigen Jahren haben alle französischen Rufnummern acht Ziffern. Die ersten beiden entsprechen einer Ortsvorwahl. Innerhalb der ›Provinz‹ (darunter versteht man ganz Frankreich außer Paris) benötigt man nur diese achtstellige Rufnummer. Um von der ›Provinz‹ nach Paris anzurufen, wählt man zuerst die 16, wartet den Brummton ab, wählt dann eine 1 und danach die achtstellige Rufnummer (für Anrufe von Paris in die ›Provinz‹: die 16 plus Rufnummer, ohne die 1).

Nationale Telefonauskunft: ✆ 12, internationale Telefonauskunft: ✆ 193312 und die Vorwahl des jeweiligen Landes.

Trinkgeld

Taxifahrer, Gepäckträger sowie Platzanweiserinnen im Kino erwarten in jedem Fall ein Trinkgeld (im Taxi ca. 10% des Fahrpreises). Auch in Restaurants rundet man Rechnungen auf, je nach Zufriedenheit sind 5–10% und mehr üblich. Dabei läßt man das Trinkgeld nach dem Bezahlen auf dem kleinen Teller liegen, auf dem die Rechnung überreicht wird, in Cafés auf dem Tisch.

Zeitungen

›Nice Matin‹ und ›Var Matin‹ sind die meistgelesenen Tageszeitungen der Côte d'Azur. Neben einem umfangreichen Lokalteil findet man in ihnen auch Veranstaltungshinweise.

Viele Zeitungsläden und Kioske der Küste führen deutschsprachige Tageszeitungen sowie die Wochenmagazine ›Spiegel‹ und ›Stern‹.

Literaturhinweise

F. Scott Fitzgerald: Zärtlich ist die Nacht, Zürich 1982 – Roman der ›Lost Generation‹ der zwanziger Jahre über das mühsame Dasein von Nicole und Dick Diver in Zürich und an der Côte d'Azur.

Graham Greene: Heirate nie in Monte Carlo, Hamburg, 1959 – Heiterer Roman über den englischen Buchhalter Bertrand, der in Monte Carlo seine Spiel-Leidenschaft entdeckt und dadurch fast seine Frau verliert.

Erika und Klaus Mann: Riviera, München – Reisebuch der Kinder von Thomas Mann, das erstmals 1931 unter dem Titel ›Riviera – was nicht im Baedeker steht‹ erschien und 1989 neu aufgelegt wurde.

Patrick Modiano: Sonntage im August, Frankfurt/M. 1989 – Spannende Erzählung, teilweise wie ein Krimi geschrieben, die das korrupte Ambiente von Nizza spiegelt.

Patrick Süskind: Das Parfum, Zürich 1985 – Die Geschichte von Jean-Baptiste Grenouille und dem Parfumeur Baldini, die im 18. Jh. in Paris und Grasse spielt.

Bücher über das Exil in Frankreich während des Zweiten Weltkriegs, über Sanary-sur-Mer als heimliche Hauptstadt deutscher Literaten und über dramatische Fluchtaktionen über die Pyrenäen:

Lion Feuchtwanger: Der Teufel in Frankreich. Erlebnisse, Frankfurt/M., 1986

Lisa Fittko: Mein Weg über die Pyrenäen, 1940/41, München 1985

Hans Sahl: Die Wenigen und die Vielen, Frankfurt/M. 1977

Anna Seghers: Transit, Neuwied 1988

Abbildungs- und Quellennachweis

Farbabbildungen

Rafik El Chawarby, Paris: Titelbild, Umschlaginnenklappe, 1, 3, 10
Werner Richner, Saarlouis: 2, 4, 5, 6, 7, 8, 9, 11, 12, 13
Süddeutscher Verlag, Bilderdienst, München: S. 10/11, 92, 136, 145, 153
Ullstein Bilderdienst, Berlin: S. 36, 48, 81, 99, 217
Anno Wilms, Berlin: S. 56, 114f., 173, 180, 187, 190f.

Schwarzweißabbildungen

Archiv für Kunst und Geschichte, Berlin: S. 37, 53, 58
Dr. W. Bahnmüller, Gelting: S. 203
Rafik El Chawarby, Paris: S. 2f., 18, 21, 25, 26, 68f., 95, 110, 137, 139, 140, 141, 148, 157, 159, 164, 195, 201, 225, 226, 227
Klaus Kallabis, Hamburg: S. 42f., 44, 51, 76
Mainbild/Udo Siebig, Frankfurt a. M.: S. 33
Werner Neumeister, München: S. 15, 220/221
Werner Richner, Saarlouis: S. 86f.
Heinz-Josef Schmitz, Köln: S. 8, 62f., 64f., 72, 74f., 97, 135, 204, 211, 214
Werner Stuhler, Hergensweiler: S. 55, 60, 103, 107, 112f., 118f., 160, 169, 175, 185, 208

Textquellen

S. 77: Thomas Mann, Tagebuch von 1933–34; mit freundlicher Genehmigung des Fischer-Verlages, Frankfurt/M.
S. 78: Lion Feuchtwanger, Der Teufel in Frankreich; mit freundlicher Genehmigung des Aufbau-Verlages, Berlin.
S. 80: Alma Mahler-Werfel, Mein Leben; mit freundlicher Genehmigung des Fischer Taschenbuch-Verlages, Frankfurt/M.
S. 98: Françoise Sagan, in Geo, Oktober 1981; mit freundlicher Genehmigung des Verlags Gruner und Jahr, Hamburg.
S. 152: Patrick Süskind, Das Parfum; mit freundlicher Genehmigung des Diogenes-Verlages, Zürich.

Ortsregister

Personenregister

Nizza

1 Negresco
2 Palais Masséna
3 Casino Ruhl
4 Palais de la Méditerranée
5 Einkaufszentrum Nice Etoile
6 Gare du Sud
7 Port Lympia (Hafen)
8 Russisch-orthodoxe Kirche
9 Musée des Beaux Arts
10 Musée Terra Amata
11 Musée Anatole Jakovsky
12 Parc des Miniatures
13 Parc Phoenix
14 Villa El Paradisio
15 Musée Chagall
16 Winterresidenz Régina
17 Arenen mit öffentlichem Park
18 Archäologisches Museum (›Musée Archéologique‹) mit Thermen
19 Musée Matisse
20 Franziskanerkloster (›Musée Franciscain‹)
21 Schiffe nach Korsika
22 Hauptbahnhof
23 Hôpital St. Roch
24 Office de Tourisme